UTB FÜR WISSEN SCHAFT

UTB **2141**

Eine Arbeitsgemeinschaft der Verlage

Wilhelm Fink Verlag München
A. Francke Verlag Tübingen und Basel
Paul Haupt Verlag Bern · Stuttgart · Wien
Hüthig Fachverlage Heidelberg
Verlag Leske + Budrich GmbH Opladen
Lucius & Lucius Verlagsgesellschaft Stuttgart
Mohr Siebeck Tübingen
Quelle & Meyer Verlag Wiebelsheim
Ernst Reinhardt Verlag München und Basel
Schäffer-Poeschel Verlag Stuttgart
Ferdinand Schöningh Verlag Paderborn · München · Wien · Zürich
Eugen Ulmer Verlag Stuttgart
Vandenhoeck & Ruprecht Göttingen und Zürich
WUV Wien

Birgit Stolt

Martin Luthers Rhetorik des Herzens

Mohr Siebeck

Doch werdet ihr nie Herz zu Herzen schaffen,
Wenn es euch nicht von Herzen geht.

Goethe, Urfaust.

Die Deutsche Bibliothek – CIP-Einheitsaufnahme

Stolt, Birgit:
Martin Luthers Rhetorik des Herzens / Birgit Stolt. –
Tübingen : Mohr Siebeck, 2000
(UTB für Wissenschaft : Uni-Taschenbücher ; 2141)
ISBN 3-8252-2141-5
ISBN 3-16-147266-7

Satz: Computersatz Staiger, Pfäffingen; Druck: Presse-Druck, Augsburg;
Einbandgestaltung: Atelier Reichert, Stuttgart

ISBN 3-8252-2141-5 UTB Bestellnummer

Inhaltsverzeichnis

Vorwort

Noch ein Buch über Martin Luther? Nachdem sich 500 Jahre lang zahllose Forschergenerationen mit dieser faszinierenden Persönlichkeit befaßt haben, nachdem die Literatur über ihn völlig unübersehbare Ausmaße angenommen hat, nicht zuletzt nach den Jubiläumsjahren unseres Jahrhunderts – läßt sich über Luther überhaupt noch etwas Neues sagen? Gibt es in seinen Schriften, in seiner Sprache noch etwas Neues zu entdecken, das den Sprachwissenschaftlern und Theologen bisher entgangen ist? Ist es nicht ein überhebliches Unterfangen, wenn gar eine Auslandsgermanistin ohne formales Theologiestudium dies in Angriff nimmt?

Grundsätzlich ist zu dieser berechtigten Frage zu sagen, daß es bei historischen Texten kein »endgültiges Verständnis« gibt. Jede forschungsgeschichtliche Epoche muß sich von neuem um ihr eigenes Verständnis bemühen, ausgehend von der tagesaktuellen wissenschaftlichen Position, von der aus sowohl auf die Texte als auch auf die Resultate der Vorgänger neues Licht fällt. Während meiner fast vierzigjährigen Beschäftigung mit Martin Luthers Schriften hat sich zu meiner Überraschung mehrmals gezeigt, wie neue Richtungen und Methoden der Sprachwissenschaft den Blick freigegeben haben für neue Einfallswinkel und Einsichten und damit zur Umwertung und oft gegenteiligen Beurteilung früherer Standpunkte. Vor allem einschlägig waren Zweisprachigkeitsforschung, Übersetzungswissenschaft, Sprachpragmatik, Rezeptionsforschung und Textlinguistik. Zur Pragmatik zähle ich auch die Rhetorik, die nach langjähriger Diskriminierung in den 60er Jahren rehabilitiert wurde und heute aus der Interpretation älterer Texte nicht mehr wegzudenken ist. Sie alle haben in diesem Buch nachhaltige Spuren hinterlassen. Mit ihren Methoden und analytischen Instrumenten haben sie Zugang zu neuen Erkenntnissen eröffnet, die nicht im Bereich der traditionellen Philologie lagen. Damit erwiesen sich einige altüberkommene (Lieblings-)Vorstellungen hinsichtlich der Sprache Luthers als irrig. Textkritische Studien entzogen Belegzitaten mit langer Tradition ihren urkundlichen Wert. Dies wiederum konnte sich auf die Beurteilung theologischer Fragen auswirken. Daß Kontroversen entstehen mußten, war unvermeidlich. Meine Erfahrung ist, daß es ungefähr zehn Jahre dauert, bis sich eine neue Ansicht gegenüber einer traditionellen durchgesetzt hat – bei Handbüchern kann es mitunter leider sogar länger dauern –, und daß diese neue Auffassung danach anonym und selbstverständlich ist, bis sie vielleicht von einer neuen abgelöst wird.

Martin Luther ist mit seiner intensiven, starken Persönlichkeit in allen seinen Texten gegenwärtig. Er war bei allem, was er schrieb, stets mit dem Herzen dabei. Wer lange mit seiner Sprache arbeitet, meint mit der Zeit eine Art Bekanntschaft mit ihm zu entwickeln. Die historische Gestalt lebt in den Schriften wieder auf, hinter dem geschriebenen Wort klingt seine Stimme. »Schreiben« bedeutete ja für Luther »reden«, nur als gesprochenes Wort war Sprache lebendig. Während er schrieb, muß er den gesprochenen Wortlaut im inneren Ohr gehört haben. Daher kommt es, daß der Leser auch über den Zeitabstand von 500 Jahren hinweg, und über die distanzierende Wirkung der sprachlichen Differenz, sich noch immer unmittelbar angesprochen fühlen kann.

Mit diesem Gefühl des Angesprochenseins ist jedoch, textwissenschaftlich gesehen, eine Fehlerquelle verbunden, die in der allzu schnellen Aktualisierung des Kontakts mit dem Luthertext besteht. Bei allen historischen Texten gilt als grundsätzliche Vorbedingung ihrer Interpretation, daß man sie nicht intuitiv »auf sich wirken lassen kann« und werkimmanent interpretieren darf, als hätte sie ein zeitgenössischer Autor geschrieben.[1] Es ist ein Irrtum zu glauben, daß man sich subjektiv in einen historischen Text hineinversetzen und ihn intuitiv richtig verstehen kann. Zur Zeit seiner Entstehung kann die Rezeption des Textes eine völlig andere gewesen sein als heute. Die fünf-

---

[1] S. B. STOLT, Historische Textologie. In: HSK Sprachgeschichte Bd. 1, [2]1998, Nr. 43, 786–797, bes. Punkte 5 und 8.

hundert Jahre, die uns trennen, bedeuten eine Kulturbarriere, die man nur durch mühsames Studium überbrücken kann. Unbewußt liest jede Generation alte Texte durch die Brille der eigenen Zeit. Die sich in den siebziger Jahren etablierende literaturwissenschaftliche »Rezeptionsästhetik« hat das Bewußtsein für die Problematik des Verstehensprozesses geschärft und auch eine Terminologie zu seiner Analyse bereitgestellt. Ihr Begründer, Hans Robert Jauß, spricht von einem »Erwartungshorizont«: eine spezifische Disposition des Lesepublikums für sein subjektives Verständnis, die aus einem »Bezugssystem von Erwartungen« besteht, das ein Vorverständnis der Gattungen und Resultate bereits gemachter Leseerfahrungen einschließt.[2] In Luthers Fall kommt ein subjektives, häufig von Legendenbildung und Vorurteilen beeinflußtes Vorverständnis seiner Person dazu.

Im ersten Kapitel werden daher diese speziellen Hürden und Fehlerquellen behandelt. Im Rückblick ergibt sich für die letzten vierzig Jahre daraus ein Stück Wissenschafts- und Geistesgeschichte. Das Lutherbild hat sich im Laufe der Jahre gewandelt. Auffassungen, die ich noch verfechten mußte und die lange als »kontrovers« bezeichnet wurden, sind heute selbstverständlich. Dieser Abschnitt ist reich an Beispielen, um den Blick dafür zu schärfen, wie notwendig historische und philologische Kenntnisse zur Textinterpretation sind, und wie unser eigener »Erwartungshorizont« den Blick trüben kann.

Meine Lutherforschungen, die mit einem Studium der Sprachmischung in Luthers Tischreden begannen, haben drei Schwerpunkte: 1. Luthers Zweisprachigkeit, um derentwegen Germanisten mit Notwendigkeit auch einen »lateinischen Luther« beachten müssen; 2. seine Rhetorik und 3. seine Bibelübersetzung. Auf allen drei Gebieten galt es, gegen herkömmliche Ansichten Stellung zu nehmen.

---

[2] H. R. JAUSS, Literaturgeschichte als Provokation. Frankfurt/M. 1970. – Diskussion des Begriffs u.a. bei H. ANZ, Erwartungshorizont. Ein Diskussionsbeitrag zu H. R. Jauß' Begründung einer Rezeptionsästhetik der Literatur. In: Euphorion 70 (1976) 398–408.

Von besonderer Reichweite ist die Rhetorik, die in Luthers Theologie integriert ist (Kapitel II) und sein gesamtes Sprachschaffen prägt (Kapitel III–VI). Zentral ist der Begriff »von Herzen glauben«. – Einem sprachwissenschaftlichen Phänomen, Konnotationen genannt, wird im abschließenden Kapitel anhand von Luthers Gottvater-Vorstellungen nachgegangen. Es führt zur Relativierung der gängigen Auffassung vom alternden Luther.

Zur Zitierweise:

Der leichteren Lesbarkeit halber werden Lutherzitate in leicht geglätteter Form angeführt: u und i steht stets für den Vokal, v und j für den Konsonanten. Doppelschreibung von Konsonanten wird vereinfacht, wenn sie die Lesung merkbar erschwert.

Da die Kenntnis des Lateinischen heute sehr zurückgegangen ist, werden lateinische Zitate – wenn zum Verständnis des Zusammenhanges notwendig – übersetzt.

Lutherschriften werden vorwiegend nach der Weimarer Ausgabe (WA) zitiert. Die Angabe auch der Zeilen wird nur bei Zitaten aus längeren Texten vorgenommen. Wo eine modernere, wissenschaftlich kommentierte Ausgabe vorliegt, wurde diese herangezogen. Es handelt sich um:

D. Martin Luther, Die gantze Heilige Schrifft Deudsch. Wittenberg 1945. Letzte zu Luthers Lebzeiten erschienene Ausgabe. Hg. von Hans Volz. München 1972. [Bi Volz]

Martin Luther, Studienausgabe. In Zusammenarbeit mit Helmer Junghans, Reinhold Pietz, Joachim Rogge und Günther Wartenberg herausgegeben von Hans-Ulrich Delius. Bd. 1–4. Berlin 1979 f. [Ausgabe Delius]

Übrige Abkürzungen:

WA	Weimarer Ausgabe der Schriften Luthers
TR	Tischreden
Bi	Die deutsche Bibel
Br	Briefe
CR	Corpus Reformatorum
DVj	Deutsche Vierteljahrschrift für Literaturwissenschaft und Geistesgeschichte
DWb	Deutsches Wörterbuch von Jacob und Wilhelm Grimm
HSK	Handbücher zur Sprach- und Kommunikationswissenschaft
PBB	Beiträge zur Geschichte der deutschen Sprache und Literatur
NDL	Neudrucke deutscher Litteraturwerke des XVI. und XVII. Jahrhunderts
QF	Quellen und Forschungen zur Reformationsgeschichte
ZfdPh	Zeitschrift für deutsche Philologie

I

Das Lutherbild im Wandel der Sprachwissenschaft

Aus der Werkstatt der Luthersprachforschung

1. Spätmittelalterliches Weltbild und Sprache

Bei unseren heutigen Bemühungen um ein angemessenes Verständnis des Menschen Luther liegen vor allem zwei Vorurteile nahe: entweder sehen wir in ihm vor allem den noch dem Mittelalter verhafteten ehemaligen Mönch, mit seinem Teufelsglauben und der Furcht vor Höllenstrafen, oder aber wir vereinnahmen ihn als einen unsersgleichen. Letzteres war besonders naheliegend, als man ihn zum Lutherjubiläum 1983 in der damaligen DDR als den »ersten frühbürgerlichen Revolutionär« feierte. Für gewöhnlich sagt man in dergleichen Fällen, daß die Wahrheit wohl in der Mitte liege. Aber auch das stimmt hier nicht: Luther ist »sowohl – als auch«. Es ist dieses »Sowohl – als auch«, das uns Heutigen so viele Schwierigkeiten bereitet. Von dieser Spannweite zeugt auch Luthers Sprache. Einerseits war Luther erstaunlich modern, wo es um Fragen der Bibelübersetzung ging sowie um die gründliche Quellenkritik des humanistischen Wissenschaftlers. In seiner Weltauffassung war er andererseits gänzlich ein Kind seiner Zeit. Die Schöpfungsgeschichte der Bibel, mit ihrer liebenswerten und anheimelnden Vorstellung vom Schöpfergott, der einen Abendspaziergang in seinem Garten macht, hatte noch die Gültigkeit einer Chronik: so und nicht anders hat es sich zugetragen. Engel und Teufel waren, in unerhört konkreten Vorstellungen, leidenschaftlich an allen noch so trivialen Vorhaben der Menschen interessiert. Einen in unserem Sinne banalen Alltag gab es für Luther nicht, das ganze Dasein war dramatisch durch den andauernden Kampf zwischen den Mächten des Guten und dem Teufel, der sich in allen Dingen des Daseins manifestierte, im Großen wie im Kleinen – erstaunlich oft gerade im Kleinen. Nichts war so banal, daß es nicht als Ausgangspunkt einer theologischen Betrachtung hätte dienen können. Luthers Alltagswelt war transzendent. Von diesem Weltbild war seine Sprache geprägt.

Unser heutiges Deutsch entspricht unserer modernen Wirklichkeit, einer säkularisierten Welt, deren Sprache Technik und Raumfahrt ohne weiteres formulieren und kommunizieren kann, dem Irrationalen jedoch recht hilflos gegenübersteht. Dies bringt sprachliche Unterschiede mit sich, die auf den ersten Blick gar nicht in die Augen springen. Sie betreffen nicht die denotative Bedeutung des Wortes, sondern dessen Konnotationen: all die Assoziationen, Begleitvorstellungen und Situationszusammenhänge, die die von dem Wort hervorgerufene Vorstellung umgeben. »Engel« und »Teufel« waren für Luther gefühlsträchtige Vorstellungen, die Schauer der Ehrfurcht oder des Grauens über den Rücken jagen konnten. Für uns heute sind es abgeblaßte Lob- oder Schimpfwörter bzw. Flüche. Dies bedeutet: auch wenn wir heute das gleiche Wort benutzen wie Luther und die gleiche »Sache« (das Denotat) damit bezeichnen, kann es vorkommen, daß wir damit nicht dasselbe meinen, nicht dasselbe denken, vor allem: viel weniger fühlen, auch wenn wir vielleicht mehr wissen.

An zwei Beispielen sei dies beleuchtet, das eine der Naturauffassung, das andere kultischen Begriffen entnommen.

Regenbogen

Die »Sache« Regenbogen, das außersprachliche Denotat, ist heute die gleiche wie im Mittelalter. Aber wir erleben sie ganz anders, und wenn wir mit dem Wort die Vorstellung des leuchtenden Bogens evozieren, ist der emotionale Effekt nicht der gleiche. Wir denken dabei heute meteorologisch, etwa an abziehendes Gewitter, Sonnenschein nach Regen. Wir können ihn wissenschaftlich erklären, kennen Begriffe wie Farbspektrum und Prisma, denken vielleicht auch an Isaak Newton oder Goethes Farbenlehre. Der Mensch vor der Aufklärung hatte andere Assoziationen:

»Und Gott sprach: Dies ist das Zeichen des Bundes, den ich stifte zwischen mir und euch und allen Lebewesen, die bei euch sind, auf ewige

Zeiten: meinen Bogen stelle ich in die Wolken; der soll ein Bundeszeichen sein zwischen mir und der Erde. Wenn ich nun Wolken häufe ob der Erde und sich der Bogen in den Wolken zeigt, dann will ich des Bundes gedenken [...], und niemals wieder sollen die Wasser zu einer Sintflut werden, die alles Fleisch verderbe« (Gen 9, 12 ff.).

Das Erlebnis des Phänomens »Regenbogen« hatte vor seiner Entmythologisierung durch die Wissenschaft eine sakrale Komponente, eine gefühlsmäßige Tiefendimension, die als Konnotation und symbolische Definition dem Wort anhaftete und die heute unwiderruflich der Vergangenheit angehört. Gott spricht nicht mehr zu uns durch den Regenbogen.

Der erstgeborene Sohn

Welche Mißverständnisse entstehen können, sei mit der bekannten Diskussion um Lk 2, 7 illustriert: »Sie gebar ihren ersten Sohn«. Heute ist das spontane Verständnis dieser Stelle, daß Maria später noch weitere Söhne geboren habe; warum sonst »ersten«? Aber ursprünglich war der Sinn dieser Textstelle ein völlig anderer, und er wird von Lukas ausdrücklich in Vers 23 angegeben: »Jede männliche Erstgeburt soll dem Herrn geweiht sein«, nach dem Gesetz des Mose (Ex 13, 2.12). Worum es ging, war die Gottbezogenheit von Geburt an, die den Eltern rituelle Vorschriften zur Befolgung auferlegte. In diesem Zusammenhang ist die Frage nach etwaigen nachgeborenen Geschwistern völlig irrelevant. Wie im Falle »Regenbogen« ist die mit dem Wort bezeichnete »Sache« heute die gleiche wie zu biblischen Zeiten: ein Sohn als das erste Kind einer Frau. Aber die Konnotationen sind völlig anders. Während wir daran denken, was später kam, ist die Perspektive des Originaltextes umgekehrt und bezieht sich nur auf das, was vorher war. Wegen der Bestimmungen im Gesetz des Mose und der feierlichen Zeremonie im Tempel mit dem Taubenopfer muß die Bezeichnung »erstgeborener Sohn« eine sakrale Gefühlskomponente von Andacht und Verantwortung gehabt haben. Das kulturell bedingte Informationsdefizit der heutigen Zeit kann durch eine Fußnote im Text behoben werden. Die ganze Gefühlsaura dagegen, die damals dem Begriff angehaftet haben muß, ist verlorengegangen.

Man spricht im Zusammenhang mit Übersetzungen von »Kulturbarrieren«, die es zu überwinden gilt.[1] Für uns hat die Säkularisierung, die Ablösung des mythologischen Weltbilds durch das wissenschaftliche, eine Banalisierung des Daseins und damit einen Verlust an emotionalen Tiefenerlebnissen mit sich geführt, was sich auf unseren Wortschatz, dessen Konnotationen, Assoziationen, den Stellenwert einzelner Wörter in Kultur und Lebensgefühl, auswirkt. Daß Probleme auftauchen müssen, wenn ein religiöser Text mit sakralen Konnotationen in die Sprache einer säkularisierten Welt übersetzt werden soll, versteht sich von selbst. Aber auch ohne Übersetzungsprobleme ist das Verständnis älterer Texte abhängig davon, daß man sich in das Weltbild einarbeitet, zu dessen Zeit der Text geschrieben wurde. Es handelt sich um Bedeutungsunterschiede, die auf den ersten Blick gar nicht sichtbar sind und daher auch oft nicht erkannt werden.[2]

Sie können so alltägliche Wörter betreffen wie »Welt«, das bei Luther mit negativen Konnotationen besetzt ist (sie ist »des Teufels«) – was zu fatalen Mißverständnissen führen kann, wenn sie bei Luther als »normsetzende Autorität« für Prediger aufgefaßt wird[3] – und »Herz«, das unten (II, 4a) behandelt wird.

2. *Das Frühneuhochdeutsche*

Neben diesen auf den ersten Blick nicht sichtbaren Unterschieden gibt es eine Reihe lexikalischer und stilistischer Fälle, die mehr oder weniger augenfällig sind. Modernisierte Neuausga-

---

[1] B. Stolt, Kulturbarrieren als Verständnisproblem. In: Dies., Textgestaltung – Textverständnis. Stockholm 1990 (= Stockholmer germanistische Forschungen 42), 55–83.

[2] B. Stolt, Bibelübersetzung – Ihre philologische Genauigkeit und Verständlichkeit. In: Möglichkeiten und Grenzen einer Revision des Luthertextes. Veröffentlichungen der Luther-Akademie Ratzeburg Bd. 1. Erlangen 1980, 113–132.

[3] B. Stolt, Luthers Forderungen an einen guten Prediger. Bemerkungen zu Eberhard Ockels Artikel »Martin Luther und die rhetorische Tradition«. In: Muttersprache 94 (1983/84) 3–4.

ben frühneuhochdeutscher Texte, die häufig lediglich die Rechtschreibung geglättet und die Interpunktion heutigem Gebrauch angepaßt haben, können allerdings fälschlich den Eindruck erwecken, Luthers Sprache sei für den heutigen Durchschnittsleser zwar altertümlich, jedoch ohne Weiteres verständlich. Dies ist jedoch ein Trugschluß. Die rund 500 Jahre, die zwischen uns liegen, haben die Sprache weitgehend verändert. Hier ist es ein befremdendes Wort, dort eine Satzkonstruktion, die den Sinn verdunkeln. Anderes glaubt man zwar dem lexikalischen Gehalt nach zu erfassen, man bekommt aber nicht eindeutig in den Griff, wie Luther es gemeint hat, ob lobend oder tadelnd. Gerade darauf aber käme es an!

Über die wichtigsten germanistischen Hilfsmittel zum Lutherstudium habe ich 1979 im *Lutherjahrbuch* informiert. Seitdem hinzugekommen sind die ersten Bände *Frühneuhochdeutsches Wörterbuch*, herausgegeben von Robert R. Anderson, Ulrich Goebel, Oskar Reichmann. Berlin/New York (W. de Gruyter) Bd. 1–3:3 (1989–1999). Sie umfassen A bis *perspektivus*, was vielversprechender wirkt als es ist, da P unter B aufgelistet wird, so daß z.B. *pelz* auf *belustigung* folgt (Sp. 1237 f.). An erster Stelle steht daher noch immer das *Deutsche Wörterbuch* von Jacob und Wilhelm Grimm (DWb), dessen zweite Ausgabe zum Zeitpunkt dieser Niederschrift bis zum Lemma *erregen* gelangt ist; daneben trotz etlicher Mängel A. Götzes *Frühneuhochdeutsches Glossar*. Das seit langem ersehnte Lutherwörterbuch steht noch aus.[4]

Die verräterischste Schwierigkeit, bei der die Hilfsmittel nur begrenzt von Nutzen sind, besteht darin, daß etliche Wörter und Wendungen genauso aussehen wie noch heute, zu Luthers Zeiten jedoch etwas ganz anderes bedeuteten. Mitunter sind sogar positiv gemeinte Wörter heute negativ und umgekehrt. Man ist sich dieses Umstands im allgemeinen heute noch bei *schlecht* und *gemein* bewußt, die früher »schlicht« und »allgemein« bedeuteten. Die Anzahl solcher heute mißverständlicher Wörter

---

[4] B. Stolt, Germanistische Hilfsmittel zum Lutherstudium. In: Lutherjahrbuch 46 (1979) 120–135. Seitdem: J. Schilling, Latinistische Hilfsmittel zum Lutherstudium. In: Lutherjahrbuch 55 (1988) 83–101.

ist jedoch weitaus größer, als sich der Durchschnittsleser vorstellt. Hier nur einige wenige Beispiele: *Fußtritt* kann »Schritt« bedeuten; *Schimpf* »Scherz, Kurzweil«; *leichtsinnig* »leichten Sinnes, froh«; *inbrünstig* »geil«, *furchtsam* »ehrfürchtig«, *weil* »solange«, *fast* »sehr«. Wenn aus dem Kontext nicht eindeutig hervorgeht, ob Luther ein Urteil positiv oder negativ gemeint hat, ist daher größte Vorsicht und ein sorgfältiges Prüfen der wertenden Schattierungen geboten.

Auch kleine Wörter können mißverständlich sein: *er* kann »Herr« bedeuten, *an* unter Umständen »ohne«, *im*, *in* können als »ihm, ihn« zu lesen sein, was das Satzverständnis empfindlich erschweren kann.

Der Wandel betrifft auch die Stilschicht der Wörter. Wenn man z.B. lesen kann, Luther habe »in seiner grobianischen Art« gesagt, man müsse »dem Volk auf's Maul schauen«, handelt es sich um ein Fehlurteil: »Maul« war damals das normale umgangssprachliche Wort im Gegensatz zum hochsprachlichen »Mund«, das der gehobenen Stilschicht angehörte. Zu sagen, man solle dem »gemeinen Mann auf den Mund« schauen, hätte ebenso gespreizt geklungen, wie wenn man eine Marktfrau nach dem Befinden ihres Herrn Gemahls gefragt hätte. Luthers so oft angeprangerte grobianische Ausdrucksweise kann also zu einem gewissen Grade von unserer veränderten Sprachauffassung herrühren. Teilweise lag sie auch in der Zeit. (Damit soll nicht behauptet werden, daß er nicht mitunter für uns unerträglich grob werden konnte.)

Vorsicht ist also geboten, ein sorgfältiges Abwägen, Vergleichen, und mitunter ins Lateinische Rückübersetzen. Unten (I, 5) werden etliche Beispiele dafür gegeben. Luthers Sprache erschließt sich uns nicht unmittelbar.

3. Lateinisch-deutsche Mischsprache

Als ich Anfang der sechziger Jahre in der Weimarer Ausgabe von Martin Luthers Tischreden las, klang die dort festgehaltene lateinisch-deutsche Mischsprache in meinen Ohren wie ein ganz natürliches, spontanes gesprochenes Idiom zwischen zweisprachigen Gesprächspartnern in ungezwungenen alltäglichen Umständen. Genau so hatte ich selbst in meinen letzten Schuljahren zwei Sprachen gemischt, als unsere Familie von Deutschland nach Schweden übergewechselt war – wir hatten als Auslandsschweden in Berlin gewohnt – und ich meine in der schwedischen Schule gemachten Erlebnisse zu Hause auf deutsch wiedergeben wollte. Die ganze Familie mischte in den ersten Jahren beide Sprachen zwanglos miteinander im häuslichen Gebrauch. Es bedeutete eine entschiedene Anstrengung, sie auseinander zu halten, und dies wurde nur einem einsprachigen Gesprächspartner gegenüber notgedrungen befolgt, was in der Zweisprachigkeitsforschung als »Partnerzwang« bezeichnet wird. Gleiches berichteten andere Familien, die wie wir umgesiedelt waren. Fragte man sie nach der im Hause gesprochenen Sprache, bekam man stets die gleiche Antwort: »Wir mixen«.

Luther hatte sich in einer vergleichbaren Lage befunden. Bekanntlich war zu seiner Zeit Latein die Sprache von Schule, Wissenschaft und Kirche, ja, jeglicher höherer Bildung überhaupt. Als ich 1964 meine Abhandlung über die Sprachmischung in Luthers Tischreden vorlegte, habe ich diese Lage beschrieben und das damals bereits umfangreiche wissenschaftliche Schrifttum zur Zweisprachigkeitsforschung verwertet.[5] Einiges würde ich heute verständlicherweise anders formulieren. Heute wird für die Art der Zweisprachigkeit der Gelehrten zur Zeit Luthers, unterschieden von der eines Einwanderers, der Terminus »Diglossie« gebraucht, was besagt, daß jede der beiden Sprachen ihren eigenen, autonomen Geltungsbereich hatte. Zwischen diesen beiden: Haus- und Familiensprache Deutsch, Schul- und Gelehrtensprache Lateinisch, stand damals auch eine breite Zwischenschicht: man predigte über das gleiche Konzept vor Theologen lateinisch, vor dem Haushalt und in der Kirche auf deutsch. Man disputierte unter Gelehrten auf lateinisch, trug seine Argumente der breiten Öffentlichkeit in Flug-

---

[5] B. Stolt, Die Sprachmischung in Luthers Tischreden. Studien zum Problem der Zweisprachigkeit. Stockholm 1964 (=Stockholmer germanistische Forschungen 4).

schriften auf deutsch vor, beides zumeist nach dem gleichen lateinischen Konzept. Hin- und Herwechseln, Hin- und Herübersetzen war an der Tagesordnung.

a. Mündliche Sprachmischung

Die Tischreden

Hier ist eine kurze Orientierung über diese in vieler Hinsicht problematische, gleichzeitig aber auch überaus reizvolle Quelle vonnöten, da sie in den folgenden Kapiteln ausgiebig verwertet wird.

Bei dem Wort »Tischreden« stellen wir uns heute eine Familie am Mittagstisch vor, wo man sich über alltägliche und persönliche Fragen unterhält, und wo der Familienvater dann und wann kluge und lehrreiche Gedanken von sich gibt. Aber ganz so sah es am Mittagstisch des »Schwarzen Klosters« zu Luthers Zeiten nicht aus. Man hat ausgerechnet, daß etwa 20 bis 30 Personen mit zu Luthers Haushalt gehörten: Kinder, Dienstpersonal, Verwandte und deren Kinder, Studenten, Gelehrte. Dazu kamen oft Freunde und Gäste von auswärts. Bei Tisch wurde deutsch gesprochen. Wenn aber ein gelehrtes Thema angeschnitten wurde, wechselte man automatisch ganz oder teilweise ins Latein über.

Im Schul- und Universitätsunterricht machte man sich laufend Notizen. Im Lateinischen hatte sich ein Abkürzungssystem herausgebildet, das man als Vorläufer der heutigen Stenographie betrachten kann. Wenn nun Studenten und gelehrte Gäste an Luthers Mittagstisch teilnahmen und Luther auf interessante Themen zu sprechen kam, zückten sie auch hier ihre Notizbücher und machten sich Aufzeichnungen, die später ins Reine geschrieben wurden. Dabei löste man die Abkürzungen auf, vervollständigte aus seinem Gedächtnis und fügte mitunter erläuternde Einleitungen über den Zusammenhang oder Hintergrund des Festgehaltenen hinzu. Man lieh sich auch gegenseitig seine Notizen und schrieb voneinander ab, wie man es vom Kolleg her gewöhnt war. Diese Aufzeichnungen sind es, die »Luthers Tischreden« ausmachen. Die meisten stammen aus dem Anfang der dreißiger Jahre. Sie sind in einem Gemisch von Deutsch und Latein abgefaßt, das – meiner These nach – Luthers Redeweise widerspiegelt, das bequeme Alltagsregister der Zweisprachigen, das sich auch in Luthers Briefen, Notizen und sogar Vorlesungen findet. Da bei den gelehrten Tischgenossen kein Partnerzwang bestand, muß das Verwenden beider Sprachen für sie ebenso natürlich, das Auseinanderhalten ebenso mühsam und unnötig gewesen sein, wie ich es aus meiner eigenen Erfahrung am Familienmittagstisch her kannte.

Selbstredend sind die Aufzeichnungen nicht von der gleichen Authentizität wie ein Tonband. In vielen Fällen, jedenfalls bei längeren Texten, wird es sich um Konzentrate oder Destillate handeln. Es gibt jedoch keine Quelle, die die damals gesprochene Sprache besser widerspiegelt als diese, näher kann man ihr nicht kommen.

Der Inhalt ist kaleidoskopisch. Vor allem haben die Schreiber natürlich theologische Belange aufgezeichnet. Aber daneben finden sich Notizen zu allen Fragen des Lebens: die Tücken des Teufels und seines Anhangs, Politik, Freunde und Feinde, Essen und Trinken, Familienfragen, Kinder und Kindererziehung, Freud und Leid. Nirgendwo meint man den lebendigen Menschen im Alltag so nahe zu kommen wie hier. Manchmal hat man das Gefühl, Luther persönlich zu hören, so wenn er nach einem Kraftausdruck, mit einem Blick auf die Schreiber, ironisch auffordert: »*Hoc scribite et notate*!« (= Schreibt euch das auf! TR 1, 246).

Als ich mit den Texten arbeitete, fand ich zu meinem Erstaunen, daß das, was mir als so selbstverständlich vorkam, der damals geltenden Auffassung völlig zuwiderlief. Es herrschte die feste Vorstellung, Luther habe bei Tisch reines Deutsch gesprochen. Die lateinisch-deutsche Mischsprache rühre von den lateinischen Kürzeln der unter Zeitdruck arbeitenden Nachschreiber her, sei also eine Art Stenographie gewesen, so wie in den Predigtnachschriften von Georg Rörer, die ebenfalls beide Sprachen mischen, und wo eindeutig feststeht, daß Luther rein deutsch gepredigt hat. Rörers Nachschriften waren für eine spätere Reinschrift bestimmt, wobei das deutsche Sprachgewand wieder hergestellt wurde. Bei den Tischreden hat man jedoch nie gefragt, warum diese Kürzel bei der nachträglichen Reinschrift nicht ebenfalls auf deutsch aufgelöst wurden, oder ob es überhaupt Kürzel für die entsprechenden Stellen gab.

Diese Einschätzung der Texte ging von einem »Erwartungshorizont« aus, der außer auf den Rörernachschriften auf der einsprachigen Textausgabe Aurifabers von 1566 baute (Näheres dazu unten), aber auch der zeitgemäßen Vorstellung Luthers als des »Schöpfers der deutschen Sprache« entsprach und dem die erste Hälfte des Jahrhunderts beherrschenden Ideal des Sprachpurismus. Germanisten sperrten sich gegen die Auffassung, der sprachgewaltige Luther hätte ein solches Kauderwelsch gesprochen. Obwohl ich bereits 1969 ein Selbstzeugnis Luthers angeführt hatte, wurde noch 1987 in einem Forschungsbericht namhafter Lutherforscher die Auffassung einer tatsächlich gesprochenen Mischsprache skeptisch als »kontrovers« bezeichnet. Als Kronzeuge für reines Deutsch wurde Johann Aurifaber angeführt. Zwar hätte ich seine Unzuverlässigkeit nachgewiesen, doch sei er »als zeitgenössischer Beobachter und kompetenter Sprachvertreter nicht abzulehnen«. Und dieser kompetente Sprachvertreter habe »einen umfangreichen, interessanterweise rein deutschen Text« hergestellt.[6]

Da die Skepsis so lange überlebt hat und von angesehenen Lutherforschern geteilt wurde, gehe ich noch einmal darauf ein und bringe die beiden Selbstzeugnisse Luthers.

Der eindeutige Beweis dafür, daß unter gebildeten Gelehrten in Gesprächen bei Tisch Deutsch und Lateinisch üblicherweise gemischt wurde, steht in einem lateinischen Brief Luthers an Spalatin vom 14. 1. 1519. Dort erklärt Luther, wie ein Gerücht aufgekommen sei, er könne kein Latein. Er sei von Hieronymus Emser zu einem Gelage »mehr genötigt als eingeladen« und bei dieser Gelegenheit in ein Wortgefecht verwickelt worden. Der Streit wurde mit großer Heftigkeit und Lautstärke ausgetragen und war offenbar weithin zu hören. Ein ihm feindlich gesinnter

---

[6] Luthers Selbstzeugnis erstmals in: B. Stolt, Luther sprach *»mixtim vernacula lingua«*. In: ZfdPh 88 (1969) 432–435. Die Debatte findet sich zusammengefaßt in: Dies., Luther-Kontroversen. In: ZfdPh 109 (1990) 402–414. – Das Zitat entstammt J. Schildt, Zur Sprachform der Predigten und Tischreden Luthers. In: PBB (Halle) 92 (1970) 137–150, 148.

Dominikanertertiar habe vor der Tür gestanden und gelauscht und dann überall verbreitet, Luther sei dermaßen besiegt gewesen, daß er weder auf deutsch noch auf lateinisch habe antworten können. Luther erklärt dies mit folgenden Worten:

»Nam quia mixtim (ut fit) vernacula lingua digladiabamur, omni fiducia pronunciavit me nescire latinum verbum«. (WA Br 1, 301, 16–18)

Auf deutsch: »denn weil wir uns (wie üblich) mit der deutschen Sprache vermischt bekämpften, hat er allen Ernstes behauptet, ich könne kein Latein«. Der Ausspruch belegt, daß man sich normalerweise (*ut fit*) im täglichen Umgang eines gemischten Idioms bediente, und daß auch der Gegner so sprach. Der Streit fand bei Tisch statt, die äußeren Umstände lassen sich also mit denen der Tischreden vergleichen.

Beispiele aus den Tischreden

Um eine Auffassung vom Charakter des Materials zu geben sowie einen Hintergrund zu den zahlreichen Tischredenzitaten der folgenden Kapitel, sei hier eine Blütenlese vorgelegt. In manchen Fällen läßt sich ein Grund für die Sprachmischung plausibel machen.

An erster Stelle ist der Terminologiezwang zu nennen. Theologische Fachausdrücke werden dem Lateinischen entnommen und einem deutschen Satz einverleibt, wobei man so weit gehen kann, daß nur das vom Prädikat konstituierte Satzgerüst noch deutsch ist: »*Spiritus Sanctus* setzt *mortem* ein *ad poenam*« (TR 1, 186); »Ergo mus *fides in hac carne infirma* sein« (TR 1, 122). Aber auch deutsche Ausdrücke werden einem lateinischen Text einverleibt, wie z.B.: »*sicut ego bibo* [= Wie ich trinke] ein starken trunk birs« (TR 1, 17). Hier macht sich die enge Verbindung der deutschen Sprache mit dem Alltagsleben unmittelbar bemerkbar.

Der Affekt läßt sich offenbar besser auf deutsch als auf Lateinisch ausdrücken, was sowohl positiven als auch negativen Gefühlen gilt. Als Luther darauf zu sprechen kam, welch schwerer Schlag der Tod eines Kindes für die Eltern sei, führt er seine eigene Erfahrung an, und wechselt in dem anfangs auf lateinisch geführten Gespräch die Sprache: »*Ego sum expertus* [= ich habe selbst erfahren] wie weh es tut« (TR 1, 250). Warme Gefühle Frau und Kindern gegenüber rufen die deutsche Sprache hervor; hier wirkt auch die Koseform des Diminutiv ein: »*Epistola ad Galatas* ist mein epistelcha, der ich mir vertraut hab. Ist mein Keth von Bor« (TR 1, 146). »*Disco et oro* [= ich lerne und bete] mit meinem Hansen und meinem Lenichen« (TR 1, 81). Auf deutsch konnte Luther aber auch besser schimpfen. Wenn er bei Tisch auf den Teufel zu sprechen kommt, was in seinen theologischen Erörterungen recht häufig geschieht, wechselt er regelmäßig aus dem Lateinischen in ein (recht kräftiges) Deutsch über. Auch die Bildhaftigkeit oder größere Ausdruckskraft einer Wendung kann diese in einem anderssprachigen Satz durchsetzen: »*Si rusticus aut nobilis* [= Wenn ein Bauer oder Adelsmann] uns krumm ansihet, wollen wir aus der Haut« (TR 2, 1857); »Was frage ich darnach, *quod usurarii, nobiles, rustici, cives avari* [daß Wucherer, Adelsleute, Bauern und geizige Bürger] halten mich für ein Dreck« (TR 2, 1854). Ferner macht sich der Zwang zum Zitieren geltend, z.B. bei Bibelzitaten und festen Wendungen. Bei dem Anführen von Aussprüchen anderer dient der Sprachwechsel sozusagen als mündliche Gänsefüßchen, indem man einer deutschen Rede einen lateinischen Anführungssatz vorangehen läßt, z.B. »*Dixi ad eum*: Esset yhr auch...« [= da habe ich zu ihm gesagt, TR 1, 360], umgekehrt ein lateinisches Zitat deutsch einleitet: »Es heißt: *Lux in tenebris lucet*« (TR 1, 434).

In vielen Fällen läßt sich jedoch für die Wahl der einen oder der anderen Sprache kein Grund ersehen. Es finden sich zahlreiche Fälle, in denen das wichtigste Wort abwechselnd auf deutsch und auf lateinisch steht. Offenbar waren sie in beiden Sprachen mündlich und schriftlich gleich leicht verfügbar. So wechselt in dem folgenden Beispieltext *fides* mit Glauben, *lingua* mit Zunge:

»*sed [ratio] illustrata a Spiritu* hilft judicirn die heylig schrift. *Sicut lingua Coclei loquitur blasphemias, mea lingua loquitur laudem Dei, et tamen est idem instrumentum in utroque,* ist eine zung *ante fidem et post fidem, et lingua, in quantum lingua,* hilft dem glauben nit, *et tamen* dienet sie ihm, *quando cor est illustratum. Sic etiam ratio* dienet dem glauben, das sie eim ding nach denkt, *quando est illustrata; sed sine fide nihil prodest nec potest ratio*, wie die zung on glauben redet *eitel blasphemias*, [...]«. (TR 1, Nr. 439; 191, 25–32)

Nur der lateinischen Sphäre dagegen gehören *ratio, illustratus, blasphemia, spiritus* an.

Dieses Äquivalenzverhältnis suggeriert eine Eins-zu-Eins-Entsprechung zwischen dem lateinischen und dem deutschen Wort, das in vielen Fällen den semantischen Verhältnissen nicht entsprach. Gelegentlich hat Luther sich dazu geäußert. Anläßlich der Entsprechung lat. *cor* – dt. Herz schreibt er beispielsweise in einem Kommentar zu Ps 51, 12: »Schaffe in mir, Gott, ein reines Herz«, das deutsche Wort »Herz« entspräche dem lateinischen »*Animam, Intellectum, Voluntatem, Affectum*« (WA 40: II, 425, 17). Es ist bezeichnend, daß es das deutsche Wort, nicht das lateinische ist, das Luther für erläuterungsbedürftig hielt. Auf diese mangelnde Übereinstimmung zwischen dem deutschen und dem lateinischen Lexem, was zu vielen Mißverständnissen beiträgt, wird in den folgenden Kapiteln mehrfach zurückzukommen sein. (Beispielsweise: II, 4 zu »Herz«; III, 3 zu »*exhortatio*«; VI, 4d zu »Trost«.)

Die Vorlesung

Luther mischte nicht nur bei Tisch. Ein weiteres Selbstzeugnis findet sich in seinem lateinischen Vorwort zu seiner Genesisvorlesung von 1544 (WA 42, 1, 27–29). Es handelt sich bei diesem Text um eine Nachschrift, die später überarbeitet wurde. Für die Veröffentlichung stellte man ein überwiegend lateinisches Manuskript her; trotzdem ist auch im Druck etliches auf deutsch stehengeblieben. Luther charakterisiert den Text so:

»*Extemporaliter enim et populariter omnia dicta sunt, prout in buccam venerunt verba, crebro et mixtim etiam Germanica, verbosius certe, quam vellem.*« (WA 42, 1, 27)

(»Alles ist aus dem Stegreif und sehr volkstümlich gesagt, so wie mir die Worte in den Mund kamen, mit Wiederholungen und mit Deutsch vermischt, viel weitschweifiger, als ich wollte«.)

»Prout in buccam venerunt verba«, so wie mir die Worte in den Mund kamen: als Zweisprachlerin kann ich bezeugen, so »kommen einem die Worte in den Mund«, wenn bei einem ebenso zweisprachigen Gegenüber der Partnerzwang fortfällt. Der Veröffentlichung der WA liegt eine lateinisch überarbeitende Handschrift D zugrunde. Über ihre Vorlage, die Handschrift G, schreibt der Herausgeber Hans Volz in einem Aufsatz: »Wie Luther in der Genesisvorlesung sprach«: »[...] in ihm ist Luthers lebendige Vortragsweise besser erhalten; so ist hier beispielsweise vom Jesulein die Rede, während D nur Christus oder Jesus dafür bietet [...] die rhetorische Wendung: ›*Bene*, solstu hinaufsteigen *et perscrutari sententiam tibi investigabilem*?‹ ist in D beseitigt«. Die Form »Jesulein« sei als echt lutherisch bezeugt.[7]

Zur Illustration hier ein Beispiel aus der Genesisvorlesung, Luthers Erläuterung zu Gen 1, 6:

»›*Separavit aquas*‹. *Hic primum emersit terra* (da wurd elb und rein und thunau von kommen), *ut haberet terra locum.* Homerus hat ein guten praeceptorem gehabt, *qui vocat Oceanum patrem, quia coelum et terra ex aqua sunt facta. Accepit hoc ab egipcilis sine dubio, qui dicerunt id ex Josepho, Abrahamo etc. Aegipcii* mussen feine leut gewesen sein.« (WA 42, 19)

Die Beispiele demonstrieren die Notwendigkeit, Luthers lateinische Schriften auch in die germanistische Forschung mit einzubeziehen.

Die noch 1983 von germanistischer Seite aufrechterhaltene Behauptung: »[...] auch Luther hielt seine Vorlesungen nur in der lateinischen Sprache«[8] ist demnach zu revidieren. Es ist erstaunlich, daß Germanisten so lange an einer Vorstellung der in allen Situationen säuberlich auseinandergehaltenen Sprachen festgehalten haben, während die Theologen, die sich auch intensiv mit Luthers lateinischen Veröffentlichungen befassen mußten, seit langem eine andere Auffassung vertraten. »Man wußte

---

[7] H. Volz, Wie Luther in der Genesisvorlesung sprach. In: Theologische Studien und Kritiken 100 (1927/28) 167–196, 174 und Anm. 2.

[8] E. Arndt/G. Brandt, Luther und die deutsche Sprache. Leipzig 1983, 51.

längst, daß er in seinen Vorlesungen zuweilen auch deutsch gesprochen habe«, schrieb Paul Pietsch 1898 (!) in seinem Vorwort zur Weimarer Ausgabe der Vorlesung über den Prediger Salomo von 1526 (WA 20, VIII). »Luther ist der erste deutsche Professor, der der Muttersprache wieder Raum gab im akademischen Hörsaal, und es ist die Vorlesung über den Römerbrief, die eine ausgedehnte Verwertung des Deutschen bei der Auslegung des Bibeltextes durchgeführt hat«, meint J. Ficker.[9] Und Volz bespricht in dem bereits genannten Aufsatz einleitend »das eigentümliche Gemisch von Deutsch und Lateinisch in Luthers Ausdrucksweise, wie er oft innerhalb eines Satzes von einer Sprache in die andere übergeht, ein Wechsel, dem wir nicht nur in den Tischreden, sondern auch in Briefen begegnen« (175).

In der Vorlesungsnachschrift liegen die Dinge umgekehrt verglichen mit Rörers Predigtnachschriften: Lassen sich lateinische Kürzel in deutschen Predigten mit der Eile der Niederschrift erklären, ist eine entsprechende Erklärung bei deutschen Einsprengseln in eine lateinisch gehaltene Vorlesung unmöglich. Ihr Umfang muß größer gewesen sein, als die Texte ersehen lassen.

b. Schriftliche Mischung

Rörers Predigtnachschriften

Einige Worte über die Predigtnachschriften Rörers sind vonnöten, da sie die Germanisten, die von der Erstausgabe Aurifabers an rein deutschsprachige Tischreden gewohnt waren, auf eine falsche Fährte geführt haben.

Rörer war der geübteste Schnellschreiber unter Luthers Zuhörern. Er hatte sich seine eigene Methode ausgebildet, mit ausgiebigem Gebrauch von den Kürzeln und Siglen, über die die lateinische Schrift so reichhaltig verfügt. Seine Nachschriften waren für andere als ihn schwer lesbar, worüber sich bereits die Zeitgenossen beklagten. Hier liegt das Musterbeispiel vor für eine des schnellen Schreibens halber zustandegekommene

---

[9] J. Ficker, Anfänge reformatorischer Bibelauslegung. Bd. 1, Leipzig 1925, LII.

Mischsprache, der eine rein deutsch gesprochene Sprachform zugrundeliegt. Die Nachschrift einer Predigt oder Vorlesung steht jedoch unter anderen Bedingungen als die einer Tischrede, da sie alles festhalten mußte, während eine Tischrede nur gelegentlich eine interessante Wendung nahm, so daß der Nachschreiber das Gesagte in größerer Ruhe zu Papier bringen konnte, während er es noch im Ohr hatte und schon ein anderer sprach, dem er nicht zuzuhören brauchte. Bei einer Predigt ist das Tempo schneller. Während der Nachschrift muß der Schreiber bereits das Weitere mit dem Ohr aufnehmen. Die Folge war eine starke Kürzung, eine Art Telegrammstil, der sich von den Tischredennachschriften deutlich unterscheidet.

Ich habe in meiner Abhandlung einen Vergleich zwischen der Sprachform Rörers und der der Tischreden durchgeführt und große Unterschiede festgestellt (S. 261 ff.). Hier nur ein kurzer Auszug, um den Charakter des »Telegrammstils« zu illustrieren. Es handelt sich um eine Predigt am Tage Johannes des Täufers.

»*in sua senectute, quae* verdorret, *quae non* sol safft kriegen, *non ut* jungs meidlin, das thut sie, *et est* wunderzeichen, *sed quod deus per eius* leib thut. [...]«. (WA 41, 334, 10–13)

Da in diesem Fall bei der Reinschrift ein rein deutscher Text hergestellt wurde, fragt man sich, warum die Tischredennachschreiber bei ihrer Reinschrift nicht ebenso verfuhren, sollte Luther rein deutsch gesprochen haben. Bei ihrer nachträglichen Glättung wurde ein Sprachwechsel jedoch, wenn überhaupt, durchgehend zugunsten des Lateins geändert, was sich aus einem Vergleich von Paralleltexten ergibt. Beispielsweise ändern Abschreiber »das das *verbum* blib *in populo*« zu: »*ut maneret verbum in populo*«.[10]

---

[10] TR 1, 385; S. 166, 7 f. und Anm. 9. – Zu Paralleltexten und Glättung der Abschreiber s. B. Stolt, Sprachmischung (wie Anm. 5) 26–33.

Notizen

War die Sprachmischung in Rörers Nachschriften beim Festhalten eines deutschsprachigen Inhalts der Schnelligkeit halber entstanden, um später wieder deutsch reingeschrieben zu werden, wurde in ungezwungener Alltagssituation auch spontant schriftlich gemischt, wenn kein Partnerzwang bestand, und zwar sowohl in Notizen für den eigenen Gebrauch als auch in Privatbriefen an ebenso zweisprachige Freunde. In den folgenden Kapiteln werden sich zahlreiche Beispiele finden. In den Tischreden ist bemerkenswert, daß die Schreiber auch bei der nachträglichen Reinschrift in ihren Erläuterungen über den Situationskontext der Äußerung die Sprachen mischten. Einleitend: »Doctor fand ein raupen *et dixit*« (2, 1627); »*Filius Davidis Groti afferebat* ein schendlich laster buchlein *contra D. Mart.*« (2, 1483). Als Überschrift: »*Impii* haben das groste gut« (2, 1707); nachgestellt: »*Haec dixit*, da die rurr also regiret *Vitenbergae*« (2, 1781). Eindeutig liegt hier Bequemlichkeit zugrunde. Man war an schriftliches Latein mehr gewöhnt als an schriftliches Deutsch. Was dagegen aus dem auf deutsch erlebten Alltag stammte, wie Raupen, Ruhr und »schändliches Lasterbuch«, trug seine Sprache mit sich, so wie umgekehrt wissenschaftliche Fachausdrücke ihr Latein.

Eine zusammenfassende sprachliche Auswertung der Notizen Luthers, beispielsweise seiner handschriftlichen Einträge ins AT, steht noch aus.

Briefe

Wo in Luthers Briefen die Sprache gewechselt wird, geschieht es oft zwischen ganzen Sätzen, zwischen Haupt- und Gliedsatz und in der Satzverbindung. Meist läßt sich ein Grund ersehen: Zwang zum Zitieren, Affekt, Bildhaftigkeit einer Wendung.[11] Die gemischtesten Briefe sind an Tischgenossen oder nahe

[11] Gründe für den Sprachwechsel s. bei B. STOLT, Sprachmischung (wie Anm. 5) 169–171, 252–254.

Freunde gerichtet.[12] Während der Coburgkrise drückt sich Luthers Irritation und Frust im Wechsel aus der lateinischen Sprache in die deutsche sowohl an Melanchthon (Bd. 5 Nr. 1609, 1611) als auch an Jonas (Nr. 1610) und Spalatin (Nr. 1612) aus. Zwei Beispiele aus Luthers Brief an Melanchthon vom 29.6. 1530 sollen den Übergang vom Lateinischen ins Deutsche illustrieren, der erste durch Gedanken an den Teufel, der zweite durch die Irritation wegen Melanchthons Frage, was den Gegnern noch zugestanden werden könne, hervorgerufen:

»*Sed fuerit haec Ate aut Satan aliquis*, und hab ihm, was er haben soll. [- - -] *et confirmor magis ac magis*, daß ich mir (ob Gott will) nu nichts mehr werd nehmen lassen, es gehe drüber, wie es wolle.« (Br 5, 405, 15 f., 24–26)

Nicht nur negativer, auch positiver Affekt bedient sich des Deutschen. In einem rein lateinischen Brief an Johannes Brenz steht plötzlich: »das schöne *Confitemini*« (Br 5, 419, 1).

Aus einem Brief an Anton Lauterbach, der in den späten dreißiger Jahren an Luthers Mittagstisch teilnahm und 1538 eigene Aufzeichnungen gemacht hat, die als »Lauterbachs Tagebuch« bekannt sind, sei ein drastisches Beispiel für »St. Grobianus« angeführt, aus dem hervorgeht, daß auch die lateinische Sprache dafür herhalten muß (wir verzichten auf die Übersetzung!):

»*G. & P. Literas tuas, Mi Antoni, laetus legi, maxime ubi scribis, Doct. Pistorium dixisse*: Ihr sollt uns die *Canones* lassen bleiben etc. Freilich wollen wir gar gern *istis porcis suos furfures relinquere*. Und das hellische feur dazu, *ut volunt & querunt. Rursus* sollen sie uns unsern Herrn *filium Dei* lassen bleiben, und das Hymelreich dazu. Wir sind bald gescheiden, wie ein reifer dreck und weit arsloch. *Sed laetitia mea haec est...*« (geht dann lateinisch zu Ende). (WA Br 10, 440, 3–8; Nr. 3933)

---

[12] Beispiele: an Schlaginhaufen Bd. 7, Nr. 2091; an Lauterbach Bd. 10, Nr. 3784 und 3933; an Jonas Bd. 10, Nr. 3947.

4. Der »deutsche Luther« Aurifabers

Wie steht es nun aber um den »Kronzeugen« Aurifaber, der in seiner Tischredenausgabe von 1566 »interessanterweise« rein deutsche Texte vorlegte? Diese Sammlung war lange die einzige Tischredenausgabe, hat weite Verbreitung gefunden und die allgemeine Vorstellung nachhaltig geprägt. Sowohl Jakob Grimm als auch Dietz haben sie für ihre Wörterbücher als authentischen Sprachgebrauch Luthers ausgeschrieben. Erst mit dem Erscheinen der WA gegen Ende des 19. Jahrhunderts ergab sich die Möglichkeit eines Vergleichs mit anderen Sammlungen. Da Aurifaber die Forschung oft auf falsche Fährte gelockt hat, muß er hier ausführlicher behandelt werden.

Wer heute die Tischreden zitieren will und zu diesem Zweck die Weimarer Ausgabe aufschlägt, findet zu vielen lateinischen oder zweisprachigen Stücken einen kleingedruckten Paralleltext auf deutsch mit der Bezeichnung FB. Man muß in der Einleitung lange suchen, bis man (auf S. XI) dazu erfährt, daß es sich dabei um die große deutsche Tischredensammlung Aurifabers handelt. Die Abkürzung »FB« findet ihre Erklärung auf S. XII: man folgt der »in der Orthographie vereinfachenden und glättenden Veröffentlichung von Förstemann und Bindseil«. Über die Aufnahme dieser Texte wird gesagt:

»Aurifabers große deutsche Tischredensammlung haben wir in der Veröffentlichung FB. vollständig in unsre Ausgabe aufgenommen. Jahrhundertelang haben Luthers Tischreden ihre segensreiche Kraft fast nur in der Gestalt wirken lassen können, die Aurifaber ihnen gegeben hat, und man mag über Aurifabers Arbeitsweise denken, wie man will, für eine kritische Gesamtausgabe der Tischreden ist es eine Pflicht, dem Leser neben dem ältesten erreichbaren Text auch Aurifabers Umarbeitungen vorzuführen und ihm ein eigenes Urteil über Aurifabers Arbeitsweise zu ermöglichen.« (TR 1, XI)

Unmißverständlich wird hier von »Aurifabers Umarbeitungen« gesprochen. Die Arbeitsweise, über die sich der Leser selbst ein Urteil bilden sollte, wird auf der nächsten Seite beschrieben:

»Aurifaber hat sehr oft mehrere kleine Tischreden aus verschiedenen Jahren in einem Paragraphen vereinigt, er hat aber ebenso oft längere Reden Luthers in mehrere Paragraphen zerschnitten und an verschiedenen Stellen in seine Sammlung aufgenommen [...] Aber fast ebenso zahlreich sind die Paragraphen, in denen sich Aurifaber nicht damit begnügt, die einzelnen Stücke lose aneinanderzufügen, in denen er vielmehr durch Zwischensätze das Folgende mit dem Vorangehenden fester zu verknüpfen sucht, ja zuweilen schiebt er die einzelnen Stücke ineinander und schweißt sie förmlich zusammen.« (TR 1, XII)

Es versteht sich von selbst, daß ein Vergleich damit mühsam, zeitraubend, mitunter für den Nichtspezialisten unmöglich ist, so daß der uneingeweihte Leser sich nur schwer ein eigenes Urteil bilden kann – ein Urteil, das ihm in den ersten beiden Bänden selbst überlassen bleibt. Erst im dritten Band findet sich eine Introduktion Aurifabers und eine kritische Würdigung seiner Arbeitsweise durch E. Kroker, in der Einleitung zu »Lauterbachs Tagebuch« (wo man sie nicht suchen würde).[13]

Johannes Aurifaber, 1519 geboren und somit 35 Jahre jünger als Luther, kam 1545 in Luthers Haus und hat anfang 1546 eigene Nachschriften vorgenommen, die in Bd. 6 der TR veröffentlicht sind. Im übrigen besteht seine Sammlung aus Bearbeitungen der Nachschriften anderer. Zwischen ihrer ersten Niederschrift und Aurifabers Bearbeitung liegen bis zu 30 Jahre.

Erst in dieser Einleitung wird eindeutig ausgesagt, daß Aurifabers eigenmächtiges Verfahren mitnichten den Anforderungen entspricht, die heute an einen verantwortungsvollen Herausgeber gestellt werden. An Beispielen werden genannt: Zusätze und Auslassungen, reine Fälschungen, falsche Angaben in den Jahreszahlen und im Inhalt, erfundene Einführungen, Vergröberungen des Ausdrucks, während nach authentischen Schimpfwörtern ein schamhaftes »mit Züchten zu reden« hinzugesetzt wird, u.a.m. Mitunter könne man überhaupt nicht von Übersetzungen sprechen, es seien eher »Phantasien Aurifabers über ein von Luther angeschlagenes Thema«.

---

[13] TR 3, XXXIII–XL. – Ausführlich zu Aurifaber s. B. Stolt, Hier irrt der Lutherforscher. Zur ausschlaggebenden Bedeutung kritischer Texteditionen. In: Virtus et Fortuna. FS für H.-G. Roloff. Hg. P. Strelka/J. Jungmayr. Bern etc. 1983, 259–271.

Auf Glossierungen wissenschaftlicher Begriffe, die dann von der Forschung Luther in den Mund gelegt worden sind, habe ich in meiner Abhandlung hingewiesen (S. 21 f.). Hier sei nur ein Beispiel für die Fachausdrücke der Rhetorik *exordium* und *captatio benevolentiae* angeführt. Aus der Vorlage: »Es ist ein verdrießlich *exordium* und *captatio benevolentiae* gewesen« macht FB: »es ist ein verdrießlich *exordium*, Anfang, und *captatio benevolentiae* gewest, da man im Eingang soll die Zuhörer lustig machen, daß sie gern und mit Willen hernacher hören was gepredigt wird« (TR 4, 4114; S. 143, 33–35). Solcherart Zusätze sind nichtsahnend von der Forschung als authentische Lutherwörter zitiert (»wie es Luther formuliert«, oder: »Mit diesen klaren Worten urteilt Luther«) und interpretiert worden! An abschreckenden Beispielen, auch unter namhaften Forschern, fehlt es nicht.[14] Daß Aurifabers Wortgut in die Lexika als Lutherworte eingegangen sind, hat zu einer irrtümlichen Einschätzung der »Modernität« von Luthers Sprache geführt.[15] E. Kroker stellte fest: »Zahlreiche Zusätze Aurifabers hängen mit dem veränderten Sprachgebrauch einer jüngeren Zeit zusammen.« (TR 3, XXXIV)

Um Aurifabers Arbeitsweise zu illustrieren und den Blick für diese Fehlerquelle zu schärfen, gebe ich noch einige wenige Beispiele, die seine Synonymenfreudigkeit bei der Übersetzung lateinischer Wörter beleuchten. Aus sechs Worten der Vorlage: »*[Dialectica] Non tradit materiam, sed ordinem loquendi*« macht Aurifaber: »*Dialectica* gibt nicht die Materie, davon man reden und lehren will, sondern lehret nur, wie man fein ordentlich, eigentlich und richtig, kurz und einfältig davon reden und lehren soll.«[16] Immer, wenn man in einem Aurifabertext eine Reihe von Synonymen gehäuft findet, und vor allem, wenn sie mit seinem Lieblingswort »fein« eingeleitet werden, muß man damit rechnen, daß hier Lutherlatein übersetzt wird. Luther

---

[14] Beispiele in B. Stolt, Sprachmischung (wie Anm. 5) 20–23 und »Hier irrt...« (wie Anm. 13) 263–269, 270 Anm. 7–11. Irregeführt wurden u.a. A. Bach, I. Weithase, J. Erben, H. Eggers, E. Arndt, W. Brückner. Wenn Zitate in Handbücher geraten, sind sie besonders zählebig.

[15] B. Stolt, »Hier irrt...« (wie Anm. 13) 267 und 271, Anm. 10.

[16] TR 2, 2629b; S. 558, 10 f. bzw. 559, 31–33.

kann in seinen Schriften Synonyme gehäuft haben, nicht jedoch mündlich.

In jedem Lehrbuch der deutschen Sprachgeschichte war bis in die achziger Jahre des 20. Jahrhunderts ein Lutherzitat zu finden:

»Ich habe keine gewisse, sonderliche, eigene Sprache im Deutschen, sondern brauche der gemeinen deutschen Sprache [...] Ich rede nach der Sechsischen Canzeley, welcher nachfolgen alle Fürsten und Könige in Deutschland [...]«. (TR 1, S. 524, 40–525, 1)

Die Interpretationen dessen, was Luther mit »gewisse, sonderliche, eigene Sprache« gemeint haben kann, sind legio. Das Zitat geht jedoch auf Aurifaber zurück. Seine Vorlage lautete:

»*Nullam certam linguam Germanice habeo, sed communem* [...] Ich rede nach der Sechsischen cantzley, *quam imitantur omnes duces et reges Germaniae[...]*«. (TR 2, 2758b; S. 639, 30–640, 2)

Was also interpretiert werden muß, ist »*certam linguam Germanice*«. Aurifaber hat »*certam*« sicherheitshalber gleich dreimal übersetzt. Und die Wortstellung »welcher nachfolgen alle Fürsten«, die in uns Heutigen den Eindruck der Altehrwürdigkeit erweckt, ist von Aurifaber in enger Anlehnung an das Lateinische gebildet. – Es hat lange gedauert, bis dies Zitat durch Luthers Originalfassung ersetzt wurde.

Legendenbildung

Stilistisch entsteht durch Aurifabers Bearbeitung ein ganz anderer Eindruck von Luthers Ausdrucksweise: frömmelnd, betulich, geschwätzig. Die Originaltexte sind weit straffer, herber, handfester, gelehrter. Sie sind, schon durch den hohen Anteil des Lateinischen, weit weniger »volkstümlich«, als man es sich wünschte. Aurifaber hatte mit seiner Sammlung einen bestimmten Zweck: den der Erbauung weiter Kreise. Längst nicht alles in den Sammlungen entsprach diesen Voraussetzungen. Wie er durch seine Auswahl, Zusätze und Auslassungen das Lutherbild gefälscht und Luther seinen Wünschen entsprechend salonfähiger gemacht hat, soll an wenigen Belegen illustriert werden. Man muß sich darüber im klaren sein, daß wir hier, zwanzig Jahre nach Luthers Tod, den Beginn der Lutherlegende mit seiner Geschichtsfälschung vor uns sehen. Aurifaber hat nicht nur an Luthers Stil, sondern auch an seiner Persönlichkeit gemodelt.

Luther hatte oft mit Angstzuständen und nächtlichen Anfechtungen zu kämpfen, die wir heute »Depressionen« nennen würden. Luther nannte diesen Zustand »*tristitia*«. Für ihn – wie für seine Vorläufer in der Theologie – waren es unmittelbare Anschläge und Versuchungen des Teufels, den er mitunter direkt als »*spiritus tristitiae*« bezeichnete. Als solche waren sie mit den drastischen körperlichen Abwehrmitteln des mittelalterlichen Teufelsglaubens zu bekämpfen: Er schickte den Teufel, wie er sagte, »mit einem Furz davon«, wenn er nicht den Kraftausdruck gebrauchte, für den wir heute Götz von Berlichingen zu bemühen pflegen. »Da höret [er] auf. Sonst kan man sein [ihn] nit los werden«, meinte er. Derartige Aussprüche sind in rund einem Dutzend Tischreden festgehalten.[17] Drastische Gegenmittel, in denen banale menschliche (allzu menschliche!) Dinge metaphysischen Anstrich bekommen, und für die sich heute schwer ein entsprechender Ersatz finden dürfte. Aurifaber hat die meisten zensiert oder gemildert und einen Zusatz »mit Züchten zu reden« angefügt. Wir werden daran erinnert, daß Luther noch im ausgehenden Mittelalter lebte, daß in seinem Weltbild der Teufel eine konkrete Vorstellung von greifbarer Bedrohung ausmachte, daß sich in allen Dingen und Geschehnissen des Alltags unmittelbar entweder die Gnade und Hilfe Gottes und seiner Engel, oder aber die tückischen Anschläge des Teufels manifestierten.

Aber es gab auch andere Mittel, die heute noch ebenso gültig sind: Luther gab den Rat, man solle sich nicht einsamen Grübeleien hingeben, sondern im Gegenteil die Gesellschaft fröhlicher Menschen aufsuchen, gut essen und trinken, Musik, Gesang und Tanz pflegen. Diese Ratschläge waren nicht seine eigene Erfindung, sondern standen im Einklang mit den Gesundheitslehren der damaligen Zeit und den Ratschlägen der Kirche.

---

[17] TR 1, Nrr. 83, 122, 141, 248, 469, 590; TR 2, 1557 u.a. – Zitiert Nr. 248, S. 103, 18 f.; Nr. 122, S. 48, 10–13.

Luther nennt einmal seinen Gewährsmann, den ehemaligen Kanzler der Sorbonne-Universität Jean Charlier Gerson (1363–1429), ein berühmter Theologe, der zahlreiche Bücher über die Bekämpfung der teuflischen Anschläge geschrieben hatte, die weit verbreitet und u.a. von Geiler von Kaisersberg ins Deutsche übersetzt worden waren.[18]

Ein entsprechender Ratschlag Luthers ist auf lateinisch festgehalten und lautet:

»*Quando tentaris tristitia aut desperatione aut alio dolore conscientiae, tunc ede, bibe, quaere colloquia; si potes te cogitatione puellae recreare, facito*« (TR 1, 122; S. 49 f.).

Zu deutsch: »Wenn du von *tristitia* angefochten wirst, dann iß, trink, suche Gesellschaft auf. Wenn du dich mit Gedanken an Mädchen erfreuen kannst, tue dies.«

Bei Aurifaber liest sich das folgendermaßen:

»Nehmlich wer mit Traurigkeit, Verzweifelung oder anderm Herzeleid geplaget wird und einen Wurm im Gewissen hat, derselbige halte sich erstlich an den Trost des göttlichen Worts, darnach so esse und trinke er, und trachte nach Gesellschaft und Gespräch gottseliger und christlicher Leute, so wirds besser mit ihm werden.« (Ebd. S. 52, 1–4)

Hier kann man den Beginn der Lutherlegende und die Retuschierung des Lutherbildes mit Händen greifen. Von Anfang an ist die Tendenz die gleiche: ein Streben fort von handfester Lebensfreude hin zu Erbaulichkeit und Asketismus. Offenbar fand Aurifaber Luther hier nicht fromm genug und hat er an den Mädchen Anstoß genommen. Luther hätte seiner Auffassung nach zu allererst auf das göttliche Wort hinweisen sollen, also legt er es ihm in den Mund, zusammen mit dem »Wurm im Gewissen«, vielleicht zum Ersatz dafür, daß der Text nun, ohne die Mädchen, recht blaß ausfällt. Auch taugt nicht jede fröhliche

---

[18] Gersons Einfluß auf Luther ist ausführlich von U. Mennecke-Haustein dargestellt worden: Luthers Trostbriefe. Gütersloh 1988, 141–160 (= QF 56). *Tristitia*, auch mit der Todsünde *acedia* identifiziert, wurde in enger Verbindung mit Kleingläubigkeit, *pusillanimitas*, gesehen; siehe dazu unten VI, 4. – Luther hat Gerson einmal unter die Kirchenväter gezählt: »*Gerson et ceteri patres*«, TR 2, 1288.

Gesellschaft, man vergewissere sich denn zuvor, daß es auch »gottselige und christliche Leute« sind, sodaß die Gespräche – soll man dann vermuten – sich in entsprechenden Bahnen bewegten. Frömmigkeit anstelle von Lebensfreude!

In einer Parallelstelle gibt Luther seine Quelle an. Auch hier überwiegt die lateinische Sprache, sodaß Aurifaber gute Möglichkeiten zur Unterschlagung und Verbrämung hatte:

»*Altera via est, ut vincamus eum contemptu*, das wir die gedanken aussschlagen, wollen nit dran denken, *figimus animum in cogitationes alias, choreae vel elegantis puellae*. Das ist auch gut. *De hoc scripsit Gerson.*« (TR 1, 141; S. 64, 4–7)

Auf deutsch: »Eine andere Möglichkeit ist, ihn mit Verachtung zu überwinden, [...], unsere Zuflucht zu anderen Gedanken zu nehmen, an Tanz oder schöne Mädchen. Das ist auch gut; davon hat Gerson geschrieben.«

Zu diesem Rat muß außer auf Gerson auch auf die Gesundheitslehre des ausgehenden Mittelalters hingewiesen werden. In einem seit dem 12. Jahrhundert weitverbreiteten medizinischen Lehrgedicht *De conservanda bona valetudine*, wie man gute Gesundheit bewahren soll, das seinen Ursprung in der berühmten Medizinhochschule in Salerno hatte, wird die Bedeutung eines lichten, gleichmäßigen Gemütes betont und vor Zorn, Wut und Trauer gewarnt. Es war eine der Aufgaben der Ärzte, Schwermut, Verzweiflung und Bitterkeit zu bekämpfen, und als Hilfsmittel dabei dienten die Schönen Künste. An erster Stelle steht die Musik, danach die Dichtkunst, dann Unterhaltungen durch Schauspieler, Tänzer, Akrobaten, dressierte Tiere u.a.m. Seit der Antike ist der Zusammenhang zwischen seelischer und körperlicher Gesundheit bekannt: »*Mens sana in corpore sano*«. Die heilende Wirkung der Musik ist bereits im Alten Testament belegt, wo geschildert wird, wie David durch sein Harfenspiel die Depression König Sauls lindert (1. Sam 16, 16. 23).

Es wäre ein Irrtum, Luthers Hinweis auf Tanz und schöne Mädchen als frivol einzustufen. Selbstverständlich war gerade dieser Rat nicht geeignet bei der Bekämpfung der besonderen Klosterform der *tristitia*, genannt *acedia*, aber Luther hatte ja auch das Kloster verlassen und sprach nicht zu Mönchen. Was seine Ratschläge von denen der medizinischen Lehrbücher unterscheidet, ist, daß er als Verursacher des Übels den Teufel ansetzt und daher die medizinischen Ratschläge mit den drastischen Abwehrkünsten der Theologen verbindet.[19]

Bei Aurifaber bleibt nicht viel davon übrig. Daß er die Teufelsabwehr zensuriert beziehungsweise ganz unterschlägt, ist bereits bemerkt worden. Was er aus dem letzteren Text macht, ist dies:

»Der ander[e] Weg ist, daß wir ihn durch Verachtung überwinden, daß wir die Gedanken, so er uns eingiebt, ausschlagen und wenden das Herz auf andere Gedanken, als daß man Kurzweile treibe mit spazieren gehen, essen, trinken, zu den Leuten gehe, mit ihnen rede und fröhlich sei, das man der schweren Gedanken los werde. Das ist auch gut, davon hat Gerson geschrieben.« (TR 1, Nr. 141; S. 66, 49–67, 2)

Wieder werden Tanz und schöne Mädchen unterschlagen, statt dessen hält er sich an die »anderen Gedanken«, die er mithilfe der Parallelstelle spezifiziert. Diesmal verzichtet er auf die Ermahnung zum Bibellesen, fügt dafür aus eigenem Gutdünken das Spazierengehen hinzu.

Bereits aus diesen beiden Beispielen geht hervor, daß Luther kein Asket und Spielverderber war. Er schätzte die guten Gaben des Lebens als Gottesgeschenke und hielt sogar Fröhlichkeit für eine Christenpflicht aus Dankbarkeit (siehe IV, 3b). Aber die Nachwelt hat sich ein Lutherbild nach ihren eigenen Vorstellungen geschaffen, und so ist eine Lutherlegende entstanden, hinter die es zurückzudringen heißt, wenn man den historischen Tatsachen nahekommen will. Selten läßt sich die Verfahrensweise so unmittelbar mit Händen greifen wie bei dem Lutherbild, das uns in Aurifabers Tischredenausgabe entgegentritt. In dieser Form haben Luthers Tischreden jahrhundertelang weite Verbreitung gefunden und die volkstümliche Vorstellung von der Person Luthers nachhaltig geprägt.

Diese Texte sind heute nur noch zu dem Zweck zu gebrauchen, zu dem sie Aurifaber ursprünglich zurechtgestutzt und

---

[19] Zum Eindringen der auf das *Corpus Salernitanum* zurückgehenden Gesundheitsregeln in den monastischen Bereich, das sich auch bei Gerson findet, s. U. Mennecke-Haustein (wie Anm. 18) 150.

verbrämt hat, zu dem der Erbauung. Auch dann muß man sich jedoch darüber klar sein, daß es sehr häufig nicht Luther selbst ist, der in diesen Texten zu uns spricht, sondern ein Wunschbild Aurifabers.

Für wissenschaftliche Zwecke kommen ausschließlich die Urschriften in Betracht, obwohl sie ihres komplizierten Sprachgewandes halber viel schwerer zu handhaben sind. Auch diese sind mit Vorsicht zu behandeln, möglichst miteinander zu vergleichen und auf dem Hintergrund anderer gleichzeitiger Überlieferung zu bewerten. Die zuverlässigste Sammlung ist die von Veit Dietrich, Luthers langjährigem Famulus.[20]

5. *Luther »sub specie latinitatis«*

a. *Der lateinisch denkende Luther*

Luther war nicht so »deutsch«, wie ihn das 19. und die erste Hälfte des 20. Jahrhunderts sehen wollte. In vielen Fällen ist auch seine deutsche Sprache erst *sub specie latinitatis* (unter dem Gesichtspunkt des Lateinischen) zu verstehen. Mitunter ergibt sich der Sinn eines dunklen deutschen Luthersatzes erst durch eine Rückübersetzung ins Lateinische. Manche Stelle kann in einem klareren Licht erscheinen, wenn man statt eines vagen, allgemeinen deutschen Ausdrucks den entsprechenden lateinischen Fachterminus setzt. Dies gilt insbesondere für die Rhetorik, auf die im nächsten Abschnitt näher eingegangen wird.

Nicht nur Wortschatz-, auch Syntax- und Stilfragen müssen im Rückgriff auf das Lateinische analysiert werden. Ohne Kenntnis der Art und Weise, wie die damaligen Autoren die lateinische Sprache handhabten, läßt sich ihr Gebrauch der deutschen kaum verstehen. Das Gefühl für sprachliche Form war bei den frühneuhochdeutschen Verfassern anders ausgebildet und erstreckte sich auf andere Prinzipien als heute. Etliches, was auf den ersten Blick als sprachliches Unvermögen oder Ungeschick erscheinen mag – wie etwa die Aneinanderreihung von

---

[20] B. STOLT, Sprachmischung (wie Anm. 5) 17–19, 24–33, 39–42.

Argumenten ohne uns ersichtliches Prinzip – kann sich als völlig beabsichtigt herausstellen. Eine Blütenlese von irrtümlichen Beurteilungen sei zur Illustration angeführt.

Unter Germanisten herrschte bis in die siebziger Jahre des 20. Jahrhunderts die Auffassung, Luther habe bei seinem ersten Anlauf der Bibelübersetzung, dem sog. »Septembertestament«, das er in großer Eile auf der Wartburg anfertigte, noch viel volkstümlicher, radikaler, ja, »bäurischer« übersetzt als später, wo er unter dem Einfluß anderer Gelehrter von der Volksnähe leider wieder abgerückt sei. Mehrfach hat man dabei jedoch Latinismen als » volksnahe deutsche Alltagssprache« gewertet, so z.B. die Wortstellung »Ihr werdet finden das Kind«, »Sehet an die Vögel unter dem Himmel«, »Könnt ihr trinken den Kelch« usw. In diesen Fällen steht jedoch eindeutig fest, daß Luther hier von der Wortfolge der lateinischen Vulgata sowie der griechischen Vorlage beeinflußt war. Spätere Überarbeitungen standen im Dienst der deutschen Sprache, nicht umgekehrt! – Daß Luther in seiner ersten Übersetzung »schamrot werden« schrieb, was er später zu einem einfachen »sich schämen« änderte, wird von einem Forscher als »bäurisches Kolorit« gewertet, zu dem Luther später leider nicht mehr genügend Radikalität aufgebracht habe. Luther stand hier jedoch ganz im Gegenteil hochwahrscheinlich unter dem Einfluß von lat. *erubescere*, das in damaligen Vocabularien glossiert wird mit »schamrot machen« oder »schamrot werden vor schanden«. Kein einheimisch-bäurischer Sprachschatz also, kein sprachlicher Radikalismus, sondern gelehrtes Lexikonwortgut, von dem Luther bei der Überarbeitung in seinem Bestreben nach dem besten idiomatischen Deutsch allmählich abrückt.[21] – Daß die Einschätzung von Luthers Bibeldeutsch als »volkstümliche Alltagssprache« den Blick getrübt hat für sakralsstilistische Biblizismen wird unten (IV, 4) näher beleuchtet.

---

[21] Diese und zahlreiche weitere Beispiele bei B. Stolt, Studien zu Luthers Freiheitstraktat mit besonderer Rücksicht auf das Verhältnis der lateinischen und der deutschen Fassung zu einander und die Stilmittel der Rhetorik. Stockholm 1969 (= Stockholmer germanistische Forschungen 6) 118–136. Zu »schamrot« ebd. 123, Anm. 1.

Luthers Satzbau hat den Sprachwissenschaftlern von eh und je große Schwierigkeiten bereitet. Beginn und Ende eines Satzes sind oft nicht mit Sicherheit auszumachen, die Interpunktion fehlt oder widerspricht heutigem Gebrauch. Meines Erachtens hat man auszugehen von dem Begriff, an dem er selbst grammatisch geschult worden ist, der lateinischen Periode mit ihrer Gliederung in *cola* und *commata* (Näheres dazu unten V).

Ebenso wird man Luthers Stil nicht gerecht, wenn man ihn mit heutigen Maßstäben mißt. Meist bleibt man dabei in der »Volkstümlichkeit« bzw. »Urwüchsigkeit« stecken. Zahllos sind die Klagen darüber, Luthers Schriften seien »formlos«, entbehrten jeder künstlerischen Gestaltung, die Argumente seien lose und ohne sichtbares Ordnungsprinzip aneinandergereiht. Oft genug zeigt es sich bei näherem Hinsehen, daß eine solche Schrift gelehrten Regeln folgt. Im Gegensatz zur landläufigen Auffassung sind es gerade die »volkstümlichen« Schriften, die sich an ein breites Publikum wenden, in denen man den ausgiebigsten Gebrauch von unterhaltenden stilistischen Schmuckmitteln findet, nach dem rhetorischen Grundsatz, daß sich ein gebildetes Publikum leichter auch auf eine trockene Auslegung konzentrieren könne als ein einfaches, das deswegen zu seiner Unterhaltung reichere stilistische Kunstgriffe brauche. Demgemäß ist die »Predigt, daß man Kinder zur Schule halten solle«, reicher ausgeschmückt als die Schrift »An die Ratsherren aller Städte deutsches Lands, daß sie christliche Schulen aufrichten und erhalten sollen«, wo Luther sich mit dem gleichen Anliegen an eine andere Bevölkerungsschicht wendet (Näheres dazu unten III).

Volkstümlichkeit war nichts, was Luther, als »Mann des Volkes«, aus dem Ärmel schüttelte. Die Mühe, die es ihn kostete, so zu schreiben, daß ihn der »gemeine Mann« verstand, kann man nicht hoch genug einschätzen. Zumeist hatte er einen Sachverhalt zunächst lateinisch durchdacht und formuliert, um ihn dann ins Deutsche umzusetzen, wobei er die Erfahrung machte, über die er im »Sendbrief vom Dolmetschen« klagt: »die lateinischen Buchstaben hindern aus der Maßen sehr, gut deutsch zu reden.«[22]

---

[22] WA 30: II, 637, 34 f.; Delius 3, 487, 8 f.

Da sein Stil nur unter der Berücksichtigung der Rhetorik richtig einzuschätzen ist, muß dieser ein eigener Abschnitt gewidmet werden. Hier ist zunächst ein wissenschaftsgeschichtlicher Rückblick vonnöten, da es aus heutiger Sicht schwerverständlich anmuten kann, wie umstritten und kontrovers diese Frage im letzten Viertel des 20. Jahrhunderts war.

b. Die lange verpönte Rhetorik

Luthers Rhetorik wird unten (II) im Rahmen seiner Theologie und Anthropologie dargestellt. Ich selbst war in den sechziger Jahren auf Umwegen auf dies Gebiet gestoßen. Es ging mir um die damals umstrittene Frage, welche der beiden Fassungen von Luthers Traktat »Von der Freiheit eines Christenmenschen« die Erstfassung sei. Die lange geltende Auffassung von der Priorität des lateinischen Textes war durch den Theologen W. Maurer bestritten worden, der als einziger eine vergleichende Untersuchung angestellt hatte und zu dem gegenteiligen Resultat gekommen war. Dies bezweifelte ich, da es im Gegensatz zur vorherrschenden Praxis gestanden hätte. Der Traktat ist von einem Brief an den Papst begleitet, bei dem feststeht, daß Luther ihn auf lateinisch geschrieben und ins Deutsche übersetzt hat. Hier konnte man Luthers Vorgehensweise bei der Übersetzung eines eigenen Textes studieren und eine sichere Grundlage für die Beurteilung der beiden Traktatfassungen erarbeiten. Das Studium ergab, daß Luther höchstwahrscheinlich ein lateinisches Konzept hatte, das er einmal auf lateinisch für die Gelehrten im wissenschaftlichen Stil, einmal auf deutsch im predigthaften Stil ausarbeitete. Bei diesen Studien stieß ich auf Schritt und Tritt auf die Stilmittel der Rhetorik.[23]

Dies fand ich damals ziemlich selbstverständlich, war doch Luther nach den Regeln der lateinischen Grammatik und Rhetorik in der Schule ausgebildet worden. Erst im Umgang mit dem einschlägigen wissenschaftlichen Schrifttum fand ich eine völlig gegensätzliche Auffassung. Rhetorik hatte bis anfang der sechziger Jahre einen schlechten Ruf. Sie wurde mit hohler

---

[23] B. Stolt, Freiheitstraktat (wie Anm. 21), passim.

Schönrednerei, kühler Berechnung und bloßer Nachahmung gleichgesetzt, während der schöpferische Künstler, der ein echtes Anliegen vorbringt, ihrer nicht bedürfe. In der Polemik galt sie als unaufrichtige Volksverführung, die laut protestantischer Auffassung den Jesuiten zugeschrieben wurde. Damit stand von vornherein fest, daß der »aufrichtige, impulsive« Luther damit nichts im Sinn gehabt haben konnte.[24]

Die vielen Stilmittel der Rhetorik, die man als geradezu charakteristisch für Luthers Stil erkannt hatte, wie: Allegorie und Metapher, antithetischer Parallelismus, Häufung, Steigerung und Hyperbel, Zwei-und Dreigliedrigkeit u.a.m., waren auf vielfältige Weise, aber nie als »rhetorisch« gedeutet worden. Sie galten als »volkstümlich«, »altdeutsch«, von der Kanzleisprache beeinflußt oder aber waren psychologisch zu erklären. Trotz aller dieser Stilmittel stieß man wieder und wieder auf die Behauptung, Luthers Sprache sei »formlos«, er habe auf die äußere Form überhaupt kein Gewicht gelegt, oder keine Zeit gehabt, oder er sei zu erregt gewesen. Zahlreiche Belege finden sich in meinen »Studien zu Luthers Freiheitstraktat« (118–132). Mit dem herrschenden Bild vom »volkstümlichen«, »deutschen«, impulsiven und aufrichtigen Luther und der gängigen Auffassung von der Rhetorik betrachtete man Luthers Text durch die Brille seiner Vorurteile. Dazu kam die Auffassung Irmgard Weithases in einem damals häufig zitierten Buch »Zur Geschichte der gesprochenen deutschen Sprache«, Luther habe die Rhetorik abgelehnt und gemeint, »sie tauge nichts«. Als ich ihre Belege unter die Lupe nahm, zeigte es sich, daß es sich um falsch verstandene Aurifaberzitate handelte.[25]

---

[24] G. Storz, Unsere Begriffe von Rhetorik und vom Rhetorischen. In: Der Deutschunterricht 18 (1966) H. 6, 5–14. Dazu: B. Stolt, Die Rhetorik als Maßstab von Gottfried bis Goethe. In: Stockholm Studies in Modern Philology NS vol. 6, 1980, 69–78, bes. 75 ff. – Dies., Rhetorik und Literatur. In: DAPHNIS 16 (1987) 557–588, 572–574. – Dies., Tradition und Ursprünglichkeit. Ein Überblick über das Schrifttum zur Rhetorik in den sechziger Jahren im Bereich der Germanistik. In: Studia Neophilologica 1969: 2, 325–338.

[25] I. Weithase, Zur Geschichte der gesprochenen deutschen Sprache. Bd. 1–2. Tübingen 1961. Dazu B. Stolt, Freiheitstraktat (wie Anm. 21) 123–130.

Andere kritische Lutherbelege betrafen Verstöße gegen rhetorische Vorschriften, waren mithin Kritik an schlechter Rhetorik, nicht an Rhetorik als solcher. Ich mußte daher 1969 ein ganzes Kapitel der Frage »Luther und die Rhetorik« widmen. Heute erregt es unter germanistischen Fachkollegen Erstaunen, daß ich damals »noch« meine Auffassung überhaupt verteidigen mußte! Dagegen hat sie sich unter den Theologen noch nicht allgemein durchgesetzt.[26]

Was damals eigentlich die Forscher hätte nachdenklich stimmen müssen, ist die Einschätzung Luthers durch seine Zeitgenossen und deren Nachfolger in den nächsten beiden Jahrhunderten. Diese, sämtlich an der Rhetorik geschult, bewunderten in ihm einen Rhetor in deutscher Sprache, einen deutschen Cicero! Katholiken warnten vor der »zierlichen und feinen« Sprache Luthers. Der Luthergegner Emser machte Luther zum Vorwurf, er wolle »aus der Kunst der Rhetorik die Leut[e] occupiern«.[27]

Daß diese Einschätzung den Wissenschaftlern verborgen geblieben ist, beruht zum Teil darauf, daß die meisten der Luthers Sprache beschreibenden Adjektive nicht als aus dem Lateinischen übersetzte Fachtermini der Rhetorik, also nicht *sub specie latinitatis,* verstanden wurden. In Luthers Ausspruch im Sendbrief vom Dolmetschen, auch seine Gegner müßten zugeben, daß seine Sprache »süße und gut« sei (WA 30: II, 634, 15 f.; Delius 3, 483, 2 f.), wundern wir uns über das Adjektiv »süß«, solange wir nicht wissen, daß es als Attribut von Rede oder Schrift *dulcis* oder *suavis* übersetzt, ein *dulciloquus* die Bezeichnung eines Wohlredners war. Unbekannt war auch, daß »Zier«, »Zierlichkeit« zu diesen Fachausdrücken gehört. So kam es, daß Weithase sich auf Justus Georg Schottel berufen konnte, der in

---

[26] M. BRECHT, hochkarätiger Lutherforscher, schrieb 1990 ein Buch: Luther als Schriftsteller. Zeugnisse seines dichterischen Gestaltens, das keinerlei Hinweise auf die Rhetorik enthält. – Vgl. dagegen H.-G. ROLOFF, Luthers literarische Leistung. In: Medioevo e Rinascimento 1987:1 (1990) 247–276, sowie H. WOLF, Luthers sprachliche Selbstbeurteilungen. In: ZfdPh 115 (1996) 349–370.

[27] Zu diesem und den folgenden Belegen: B. STOLT, Freiheitstraktat (wie Anm. 21) 121 f.

seiner »Ausführliche[n] Arbeit von der Teutschen Haubt-Sprache« (1663) schreibt, Luther habe »zugleich alle Lieblichkeit, Zier, Ungestüm und bewegenden Donner in die teutsche Sprache gepflanzet« (I, 49), allen Ernstes im Glauben, mit Rhetorik habe dieser Ausspruch nichts zu schaffen. Dabei verhält es sich so, daß man ihn im Gegenteil ohne Rhetorikkenntnisse überhaupt nicht korrekt einschätzen kann.

Auf den ersten Blick meint der heutige Leser wohl so ungefähr zu verstehen, was Schottel meint. Erst wenn er anfängt nachzudenken, fragt er vielleicht: wie »pflanzt« man Donner? Und wieso »bewegenden Donner«? Donner ist »erschütternd«. Eine Kenntnis der lateinischen Sprache reicht hier zur Interpretation allein nicht aus. Keine Latinismen deuten darauf hin, daß hier fremdsprachlicher Einfluß vorliegt. Nur im Kontext der rhetorischen Tradition ist diese Textstelle völlig verständlich, eine Kenntnis, die Schottel im 17. Jahrhundert bei allen Gebildeten voraussetzen konnte.

Erst von diesem Vorverständnis aus fällt alles an seinen rechten Platz. Was sprachlich »gepflanzt« wird, sind die *flores rhetoricales*, die rhetorischen »Blumen«, d.h. der rhetorische Schmuck. »Zier« gehörte in frühneuhochdeutschen lateinisch-deutschen Vocabularien fest in die Rhetorik. »rhetorica kunst von der zierhait«, »Rhetor: red zierer«, kann es beispielsweise heißen. Zumeist übersetzt es *ornatus.* »Lieblich« kann als Tugend der geschmückten Rede *dulcis, suavis, blandus* übersetzen. »Liebliche red Blandiloquentia«.[28]

Die eigenartige Verbindung von Donner mit »pflanzen« läßt sich nur so verstehen, daß auch »Donner« als Metapher für rhetorische »Blumen« innerhalb der fest eingebürgerten Bezeichnungen für rhetorischen Schmuck verwendet wurde. Es handelte sich um vorgeprägte Denkmuster. Aber noch ist die uns seltsam anmutende Kollokation »bewegender Donner« nicht er-

---

[28] L. DIEFENBACH, *Novum glossarium Latino-germanicum mediae et infimae aetatis.* Frankfurt/M. 1867; J. MAALER, Die Teütsch spraach. *Dictionarium Germanicolatinum novum.* Zürich 1561. Reprographischer Nachdruck. Mit einer Einführung von Gilbert de Smet. Hildesheim 1971. – Zu den Vocabularien als Hilfsmittel beim Lutherstudium s. J. SCHILLING (wie o. Anm. 4) 93 Anm. 42 u. 98 f.

klärt. Dazu muß die Affektenlehre herangezogen werden. Bei den Gegensatzpaaren »Lieblichkeit und Zier«, »Ungestüm und Donner« handelt es sich um die Affekte Ethos und Pathos. Jeder Gebildete hat dies sicher sofort erkannt und wußte, daß es sich bei Ethos um liebliche Gefühle, Erfreuen und Unterhalten, also *delectare* handelte, bei Donner um Pathos: Erschüttern, *movere*. Da sich *movere* mit »bewegen« ins Deutsche übersetzen läßt, war die uns heute befremdende Formulierung Schottels seinen Lesern damals sofort einsichtig und natürlich. Ihr rhetorischer Bereich wurde problemlos mitrealisiert. Noch 1740 wird in Johann Jacob Breitingers »Critische[r] Dichtkunst« Pathos mit »Bewegung« kombiniert: »Ich meine die pathetische, bewegliche oder hertzrührende Schreibart«, die »geraden Wegs auf die Bewegung des Herzens losgehet«. Die Regel *»ipse moveatur«* (Aristoteles, Quintilian) wird von Breitinger so wiedergegeben, »daß einer, der wahrhaftig in Bewegung ist, die Zuhörer ebenfalls in Bewegung setzet«, was man heute eher physisch als psychisch verstehen würde, wenn es nicht weiterginge: »und wer wahrhaftig entrüstet ist, unfehlbar eben dergleichen Entrüstung in den Herzen der Zuseher erwecket« – eine Regel, deren Befolgung bei Luther unten (II und III) beleuchtet wird.[29]

Eindeutig wurde mit Schottels Lob Luther als kunstvoller Rhetoriker charakterisiert. Aber dies blieb den Lesern des 19. und ersten drei Vierteln des 20. Jahrhunderts verborgen.

Wie viel an Vorkenntnissen rhetorischer Art man mitbringen muß, um Luthertexte angemessen zu verstehen, sei an zwei weiteren Belegen illustriert, um zu zeigen, daß es mit der Übersetzung ins Lateinische allein nicht immer getan ist.

Unverständlich mutet eine Stelle in Luthers Streitschrift gegen Hieronymus Emser an: »Mich wundert aber, daß du weiser

---

[29] J. J. BREITINGERS Fortsetzung der Critischen Dichtkunst Worinnen die Poetische Mahlerey [...] abgehandelt wird, mit einer Vorrede von Johann Jacob Bodemer. Zürich 1740 (Teil 2 der Critischen Dichtkunst). Zit. 352 f., 357 f. – Ausführlicher hierzu s. B. STOLT, *Bewegender Donner*. Zur Orientierung des Deutschen am Lateinischen. In: Kommunikationspraxis und ihre Reflexion in frühneuhochdeutscher und neuhochdeutscher Zeit. FS M. Rössing-Hager, Hg. B.-M.Schuster/U. Schwarz. Hildesheim etc. 1998, 121–124.

Mann und sieghafter Ritter dich nicht schämst wider mich zu streiten mit Gewohnheit, [...] so doch Gewohnheit auch in weltlichen Händeln das schwächeste und allgemein verlachte Argument ist [...]«.[30] »Zu streiten mit Gewohnheit« ist für sich genommen unverständlich. Wir haben wieder das Lateinische und die Rhetorik zu befragen. Den Schlüssel bietet die Formulierung »in weltlichen Händeln«. Es handelt sich um die Regeln der Beweisführung in der judizialen Gattung. Hier hilft uns Melanchthons Lehrbuch *Elementa Rhetorices* weiter. Unter *De iuridiciali statu* finden wir dort, daß vor Gericht eine Handlung dann als rechtmäßig galt, wenn sie vereinbar war mit 1. *natura* (dem Naturgesetz), 2. *lex* (dem weltlichen Gesetz), 3. *consuetudo* (dem Gewohnheitsrecht), 4. *iudicatum* (wenn es ein Präjudikat gab), 5. *aequum et bonum* (wenn man es als recht und gut ansehen konnte), und schließlich 6. *pactum* (wenn man einen Vertrag geschlossen hatte). Diese Argumente waren nicht alle gleich schwerwiegend. Bei ihrer Anordnung sollte ein Redner darauf achten, daß die stärksten am Anfang und Ende, schwächere dagegen in der Mitte zu stehen kamen, eine auf die Kapazität des Gedächtnisses bei mündlichem Vortrag zugeschnittene Regel. Als schwächstes Argument (ob auch »allgemein verlacht« bleibe dahingestellt) galt *consuetudo*, das Gewohnheitsrecht, und so steht es auch in der Mitte bei Melanchthon.[31]

Die gleiche judiziale Gattung muß man auch befragen, wenn Luther im »Sendbrief vom Dolmetschen« von seinen Gegnern sagt: »Die Sachen bekennen sie für [als] recht« (WA 30: II, 23 f.; Delius 3, 492, 15 f.). Den genauen Sinn bekommt man erst in den Griff, wenn man weiß, daß hier der Fachausdruck *causa honesta* im Hintergrund steht, der einen Parteigegenstand bezeichnet, der dem Rechts-, Wert- und Wahrheitsempfinden des Publikums voll und ganz entspricht, und zwar ohne rednerischen

[30] Luther und Emser. Ihre Streitschriften aus dem Jahre 1521, Hg. L. Enders. 2 Bde. Halle 1890–92 (NDL 83–84) zit. Bd. 2, 63; modernisierter Text.

[31] CR 13, 436. – J. Knape, Philipp Melanchthons ›Rhetorik‹. Tübingen 1993, 76 f. und 130. – K. Eden, Hermeneutics and the Rhetorical Tradition. Chapters in the Ancient Legacy and Its Humanist Reception. New Haven und London 1997, 82. – Zur Anordnung: Quintilian, *Inst. or.* V, 12, 14.

Einsatz.[32] Der Vertretbarkeitsgrad der *causa* spielte im juristischen Genus eine entscheidende Rolle und bestimmte Inhalt und Verlauf der Argumentation. In Luthers theologischem Denken entspricht das reformatorische Anliegen dem höchsten Vertretbarkeitsgrad, indem er es nicht als seine eigene, sondern die Sache Christi ansieht. In seinen lateinischen Coburg-Briefen an Melanchthon ist dies eins der wichtigsten »Trost«-Argumente. Mit »Sache« ist *causa* sehr allgemein und vage übersetzt und daher oft mißverständlich.[33]

Dunkel erscheint uns auch, was Luther in seiner Schrift »Summarien über die Psalmen und Ursachen des Dolmetschens« (1531–1535) über seine Prinzipien bei der Psalterübersetzung schreibt: »Wie denn alle Schulmeister lehren, daß nicht der Sinn den Worten, sondern die Wort[e] dem Sinn dienen und folgen sollen« (WA 38, 11, 15–17). Luther bezieht sich offenbar auf eine allen bekannte »Schulweisheit«, die heute nicht mehr zur Allgemeinbildung gehört. Es handelt sich um eine Grundregel der im Trivium gelehrten Rhetorik – daher »trivial« –, damals sprichwörtlich und Cato d.Ä. zugeschrieben: »*Rem tene, verba sequentur*«, = halte dich an die Sache, dann folgen die Worte [von selbst]. Der Vorrang der Sache, des Inhalts, vor dem Wort (der Form) galt als *die* zentrale Maxime der Rhetorik. Luther bezieht sich wiederholt darauf, unter anderem im Zusammenhang mit der Predigt (siehe unten III, 3). In einem oft zitierten Tischredenausspruch liefern die beiden Begriffe *res* und *verba* die Maßstäbe für die Beurteilung von Freund und Feind: »*Res et verba Philippus, verba sine re Erasmus, res sine verbis Lutherus, nec res nec verba Carolostadius*« (TR 3, 3619). *Res* meint hier bei Luther den rechten Glauben. Seinem Freund Melanchthon zollt er das höchste Lob. Völlig vernichtend ist das Urteil über Andreas Bodenstein aus Karlstadt. Erasmus wird Schönrednerei ohne Fundament nachgesagt, eine nach damaligen Maßstäben schwere Kritik. Weniger schwer wiegt die

---

32 H. Lausberg, Handbuch der literarischen Rhetorik Bd. 1, § 64,1.

33 Ausführlicher zu *causa* B. Stolt, Vorwürfe als Trost? Zum *officium consolandi* in Luthers Coburg-Briefen. In: Theologische Beiträge 29 (1998) 270–283, 278 f.

Selbstkritik Luthers, der sich gern im Vergleich mit Melanchthon als den schlechteren Autor darzustellen pflegte. Bei aller Bescheidenheit behält er sich immerhin das Wichtigste vor: *res.* – Ohne eine Kenntnis des rhetorischen Hintergrunds sind diese Lutherworte in ihrer Tendenz undurchschaubar.

Mitunter kann es vorkommen, daß weder lateinische noch rhetorische Kenntnisse weiterhelfen, wenn Luther einen zunächst lateinisch konzipierten Sachverhalt ins Deutsche übersetzt. Ein solches Beispiel sei aus einem dem Traktat »Von der Freiheit eines Christenmenschen« (1520) beigefügten Begleitbrief an den Papst angeführt. Dort steht in der deutschen Übersetzung Luthers zu lesen: »Wie viel besser thetten die Apostel/ die sich nur knechte Christi in ihn[en] wohnend/nit stathalter des abweßendes/nenneten und sich nennen ließen.«[34]

»Knechte Christi in ihnen wohnend« ist schlechterdings unverständlich. Die Textstelle erschließt sich uns erst durch den Vergleich mit der lateinischen Vorlage. Es handelt sich um einen rhetorisch ausgeformten Abschnitt, in dem Luther beweisen will, daß die Institution des Papsttums »Abtgötterei« (sic!) sei. Er geht dabei von der Bezeichnung des Papstes als *vicarius,* Statthalter, aus und folgert: »Ein Statthalter ist da, der Herr ist abwesend« (ein *enthymema ex consequentibus).* »Abwesend« wird dann negativ definiert: »Wenn den eyn Bapst, im abweßen Christi, der nit in seinem hertzen wonet, regieret«. Die Kernwörter der Gedankenführung: *vicarius, Christus, absentis,* werden in der Argumentation kombiniert, variiert und zum Schluß im Antitheton gesammelt. Der lateinische Schluß lautet: »*Quanto rectius Apostoli, qui se servos Christi appellant praesentis, non Vicarios absentis*«.

Hier liegt ein eindrucksvolles Beispiel dafür vor, wie viel leichter und eleganter sich ein komplizierter Zusammenhang auf lateinisch ausdrücken ließ. Die antithetischen Partizipien *praesentis – absentis* waren deshalb schwierig zu übersetzen, weil es zwar »abwesend« im Deutschen gab, »anwesend« je-

---

[34] Zitiert nach der Ausgabe von L. E. Schmitt (Hg.), Martin Luther: Von der Freiheit eines Christenmenschen. Halle [2]1953 (= NDL), 31. Ausführlicher zum folgenden s. B. Stolt, Freiheitstraktat (wie Anm. 21) 78–82.

doch noch nicht. Man gebrauchte statt dessen »gegenwärtig«, was vielleicht in diesem Zusammenhang als zu konkret aufgefaßt wurde. Zudem hatte Luther »abwesend« zuvor negativ definiert als eine Abwesenheit, die das Herz betrifft. Daher mußte auch die Anwesenheit nicht konkret, sondern das Herz betreffend aufgefaßt werden, was Luther mit »in ihnen wohnend« verdeutlichen wollte, eine im lateinischen Original unnötige Absicherung.

Wenn Luther als »Deutscher Schriftsteller« (früher sogar als »Schöpfer der deutschen Schriftsprache«) gefeiert wird, muß man der großen Mühen eingedenk sein, die es gekostet hat, der deutschen Sprache die Register zu erobern, die früher dem Latein vorbehalten waren. Als lateinischer Schriftsteller schätzte Luther sich selbst als wenig elegant ein, doch habe er *res* (TR 4, 4967; 595, 7–9). Der lateinische Schriftsteller Luther ist bei seiner deutschen Autorenschaft jedoch stets – und mitunter merkbar bis störend – am Formulierungsprozeß beteiligt. »Die lateinischen Buchstaben hindern aus der Maßen sehr, gut Deutsch zu schreiben!« – dieser Stoßseufzer läßt sich auf dem Hintergrund der angeführten Beispiele leicht verstehen.

Was die Erforschung von Luthers Latinität betrifft, schrieb Johannes Schilling 1988, es wäre »nahezu alles noch zu tun«, was sich seitdem m.W. kaum geändert hat. Ein Anfang war damals jedenfalls von dem schwedischen Latinisten Bengt Löfstedt mit »Notizen« zu Luthers Briefen, Tischreden und Predigten gemacht.[35]

---

[35] J. SCHILLING (wie o. Anm. 4) 85. B. LÖFSTEDT, Notizen eines Latinisten zu Luthers Briefen und Tischreden. In: Vetenskapssocieteten i Lund: Årsbok 1983, 19–40; DERS., Notizen eines Latinisten zu Luthers Predigten. Vetenskapssocieteten i Lund: Årsbok 1985, 24–42. Dort zu Rörers Nachschriften 25 ff.

6. Luthers Rhetorik aus der Sicht pragmatischer Sprachwissenschaft und Textlinguistik

Luthers Rhetorik ist unter positiven Vorzeichen neu gewürdigt worden. Was sich hierbei fruchtbar ausgewirkt hat, ist die Entwicklung der Sprachwissenschaft in den letzten Jahrzehnten des 20. Jahrhunderts. Diese ist vor allem gekennzeichnet durch eine »kommunikativ-pragmatische Wende«. Die Betrachtung von Sprache in erster Linie als Kommunikation rückte auch den Empfängerpol und damit den Verstehensprozeß ins Blickfeld. Damit verbunden war eine Verschiebung des Interesses vom Satz zum Text. Pragmalinguistik, Textlinguistik, Sprechakttheorie, Gesprächsanalyse, Soziolinguistik und Psycholinguistik, Ethnomethodologie und Rezeptionsforschung befassen sich unter verschiedenen Aspekten mit dem Funktionieren sprachlicher Verständigung unter Einbezug der kommunikativen Situation. Da die Rhetorik von jeher eine kommunikativ-pragmatische Kunst war, deren Lehren die Rede, also ganze Texte, und deren Erfolg in einer vorgegebenen Situation (heute: »Situationskontext«) betrafen, kann man beobachten, wie klassische rhetorische Begriffe heute in anderer terminologischer Einkleidung wieder auftauchen, neu entdeckt und neu formuliert werden, im Grunde jedoch Althergebrachtes weiterführen. Das *aptum* der Rhetorik entspricht der von der Soziolinguistik geforderten Anpassung eines Redners an gesellschaftliche Umstände sowie die Voraussetzungen und Erwartungen des Hörers (»Erwartungsnormen«). Hierher ließe sich auch etliches aus der Textsortenlehre führen. Gefühlsbeeinflussung des Hörers und dessen Reaktionen sind psycholinguistische Faktoren, die bereits die rhetorische Affektenlehre anhand von gewonnenen Erfahrungen ansatzweise behandelt hat (»Leitaffekte«, *ethos, pathos* etc.). Die drei aristotelischen Redegattungen: Gerichtsrede (Anklage und Verteidigung), Beratungsrede (Zu- und Abraten), Preisrede (Lob und Tadel) behandeln Sprechakte; die Behandlung der dazugehörigen »Leitaffekte«: Entrüstung und Mitleid bzw. Furcht und Hoffnung, war ein raffiniertes Stück von Psycholinguistik. Die rhetorischen Regeln für den Aufbau von *argumentatio* und *narratio* sowie der anschaulichen *descriptio* lassen sich ohne Schwierigkeiten auf heutige argumentative bzw. narrative oder journalistische Texte übertragen. Die Beispiele ließen sich leicht vermehren. Damit fällt auch ein neues Licht auf Martin Luthers Textgestaltung. Sowohl die Tradition, in der er stand, das natürliche Geschick, mit der er sie verwaltete und Ursprünglichkeit erzielte, das zeitlos Gültige als auch das Altertümliche in den Luthertexten können mit neuen Referenzrahmen klarer erkannt werden.[36]

Die neue Lage innerhalb der Textlinguistik hat besonders die Arbeit mit den Revisionen des Lutherbibeltextes beeinflußt, auf die unten (IV, 5 und V, 5) näher eingegangen wird. Die für die Bibelrevision von 1975 Verantwortlichen waren Philologen gewesen, die sich bei ihrem Bestreben um philologische Genauigkeit vorwiegend am Einzelwort orientiert hatten. Der intellektuelle Gehalt des Textes galt als ausschlaggebend, von einer »emotiven Sprachwirkung« war noch keine Rede, und die Rezeptionsästhetik mit ihrer Beachtung des Textaufnahmeprozesses bahnte sich erst an. Von den Theologen gelobt, vom Landesbischof in einem feierlichen Gottesdienst der Gemeinde anempfohlen, geschah etwas in der Geschichte der Lutherbibel bisher noch nie Dagewesenes: die neue Fassung wurde vehement abgelehnt, mitunter sogar als »Verrat an Luther«, wenn nicht gar »Mord an Luther« bezeichnet.[37] Den Gemeinden, die die Sprache banal fanden, (z.B. wurde das Licht nicht unter ei-

---

[36] G. HELBIG, Entwicklung der Sprachwissenschaft seit 1970. Leipzig ^{2}1988. – H. KALVERKÄMPER, Antike Rhetorik und Textlinguistik. In: Allgemeine Sprachwissenschaft, Sprachtypologie und Textlinguistik. FS für P. Hartmann. Tübingen 1983, 349–372. – W. HEINEMANN/D. VIEHWEGER, Textlinguistik. Eine Einführung. Tübingen 1991 (=RGL 115); dort zur Sprechakttheorie S. 55 ff. – Ausdrückliche Bezüge zur antiken Rhetorik u.a. auch bei D. BREUER, Einführung in die pragmatische Texttheorie. München 1974 (=UTB 106) und H. F. PLETT, Textwissenschaft und Textanalyse. Heidelberg ^{2}1979 (=UTB 328). – B. STOLT, »Was ist wahr?« Eine alte Kontroverse aus textlinguistischer und rhetorischer Sicht. In: DIES., Textgestaltung – Textverständnis (wie Anm. 1) 1–35. – DIES., Rhetorische Textkohärenz – am Beispiel Martin Luthers. In: Rhetorik Bd. 10 (1991) 89–99. – Künftig: B. STOLT, Luthersprache. In: Historisches Wörterbuch der Rhetorik, Hg. G. Ueding, Bd. V. Darmstadt 2000 (im Druck).

[37] S. MEURER (Hg.), Verrat an Luther? Bilanz einer Bibelrevision. Stutt-

nen »Scheffel«, sondern unter einen »Eimer« gesetzt), wurde »Nostalgie« vorgeworfen, die auf Kosten des intellektuellen Verständnisses ginge. Das Texterlebnis der Laien war deutlich grundverschieden von dem der sprachkundigen Theologen. Da die Revision von 1975 nicht gekauft wurde, versuchte man es zunächst mit Nachänderungen einzelner, besonders umstrittener Textstellen, mußte sich dann jedoch zu einer völligen Rückrevision entschließen, die 1981–1984 durchgeführt wurde und zum nunmehr maßgeblichen Text von 1984 geführt hat. In dieser Revision sind die neueren Erkenntnisse der Textwissenschaft einbezogen, was unter anderem zu einer veränderten Einschätzung der Lutherbibelsprache geführt hat. Das »hörbar Alte, hörbar Biblische, hörbar Lutherische« ihres Tons wurde nicht wie früher als Hindernis für das Verständnis gesehen, sondern als Hilfe für den Leser, sich auf die Eigenart des hier zur Sprache kommenden »Ganz Anderen« einzulassen.[38] Rhetorisch gesehen ist der »Verfremdungseffekt« des Sakralstils ein emotional aufgeladenes Mittel, dem Hörer eine dem Gegenstand der Mitteilung angemessene Haltung ehrfürchtiger Distanz nahezulegen (*aptum*) und damit einen »das Herz« ansprechenden Text zu gestalten (siehe dazu unten IV, 4; IV, 5; V).

gart 1977 (=Die Bibel in der Welt 17). – W. JENS, Mord an Luther. In: *Die Zeit* 52, 17.12.1976, 34. – Siehe hierzu unten IV, 5.

[38] S. MEURER (Hg.), Die neue Lutherbibel. Beiträge zum revidierten Text. Stuttgart 1985. Vgl. die Diskussion bei B. STOLT, Bibelübersetzung – Ihre philologische Genauigkeit und Verständlichkeit. In: Möglichkeiten und Grenzen einer Revision des Luthertextes. Veröffentlichungen der Luther-Akademie e.V. Ratzeburg Bd. 1. Erlangen 1980, 113–132.

II

Sprache, Glaube und Rhetorik

1. Die Rhetorik im Reformationszeitalter

Im 15. und 16. Jahrhundert stand die Rhetorik, als *ars bene dicendi*, hoch im Kurs. In Übereinstimmung mit Aristoteles (*Rhet* I, 1, 11) wurde ihr Ziel definiert als »Wahrheitsvermittlung mit dem Ziel des Überzeugens«. Im Schulbetrieb wurde besonders die – irrtümlich Cicero zugeschriebene – Herenniusrhetorik gelehrt. Ciceros *De oratore*, Aristoteles *Rhetoric* sowie das im 15. Jahrhundert wiederentdeckte Lehrbuch des Quintilian: *Institutio oratoria*, gehörten zur Schul- und Universitätslektüre. Vom 15. Jahrhundert an finden wir im italienischen Humanismus einen Gegensatz zwischen den Scholastikern, die vor allem Cicero folgten, und den Humanisten, die Quintilian bevorzugten. Der Unterschied zwischen beiden liegt – in aller Kürze – hauptsächlich darin, daß Cicero den Verstand, *ratio*, an erste Stelle setzt, während Quintilian die Quintessenz der Redekunst in ihrer Fähigkeit sieht, Gefühle zu erregen und zu dämpfen (*Inst.or.* VI, 2, 7). Die Wittenberger Universitätsreform von 1518 nimmt ausdrücklich Quintilians *Institutio oratoria* in den Lehrplan auf; Luther empfiehlt sie zum Studium in einem Brief an Johann Lang.[1] Am Anfang des 16. Jahrhunderts war in Erfurt und Wittenberg »humanistisches Lehren und Forschen mit direkter Verbindung zu italienischen Humanisten lebendig.«[2] Von den italienischen Humanisten, die in Erfurt flei-

---

[1] WA Br 1, Nr. 64; 155, 42–45. – S. den Abschnitt »Luther und Quintilian« bei U. Nembach, Predigt des Evangeliums. Luther als Prediger, Pädagoge und Rhetor. Neukirchen/Vluyn 1972, 130 ff. (Was die Predigt Luthers betrifft, wird Augustin bei Nembach vernachlässigt; s. den nächsten Abschnitt.) K.-H. zur Mühlen (Berichterstatter), Rhetorik in Predigten und Schriften Luthers. In: Lutherjahrbuch 57 (1990) 257–259.

[2] H. Junghans, Die Worte Christi geben das Leben. In: Wartburg-Jahrbuch Sonderband 1996, 157–176, 1996, 162. – Ders., Der junge Luther und die Humanisten, Göttingen 1985. – Ders., Martin Luther und die Rhetorik.

ßig betrieben wurden, schätzte Luther vor allem Laurentius Valla, ehemaliger Rhetorikprofessor in Padua. Valla hatte ein rhetorisches Lehrbuch *De lingua latinae elegantia* geschrieben und darin Quintilian vor allen gepriesen. Er verfocht die Ansicht, nur wer die hebräischen und griechischen Bibeltexte lesen könne, habe ein Recht, sie zu interpretieren, eine Auffassung, die von Luther und Melanchthon geteilt wurde. Er hat die quellenkritische Textwissenschaft begründet, die Konstantinische Schenkung als Falsarium entlarvt, gegen den Papst, das Ordenswesen und die scholastische Philosophie polemisiert und ein Buch über den freien Willen geschrieben, in dem er unter anderem für Rechtfertigung nur durch den Glauben (»*sola fide*«) aus Gotttes Gnade eintrat, und auf das sich Luther in seiner Fehde mit Erasmus berief. Kein Wunder, daß Luther Geistesverwandtschaft mit ihm verspürte und ihn hoch lobte: »Laurentius Valla ist der beste Walh, den ich mein Lebtag gesehn oder erfaren hab. *De libero arbitrio bene disputat*«. Er habe Frömmigkeit mit Gelehrsamkeit vereint. Seine Bücher habe Luther verschlungen.[3] Mit Valla teilt Luther die Hochschätzung Quintilians, »denn er dringt einem ins Herz hinein« (TR 2, 2299), worauf später zurückgekommen wird.

Für Theologen galt außerdem Augustins *De doctrina christiana*, wo im 4. Buch die Regeln der Rhetorik den besonderen Bedürfnissen der Prediger angepaßt werden. Als *Ars praedicandi Sancti Augustini* 1465 in Straßburg gedruckt, hatte dies Lehrbuch sehr bald großen Einfluß ausgeübt. Mit ihm erlebte eine spezielle christliche Redekunst, »*sermo humilis*«, weite Verbreitung. Während seiner Klosterzeit hat Luther das 4. Buch der

In: Sitzungsberichte der sächsischen Akad. d. Wiss. Leipzig, phil.-hist. Kl. Bd. 136, H.2. 1998.

[3] TR 259, 1470: »*Is coniunxit pietatem cum literis*«, 5729: »*ego cum summa aviditate legi*«. – Zu Valla s. H. B. Gerl, Rhetorik als Philosophie: Lorenzo Valla. München 1974. – W. Setz, Lorenzo Vallas Schrift gegen die Konstantinische Schenkung. Zur Interpretation und Wirkungsgeschichte. Tübingen 1975. Dort S. 166–173, wie sie von Luther gelesen und zitiert wurde. – W. J. Bouwsma, Renaissance and Reformation. An Essay in their Affinities and Connections. In: Luther and the Dawn of the Modern Era. Papers for the Fourth International Congress for Luther Research. Hg. H. A. Oberman. Leiden 1974, 127–149.

Doctrina christiana mit zahlreichen Randbemerkungen versehen, die besonders Stellen betreffen, die angeben, wie die aus der Bibel gewonnenen Einsichten darzubieten seien.[4] – Auch Melanchthon gab Lehrbücher in Rhetorik und Dialektik heraus. Er sah in den Grundsätzen der Rhetorik und der Dialektik ein Stück der göttlichen Weltordnung und damit letztlich Gott selber als Urheber der Rhetorik und ihrer Gesetze. Für die Interpretation der Heiligen Schrift müßten diese daher mit Notwendigkeit herangezogen werden.[5] – Ein prominentes zeitgenössisches Lehrbuch für die Ausarbeitung der Rede (*elocutio*) war Erasmus' Traktat *De duplici copia verborum ac rerum* (1512), das noch zu Lebzeiten seines Verfassers sechzigmal aufgelegt wurde, darunter eine Ausgabe mit Kommentaren und Vorwort von Melanchthon.

2. *Luthers Sprachkonzeption*

Mit den Humanisten teilten die Reformatoren eine Hochschätzung der Sprache als spezifisch menschliche Fähigkeit, durch die sich die Menschen von den Tieren unterschieden.

»Es ist ja ein stummer Mensch gegen einem redenden/schier als ein halb todter Mensch zu achten. Und kein kreftiger noch edler werck am Menschen ist/denn reden/Sintemal der Mensch durchs reden von andern Thieren am meisten gescheiden wird/mehr denn durch die gestalt oder ander werck«,

schreibt Luther in der Vorrede auf den Psalter.[6] Für Luther kommt eine weitere wichtige Dimension hinzu: Die höchste Würde erhält die Sprache als Wort Gottes, als Werk des Heiligen Geistes. Gott wirkt alles durch sein Wort. Die Sprachen der Bibel: Hebräisch, Griechisch, Latein, die der Heilige Geist selbst »oftmals vom Himel mit sich bracht hat«[7], sind als Spra-

---

4 H. JUNGHANS, Der junge Luther (wie Anm. 2) 209.

5 U. SCHNELL, Die homiletische Theorie Philipp Melanchthons. Berlin/Hamburg 1968, 25.

6 Biblia 1545, Ausg. H. Volz, Bd. 1, 965.

7 WA 15, 38, 39; An die Ratsherren aller Städte deutsches Lands, daß sie christliche Schulen aufrichten und erhalten sollen, 1524.

chen des Evangeliums heilig und müssen sorgfältig gepflegt werden. In einem kunstvoll rhetorisch ausgestalteten Abschnitt betont Luther dies den Ratsherren der Städte gegenüber:

»Die sprachen sind die Scheiden, darinnen dies Messer des Geistes steckt./Sie sind der Schrein, darinnen man dies Kleinod trägt./Sie sind das Gefäß, darinnen man diesen Trank fasset./Sie sind die Kemnot [Stube], darinnen diese Speise liegt./Und wie das Evangelium selbst zeigt,/Sie sind die Körbe, darinnen man diese Brot[e] und Fische und Brocken behält [aufbewahrt].«[8]

Durch seine Bibelübersetzung erhob Luther die deutsche Sprache zu gleichem Rang. Dabei steht ihm die mündliche, gesprochene Sprache weit über der geschriebenen. »Die Buchstaben sind tote Wörter, die mündliche Rede sind lebendige Wörter«.[9] Die Stimme ist die Seele des Wortes (*»cum vox sit anima verbum«*).[10] In seiner Einleitung zur Kirchenpostille kritisert er den Ausdruck »Die Heilige Schrift«. Dies sei sie nur dem Namen nach, meint er. Christus habe nichts geschrieben, nur gesprochen, und desgleichen die Apostel. Auch habe er seine Lehre nicht Schrift genannt, sondern Evangelium, d.h. eine frohe Botschaft oder Verkündigung. Deswegen sollte es nicht mit der Feder, sondern dem Mund verbreitet werden.[11] Oft schreibt Luther »reden«, wo wir »schreiben« sagen würden, so in dem bekannten Zitat »Ich rede nach der sächsischen Kanzlei« (TR 2, 2758b).

---

[8] WA 15, 38 , 8–12. Modernisierte Fassung.

[9] WA 54, 74, 17 f. – Vgl. H. Wolf, Martin Luther. Stuttgart 1980, 21 f., 51, 53. Zum folgenden auch A. Beutel, In dem Anfang war das Wort. Studien zu Luthers Sprachverständnis. Tübingen 1991.

[10] *Operationes in psalmos*, WA 5, 379.

[11] WA 10: I 1, 17, 7–12. – H. Junghans, Der junge Luther (wie Anm. 2) 167.

3. Luthers Rhetorikkonzeption Anthropologie und Theologie

a. Rede vor Schreibe

Es ist demnach natürlich, daß Rhetorik für Luther vor allem der gesprochenen Rede gilt. Beim Schreiben hatte er stets den gesprochenen Klang im Ohr. Auch seine geschriebene Sprache ist ihrem Wesen nach Kanzelsprache, d.h. hörerbezogen, am gesprochenen Wort ausgerichtet. Etliche seiner Texte waren für lautes Vorlesen bestimmt. Besonders deutlich tritt dies bei seinen Perikopentexten zutage (unten V). An seiner nach rhetorischen Gesichtspunkten gehandhabten Interpunktion, in älteren Drucken durch die Virgel wiedergegeben, lassen sich die Gliederungsprinzipien seiner Texte ablesen. Für die Aufnahme durch das Ohr vorgesehen, zielen sie auf eine schrittweise gedankliche Verarbeitung und Memorierung ab. Modulation, Phrasierung und Pausen unterschiedlicher Länge sind Mittel zur Gewichtung, Vereindringlichung und Reliefgebung.[12]

Auch die Kunst des Buchdruckes hatte daran nichts geändert, denn auch privat wurde Geschriebenes damals noch vorwiegend laut gelesen, weswegen die für das Ohr vorgesehenen Klangfiguren wie Allitteration, Assonanz, Reim, Cursus u.a. nichts von ihrer Gültigkeit verloren hatten. Ohne die selbstverständliche rhetorische Technik war keine schriftliche Produktion, soweit sie professionell war, damals denkbar.

Für Melanchthon hatte die Rhetorik ihre wichtigste Aufgabe jedoch nicht bei der Produktion, sondern bei der Rezeption von Texten. Ohne ihre Kenntnis hätten die Schüler keine Möglichkeit, die klassischen Texte zu verstehen.[13] Hier zeigt sich der

---

[12] S. B. Stolt, Martin Luthers rhetorische Syntax. In: G. Ueding (Hg.), Rhetorik zwischen den Wissenschaften.Tübingen 1991, 207–220. – Parallelen bestehen zu den hörerbezogenen Flugschriften, siehe M. Rössing-Hager, Wie stark findet der nicht-lesekundige Rezipient Berücksichtigung in den Flugschriften? In: Flugschriften als Massenmedium der Reformationszeit. Beiträge zum Tübinger Symposion 1980, Hg. H.-J. Köhler. Stuttgart 1981, 77–137

[13] U. Schnell, Die homiletische Theorie Philipp Melanchthons. Berlin/Hamburg 1968, 18; CR XIII, 417.

Unterschied zwischen dem humanistischen Lehrer und dem theologischen Prediger.

b. Bibelrhetorik
Gott, der Heilige Geist und Paulus als Rhetoren

Luthers Rhetorikkonzeption ist völlig von seiner Theologie geprägt. Wenn man seinen Humanismus als »Bibelhumanismus« bezeichnet, so ist auch seine Rhetorik »Bibelrhetorik«. In der Redefähigkeit sieht Luther die Gottesebenbildlichkeit des Menschen. »Von großer, prägender und bleibender Bedeutung« sieht der Lutherforscher Helmer Junghans Luthers Übertragung der rhetorischen Anthropologie auf das Gottesbild. Gott wird in Analogie zu einem Rhetor gesehen.[14] Er wirkt alles durch sein Wort (man vergleiche die Schöpfungsgeschichte), »Reden und Tun sind für Gott dasselbe«. Deshalb bedeute Gottes Schweigen dasselbe wie nicht helfen. Junghans findet diese Auffassung in Luthers Werken durchgehend belegt. Aus der 2. Psalmenvorlesung ginge die Ausschließlichkeit, daß Gott alles nur durch sein Wort mache, unübertreffbar hervor: »Dies sei ein für alle Mal über die rechte Hand Gottes gesagt: durch nichts anderes als durch sein Wort macht Gott uns lebendig, bringt er uns hervor, ernährt er uns, erzieht, schützt, bewahrt uns und führt uns zum ewigen Leben«.[15] In dieser weitreichenden Auffassung verbinden sich Joh 1, 1–3 mit der rhetorischen Lehre vom Wirken durch Rede. Die Sakramente sieht Luther als Zeichen, die mit verheißenden Worten verbunden sind, wobei viel mehr an den Worten als an den Zeichen läge.[16] Junghans sieht die Einwirkung der humanistischen Rhetorik darin, daß Luther aus ihr »Strukturelemente für seine Theologie gewonnen« habe: Gott ist ein redender Gott, der durch sein Wort am hörenden Menschen wirkt. Daraus begründet er auch, daß Luther den Worten Christi weit größeres Gewicht beimaß als den Wundertaten.

---

14 H. JUNGHANS, Die Worte Christi (wie o. Anm. 2), Abschnitt »Gott als Redner«, 163–175. – Zit. 163.

15 WA 5, 477, 40–478, 3. H. JUNGHANS, Die Worte Christi, 166.

16 WA 6, 363, 7, nach H. JUNGHANS ebd. 172.

Alois Haas, tiefgelehrter Eckhart- und Mystikforscher, hat Luthers Mystik als »Mystik des Hörens« bezeichnet.[17]

Mehrmals hat Luther die Ansicht geäußert, daß der Heilige Geist als Rhetor wirkt. In einer Notiz zum 121. Psalm beschreibt er, wie der Heilige Geist als ein Rhetor verfährt, wenn er uns in Bildern Dinge vor Augen malt, die uns verhüllt sind, um uns zu trösten und Mut einzuflößen. Denn dies ist das Ziel des Psalms, zweimal mit einem rhetorischen Terminus als *exhortatio* (=Trost, Ermahnung, Glaubensstärkung) bezeichnet: der Heilige Geist »rhetoriziert« von Anfang bis Ende und betreibt eine glänzende *exhortatio*:

»[...] wie er ein *rhetoricam* wird anrichten *et exhortationem* treiben *usque ad finem [...] Rhetoricatur igitur Spiritus sanctus iam, ut exhortatio fiat illustrior*«. (WA 40: 3, 59 f.)

(Zur *exhortatio* als Teil einer Predigt siehe das nächste Kapitel.) Klaus Dockhorn spricht im Zusammenhang mit dieser Stelle von einer »rhetorischen Provenienz des lutherischen Glaubensbegriffes, aber auch des Glaubensbegriffes des Apostels Paulus«.[18] Während Junghans vor allem Cicero als Luthers Autorität nennt, weist Dockhorn große Parallelität zwischen Äußerungen Luthers und Quintilians *Institutio oratoria* auf.

Besonders die Affektenlehre Quintilians hat auf Luther nachweislich großen Einfluß gehabt, doch darf der Einfluß meines Erachtens nicht verabsolutiert werden. Luther läßt sich auf keine rhetorische Autorität allein festlegen, obwohl er etliche nachweislich studiert und geschätzt hat. Zahlreich sind die Hinweise auf Cicero und Quintilian in den Tischreden. Vallas Schriften hat er »verschlungen«.[19] Aber als Augustinermönch war er ebenso Augustins *sermo humilis* verpflichtet (s.u. III, 3). Junghans, der darauf hinweist, hebt den starken Einfluß der humanistischen Rhetorik während Luthers Studien in Erfurt

---

[17] A. Haas, Luther und die Mystik. In: DVj 60 (1986) 177–207, 198 f.

[18] K. Dockhorn, Luthers Glaubensbegriff und die Rhetorik. Zu Gerhard Ebelings Buch »Einführung in theologische Sprachlehre.« In: Linguistica Biblica 21/22 (1973) 19–39, zit. 30. Dazu kritisch H. Junghans, Der junge Luther (wie Anm. 2) 214 f.

[19] *»ego cum summa aviditate legi«*, TR 5, 5729.

1505–1511 hervor, der sich auch an Luthers Randbemerkungen in den »*Dictata super psalterium*« ablesen läßt, wo Luther die Rhetorik als Verstehenshilfe nutzte. »Luther hatte dank der Erfurter Humanisten mit der Anwendung einer rhetorischen Methode bei der Schriftauslegung längst begonnen, als Melanchthon nach Wittenberg kam«.[20]

In Luther war die gesamte europäische Tradition lebendig, aber sie wurde unter biblischen Vorzeichen verstanden und in Luthers Theologie integriert.

4. Wort und Glaube

Im folgenden werde ich dieser Integration nachzugehen versuchen. Ich gehe aus von Luthers Glaubensbegriff, genauer: Röm 10, 10: »Wer von Herzen glaubt, wird gerechtfertigt«, und suche den Anknüpfungspunkt bei dem von Junghans betonten »hörenden Menschen«, der das Wort Gottes empfängt. Laut Junghans ist dieser »passiv«. »Die Aktivität liegt bei Gott, beim Menschen die Passivität. Luther kann diese Aktivität Gottes sehr betonen [...]«[21]. Hier sei dagegen behauptet, daß auch das Hören und »sich zu Herzen nehmen« ein aktiver Teil des rhetorischen Kommunikationsprozesses ist.

Wie entsteht dieser Glaube, und was ist mit »von Herzen glauben« gemeint?

a. Das »Herz« bei Luther

Heute verstehen wir häufig »Herz« als Metapher für »Gefühl«. Das Wort ist ein Beispiel für die in der Einleitung genannte Fehlerquelle, daß die bezeichnete »Sache«, das Denotat, heute noch genau die gleiche ist, wie zu Luthers Zeiten: das menschliche Organ, daß wir jedoch andere Konnotationen damit verbinden,

---

[20] H. JUNGHANS, Der junge Luther (wie Anm. 2) 209, 215–219, zit. 219. – Zu Luther und Quintilian: U. NEMBACH, Predigt des Evangeliums (wie Anm. 1), bes. 130–174. – K.-H. ZUR MÜHLEN, Rhetorik in Predigten und Schriften Luthers. In: Lutherjahrbuch 57 (1990) 257–259 (Forschungsübersicht).

[21] H. JUNGHANS, Die Worte Christi (wie Anm. 2) 170.

andere Gefühle und Assoziationen, ihr einen anderen Stellenwert in unserem Weltbild anweisen. Wir müssen uns daher mit Luthers Anthropologie beschäftigen.

Heute haben wir die Persönlichkeit des Menschen aufgesplittert: hier »kühler« Verstand im Kopf, da »warmes« Gefühl im Herzen. Seit der Aufklärung haben wir dem Verstand den Vorrang eingeräumt, um die Welt und das Dasein zu erschließen. Das Gefühl spielt dabei keine Rolle, es beeinträchtigt vielmehr das Denken, zu dem man einen klaren, »kühlen« Kopf benötigt, denn »gefühlsmäßiges Denken« ist disqualifiziert. Gefühle sind vorwiegend Frauen vorbehalten, bisweilen auch als »Sentimentalität« verpönt. Und weil Luther so auf das Predigen gedrungen und betont hat, wie wichtig es sei, daß das einfache Volk das Bibelwort versteht, meint man heute oft unwillkürlich, auch Luther, Luthertum, Verkündigung und der dadurch geweckte Glaube habe es vor allem mit dem Kopf zu tun.

Aber Luther lebte vor der Zeit der Aufklärung und teilte – wie auch Augustin – die Anthropologie der Bibel, nach welcher das Herz das geistige Erkenntnisorgan des Menschen ist, das innerste, äußerem Zugriff entzogene und nur Gott einsichtige Zentrum seiner Persönlichkeit.[22] Im Herzen geschieht die Begegnung mit Gott. Herz und Verstand sind unlöslich miteinander verknüpft. Das Denken vollzieht sich nicht im Kopf, sondern im Herzen, ist »von der Kraft des Herzens erfüllt und durchwaltet«.[23] Als Beispiel für die Vorstellung, daß sich der Prozeß des Verstehens im Herzen vollzieht, zitiere ich Jes 6, 10, nach Luther 1545:

»Verstocke das Herz dieses Volks/und laß ihre Ohren dicke sein/und blende ihre Augen/Daß sie nicht sehen mit ihren Augen/noch hören mit ihren Ohren/noch verstehen mit ihrem Herzen/und sich bekehren und genesen«. (Ähnlich Dtn 29, 3 f.)

---

[22] H. W. Wolff, Anthropologie des Alten Testaments. München 1973, 68–95. – X. von Ertzdorff, Das »Herz« in der lateinischen theologischen und frühen volkssprachigen religiösen Literatur. In: PBB (Halle) 84 (1964) 249–301, Abschnitt »Das Herz in der Bibel«, 251 ff. – Zu Augustinus: A. Maxsein, *Philosophia cordis*. Das Wesen der Personalität bei Augustin. Salzburg 1966.

[23] A. Maxsein, ebd. 40.

Zuständig für das Verstehen ist das Herz. Das Herz ist Sitz des geistigen Vermögens, Verstand, Gefühl, Wille, Urteilsvermögen, Gedächtnis und anderes mehr. In seinem Herzen als dem Zentrum seines persönlichen Bewußtseins und Erkenntnisvermögens empfängt der Mensch im Alten Testament die Gebote Gottes, im Neuen Testament Gnade und göttliche Erleuchtung. Im Herzen, nicht im Kopf, fällt die freie Entscheidung für oder wider Gott (vgl. Mk 16, 14). Wo wir heute »sich etwas merken« sagen, heißt es in der Bibel: »etwas in seinem Herzen bewahren«. Im Gleichnis des Sämanns wird das Wort in die Herzen der Menschen gesät (Lk 8, 12.15). Wenn in der Bibel gesagt wird, daß ein Mensch »in seinem Herzen denkt«, ist keineswegs ein gefühlsmäßiges Denken gemeint.

Luther ist auf diesem Hintergrund zu verstehen. Denken und Fühlen wohnen gemeinsam im Herzen und bedingen sich gegenseitig. Heute liegt das Mißverständnis nahe, biblische Ausdrücke mit »Herz« zu sentimentalisieren oder zu poetisieren. Beides liegt fern von Luthers Vorstellungswelt. Er wäre nie auf den Gedanken gekommen, Gefühl und Verstand gegeneinander auszuspielen, oder von »kühlem Verstand« zu sprechen. In seiner Vorstellungswelt war das Herz klug und der Verstand warm. Von einer Bevorzugung des Verstandes auf Kosten des Gefühls ist bei ihm nichts zu finden, und keineswegs sind Gefühle nur etwas für Frauen. Ausdrücklich dazu geäußert hat er sich gelegentlich im Zusammenhang mit der lateinischen Entsprechung *cor*, als er den (lateinischen) Psalter behandelte. Zu Ps 118 (119), 10: *In toto corde meo exquisivi* (= Ich suche dich von ganzem Herzen) bemerkt er, hier unter »von ganzem Herzen« nur den Intellekt, ohne das Gefühl, zu verstehen, wie es die Philosophen täten, hieße den Begriff halbieren.[24] »Herz« bedeute Wille und Gefühl (»*Cor autem voluntatem et affectum significat*«), heißt es ein andermal. Im Kommentar zu Ps 51, 12: »Schaffe in mir, Gott, ein reines Herz« umreißt er den Inhalt von »Herz« mit: »*Animam, Intellectum, Voluntatem, Affectum*«.[25]

[24] WA 4, 282, 8–9: »*In toto corde meo non dimidio, ut qui solum velut philosophi intellectu exquirunt sine affectu, exquisivi*«.

[25] WA 4, 7, 22 bzw. 40: 2, 425, 17. – Im Registerband zu Luthers lateinischem Wortschatz beansprucht *cor* 16 Spalten, WA 65, 590–598.

Man kann Luthers Auffassung vom »Herzen« als dem Persönlichkeitszentrum des Menschen »holistisch« nennen. Heute gibt es Anzeichen dafür, daß die Aufspaltung in »Herz« und »Verstand« als artifiziell erlebt wird und man auch dem Gefühl eine intellektuelle Fähigkeit zuzuerkennen bereit ist.

Die Reichhaltigkeit des »Herz«-Konzeptes und seine Bedeutung für Luthers Theologie und Sprache können hier nur angedeutet werden. Um eine konkrete Vorstellung jedenfalls zu skizzieren, seien einige Belege aus Luthers Vorrede auf den Psalter angeführt, die das Ineinandergreifen von Denken und Fühlen in Luthers Anthropologie und Theologie veranschaulichen.[26] Der Psalter zeige an, wie der Heiligen Herz gestanden und was für Gedanken sie gehabt haben, schreibt er in einer Randnotiz, so daß wir

»in den grund und quelle irer wort und werk, das ist in ihr hertz sehen können, was sie für gedancken gehabt haben [...]«. (965, 31–34)

In den Lob- und Dankpsalmen schreibt er,

»siehestu allen Heiligen ins hertze, wie in schöne lustige Garten, ja wie in den Himel, Wie feine hertzliche lustige Blumen darinnen aufgehen von allerley schönen frölichen Gedancken gegen Gott, umb seine Woltat«. (966, 23–28)

Ein andermal vergleicht er das Herz mit einem sturmgeschüttelten Schiff auf wildem Meer. Luther notiert die »Sturmwinde« am Rand: Furcht und Sorge, Gram und Trauer, Hoffnung und Vermessenheit, Sicherheit und Freude. Es sind diese Sturmwinde, die inbrünstig beten lehren, welche Inbrunst Luther dramatisch-anschaulich formuliert: »Solche Sturmwinde aber leren mit ernst reden und das hertz öffenen, und den grund [h]eraus schütten«. Das meiste im Psalter sei ein solches Reden in allerlei derartigen Bedrängnissen. Und was man dort findet, hat Luther am Rande notiert: »Worte von Freuden«, »Worte von Traurigkeit«, »Worte von Furcht und Hoffnung«. Die »Gedanken des Herzens« werden gespeist von den Gefühlen. Besonders bei den Klagepsalmen wird dies deutlich:

---

26 WA Bi 10: 1, 99–105. Hier zitiert nach der Ausgabe H. Volz Bd. 1, 964–968.

»Wo findestu tieffer, kleglicher, jemerlicher wort von Traurigkeit, denn die Klagepsalmen haben? Da sihestu aber mal allen Heiligen ins hertze, wie in den Tod, ja wie in die Helle«. (966, 1–33)

b. Der »Glaube des Herzens«

Aus dem Angeführten geht hervor, daß »von Herzen glauben« für Luther eine Gefühlskomponente mit Notwendigkeit einschließen mußte; es handelte sich um »*intellectus et affectus*«.

In einer »Hauspredigt von den Artikeln des Glaubens« von 1537 finden wir in konzentrierter Form Luthers Auffassung vom »Herzen« als dem Sitz des Glaubens.

Im dritten Abschnitt, der vom Heiligen Geist handelt, wird das Herz nicht weniger als fünfzehnmal genannt.[27] Glauben bedeutet nicht nur einen intellektuellen Prozeß, daß ein Mensch hört und versteht und danach für wahr hält, sondern er muß sich persönlich betroffen fühlen, es »sich zu Herzen nehmen«, wie man heute sagt, und es ist der Heilige Geist, der »ins Herz spricht«. Einige Zitate müssen hier genügen.

»Darumb ist ein mensch wol erloset, aber weyl [= solange] ers nicht glaubt, fulet ers nit, so ists auch nit in seinem herzen. Da kombt nun diss dritte stuck, das Gott den heiligen geist in die hertzen ausgeusst, der es in die hertzen saget, das wir wissen, das es in der warheit so ist und nicht anders«. (WA 45, 22, 12–15)

Wissen und Fühlen verschmelzen so im Herzen zur Einheit des Glaubens. Der Unterschied zu rein intellektuellem Buchwissen wird so formuliert:

»Der Bapst und die seinen haben es wol im buche, aber weyl sie es im hertzen nicht fulen, verachten sie es.« (WA 45, 23, 14 f.)

»Aber eine faule, kalte seel, spricht wol mit dem munde: Ich glaub an Gott, aber im herzen weys, fulet selb nit, was es redet«. (WA 45, 19, 17)

Wissen allein reicht nicht aus. Wieder und wieder bemüht sich Luther um den Übergang von Wissen zu Glauben. Der Beistand

---

[27] WA 45, bes. der dritte Teil, S. 22–24.

des Heiligen Geistes ist dazu notwendig, und eine aktive Zustimmung des Angesprochenen:

»Darauf geht die predigt, tauf, Sacrament und Schlussel, das wir wissen, das Christus fur uns gelidden hat, Neben dem nu schreibts ers noch Innerlich ins hertz, Denn die es horen, kriegen auch Inwendig eine flammen, das das hertz spricht: Das ist Je war, und solte ich hundert tode druber leyden [...] Das heisst der heilig geist, der es hie auf erden anheftet, das mans nicht allein mit mund und ohren fasse, sonder im herzen halte [...]«. (Ebd. 23, 9–12; 20–23)

Der Heilige Geist spricht, sagt, heftet in die Herzen; in den folgenden Belegen »schreibt« er:

»[...] und das heist den heyligen Geist haben, die schopfung und erlosung also fulen und in das hertz schreyben, Denn solchs thet allein der heylig geist«. (WA 45, 22, 2–4)

»Eben wie es der heilig geist ins hertz schreybet, so reymet es sich mit der heyligen schrifft, Wer nu solchs also in im [sich] selb fulet, der kan got recht loben und dancken.« (WA 45, 24, 8–10)

Mehrere Theologen haben gemeint, Luthers Glaubensbegriff habe Züge der Mystik. Man hat auch Berührungspunkte gesehen zwischen Luthers Rhetorik und einer »affektiven Mystik« bei Johannes Gerson und Gabriel Biel. Der Barockforscher H.O. Burger sieht eine Identität zwischen »*affective mysticism*« und »*affective rhetoricism*« und meint, daß man noch im 17. Jahrhundert keine scharfe Grenze ziehen konnte zwischen den beiden »*artes movendi*«, Rhetorik und Mystik.[28]

Dazu muß jedoch ein Unterschied betont werden: Die vom Rhetor angestrebte *persuasio*, Überzeugung und Überredung, ist nicht identisch mit dem durch den Prediger geweckten Glauben. Wie oben deutlich geworden ist, wird der »Glaube des Herzens« unter Mitwirkung des Heiligen Geistes geweckt, wovon in der humanistischen Rhetorik nichts verlautet. Völlige

---

[28] H. O. Burger, Renaissance, Humanismus, Reformation. Deutsche Literatur im europäischen Kontext, Bad Homburg v.d.H. etc. 1969, 199 f. – B. R. Hoffman, Luther and the Mystics. Minneapolis, Min. 1976. – A. M. Haas 1986 (wie o. Anm. 17). – Ch. Braw, Kristus i mitt hjärta. Mystikens arv hos Martin Luther. Skellefteå 1999. – B. Stolt, Martin Luther och mystiken. In: Religion och Bibel 57 (1998) 21–37.

Übereinstimmung besteht jedoch bei der Betonung der eigenen, von Erfahrung geprägten Gefühlsbeteiligung, um überzeugend zu wirken. »*Sola experientia facit theologum*«, nur die Erfahrung macht den Theologen, meint Luther in den Tischreden (TR 1, 46). Cicero und Quintilian haben es wiederholt eingeschärft, und als rhetorische Grundregel »*ipse moveatur*« ist es in die Lehrbücher eingegangen, daß der Redner selbst von den Gefühlen ergriffen sein müsse, die er bei anderen erwecken wolle, um die rechte, ergreifende Formulierung zu finden. Andernfalls mache er sich durch geheuchelte Gefühle lächerlich.[29]

Genauso sagt es Luther im Vorwort zum Psalter:

»[...] Denn wer in furcht und not steckt, redet viel anders von unfal, denn der in freuden schwebt. Und der in freuden schwebt, redet und singet viel anders von freuden, denn der in furcht steckt, Es gehet nicht von hertzen (spricht man) wenn ein Trauriger lachen/oder ein Frölicher weinen sol« (966, 12–17).

c. »*Und fühl's im Herzen*« *als Verstehensprozeß*

In seiner Genesisvorlesung 1523 ist für Luther die affekthaltige Erfassung eines Textinhalts ebenso notwendig wie die intellektuelle Erfassung der Wortbedeutung, ja, die Voraussetzung überhaupt für die angemessene Lektüre:

»[...] daß man die wort recht faß und den affect und fuls im hertzen; die das nit konnen thun, den ists verbotten zu lesen« (WA 12, 444, 71).

Der enge Zusammenhang zwischen Gedanke, Gefühl, Wort und Glaube erklärt, warum Luther im »Sendbrief vom Dolmetschen« als Voraussetzung für einen guten Bibelübersetzer nicht Gelehrsamkeit und Sprachgewandtheit zuerst nennt, sondern:

» Ah es ist dolmetschen ja nicht eines jeglichen kunst [...] Es gehöret dazu ein recht, frum, treu, vleissig, forchtsam [= ehrfürchtig], Christlich, geleret, erfarn, geübt hertz« (WA 30: 2, 640, 25–28).

Auf das Herz also kommt es an, die durchlebte Erfahrung im Glauben, die an die Tiefen der eigenen Existenz rührt.

---

29 Cicero, *De orat.* II, 43–52; Quintilian, *Inst. or.* VI, 2, 26.28.

Auch die Zusage der Sündenvergebung verbleibt wirkungslos, solange sie nicht auch mit dem Gefühl erfaßt wird:

»Nachdem ich erlöst worden bin, fasse ich dennoch nicht, daß mir meine Sünden ohne mein Verdienst vergeben worden sind. Erst ist es notwendig, daß ich anfange es zu fühlen, um es einigermaßen zu begreifen«. (WA 40: 2, 422, 3 f.)[30]

Die modernen Ausdrücke »sich etwas zu Herzen nehmen«, »etwas beherzigen«, kommen dem nahe.

Auch für den angemessenen Unterricht über biblische Texte gilt laut Luther, daß er ohne persönliche gefühlsmäßige Anteilnahme, die aus lebendiger Glaubenserfahrung entspringt, nicht möglich ist. Zum 77. Psalm schärft er ein:

»[...] Wer solche Gewissensnöte und Gedanken nicht erfahren hat, kann mit keinem Wort über diesen Psalm unterrichten [...] Denn niemand kann richtig über die Heilige Schrift sprechen, noch sie als Hörer richtig aufnehmen, wenn sein Gefühl damit nicht übereinstimmt, so daß er in seinem Inneren fühlt, was er äußerlich hört bzw. spricht, und sagt: ›Ja, wahrhaftig, so ist es‹.« [31]

»*Eia, vere, sic est*«! Diese Beschreibung der Glaubenserwekkung steht im Einklang mit einer »Mystik der Erfahrung«, die der Eckhartforscher Alois Haas in der Geschichte der Mystik vom 12. Jahrhundert an beschrieben findet. Mit einer »ehrwürdigen Formel« (Haas) heißt sie *cognitio Dei experimentalis*. Hier folgt in einem ständig wiederkehrenden Modell der Glaubenserfahrung die aktive Zustimmung des Herzens.[32]

Dies ist die »Mystik des Hörens«, von der oben die Rede war. Aus der aktiven Antwort des Herzens bei diesem Prozeß erklärt

---

[30] »*Postquam iam sum iustificatus, agnosco, per gratiam remissa mihi peccata sine meritis meis. Nunc opus, ut incipiam sentire, ut aliquo modo comprehendam.*«

[31] WA 3, 549, 30–35: »*Unde qui non est expertus hanc compunctionem et meditationem: nullis verbis potest hunc psalmum doceri [...] Nullus enim loquitur digne nec audit aliquam scripturam, nisi conformiter ei sit affectus, ut intus sentiat, quod foris audit, et dicat: ›Eia, vere sic est‹.*«

[32] A. Haas, Die Problematik von Sprache und Erfahrung in der deutschen Mystik. In: W. Beierwaltes et al., Grundfragen der Mystik. Einsiedeln 1974, 75–104, 103.

sich, warum Luther den Glauben als das oberste aller »Werke« ansehen konnte (WA 6, 206). Hörende Aufnahme, soll sie zum Glauben führen, ist mitnichten ein passiver Prozeß, sondern ein aktives persönliches Reagieren auf ein »Betroffensein« im eigentlichen Sinne des Wortes von dem durch das Wort wirkenden Heiligen Geist.

In diesem Zusammenhang sei das hohe Lob zitiert, das Luther Quintilian zollte. Seine Lektüre sei so erfreulich, daß er den Leser immer weiterzulesen zwinge, »denn er dringt einem ins Herz hinein« (TR 2, 2299).

Dies ist die christliche »Rhetorik des Herzens« lutherscher Prägung. Mit seinem holistischen Zugriff, auf dem Hintergrund persönlicher Erfahrung und intensivem Engagement, bezog seine Sprache ihre ungeheure Konkretion und ihre Fähigkeit, noch heute zu packen. Bei allem, was er schrieb, war Luther stets »mit dem Herzen dabei«. Daß er Im »Sendbrief vom Dolmetschen« zur Illustrierung seines Sprachprinzips gerade das Sprichwort *Ex abundantia cordis os loquitur* wählte, um es mit dem deutschen Sprichwort »Wes das Herz voll ist, des läuft der Mund über« wiederzugeben, ist kein Zufall.

5. Exkurs: Luther und die Mystik

Die im Vorangehenden mehrfach angeschnittene Frage »Luther und die Mystik« kann hier selbstverständlich nur andeutungsweise behandelt werden. Von theologischer Seite liegen tiefschürfende, teilweise übereinstimmende, in gewissen Fragen unterschiedliche Arbeiten dazu vor.[33] Hier sollen aus sprach-

---

[33] Außer den oben Anm. 28 genannten Titeln siehe den Sammelband: Kirche, Mystik, Heiligung und das Natürliche bei Luther. Vorträge des Dritten Internationalen Kongresses für Lutherforschung, Hg. I. Asheim. Göttingen 1967; englische Ausgabe: The Church, Mysticism, Sanctification and the Natural in Luther's Thought. Philadelphia 1967. Dort vor allem B. Hägglund (150–157) und E. Iserloh (60–83). – Bahnbrechend, aber lange vernachlässigt wegen des negativen protestantischen Vorurteils gegen die Mystik als »katholische Frömmigkeit«: E. Vogelsang, Luther und die Mystik. In: Lutherjahrbuch 19 (1937) 32–54.

wissenschaftlicher Sicht einige Beobachtungen angeführt werden.

In der Forschung unterscheidet man (grob) drei Richtungen innerhalb der Mystik: 1. die dionysische, neuplatonische, nach dem »Vater der christlichen Mystik«, Dionysius Areopagita, eine Richtung, die sich in den ersten Jahrzehnten des 15. Jahrhunderts großen Ansehens erfreute; 2. die romanische, mit Bonaventura und Bernhard von Clairvaux als wichtigsten Vertretern; 3. die deutsche mit dem »Frankfurter«, Meister Eckhart und Tauler. Zur ersten, neuplatonischen Richtung hat sich Luther nach 1519 sehr kritisch geäußert, während er die romanische Mystik sein Leben lang bejaht hat. Noch 1541 lobt er Bernhard und Bonaventura, da sie den Kreuzestod Christi in den Mittelpunkt stellten. Von Bernhard übernimmt er seine eigene Definition von Mystik, indem er sie definiert als *sapientia experimentalis et non doctrinalis,* eine Weisheit der Erfahrung und nicht der Gelehrsamkeit. Auch der von Luther hochgeschätzte und oft zitierte Gerson zitiert häufig Bonaventura und unterscheidet in seiner Nachfolge eine *schola intellectus* von einer *schola affectus.* Dies hindert nicht, daß Luther sich auch kritisch zu Bonaventuras Lehre von der *unio mystica* geäußert hat: er hätte ihn »schier toll gemacht«, als er versucht habe, die Vereinigung seiner Seele mit Gott als Vereinigung von Intellekt und Willen zu verspüren.[34] Die deutsche Mystik, besonders den »Frankfurter« und Tauler, hat Luther stets gelobt. Wie viel er von Meister Eckhart gekannt hat, ist umstritten. Im Gegensatz zu Tauler hat Eckhart keine tieferen Spuren bei Luther hinterlassen.

Über die von Dionysius und Eckhardt vertretene »negative Theologie« hat sich Luther in seinen Psaltervorlesungen 1513–1516 im Zusammenhang mit Ps 64 (65), 2: »Gott, man lobt dich in der Stille zu Zion« geäußert: Hier ginge es um eine extatische und negative Theologie, nach welcher Gott unaussprechlich sei und der Mensch in Staunen und Bewunderung seiner Majestät ihn nur im Schweigen loben könne (WA 3, 372, 13 f.). Die Kombination von »extatisch« mit »negativ« klingt heute befrem-

---

[34] TR 1, 644. – Vgl. A. Haas, Luther und die Mystik (wie o. Anm. 17) 185.

dend. »Negativ« hat hier eine besondere Bedeutung, die dem Dilemma der Mystiker entsprang, etwas über einen Gott auszusagen, der seiner Natur nach »unaussprechlich« war. Man hatte eine spezifische Sprachstrategie der Erfassung ihres Gegenstandes *ex negativo* entwickelt, durch Betonung dessen, was Gott nicht war: unsichtbar, unbegreiflich, unaussprechlich usw. Laut Eckhart war Gott »ein nit-got, ein nit-geist, ein nit-persone«, der ohne Hilfsmittel wie Bilder oder Gleichnisse zu erkennen und zu lieben sei.[35] Dieser abstrakte, rein gedankliche Zugang zu den höchsten Dingen stand nicht im Einklang mit dem Suchen und Lieben Gottes von ganzem Herzen, *per intellectus et affectus*, das bei Luther einen so großen Raum einnimmt. Ein Prinzip, das letztlich in Schweigen einmünden muß, konnte einem Naturell wie dem Luthers, mit seinem mächtigen Ausdrucksbedürfnis und seiner genialen Ausdrucksfähigkeit, nicht angemessen sein. Schweigen war wahrhaftig nicht Luthers Stärke. Seine Stärke im Umgang mit Gott war, was er in den »Sturmwinden« gelernt hatte: »mit Ernst reden und das Herz öffnen und den Grund herausschütten«, wie er es so meisterhaft formuliert hat.

Es ist mehrfach festgestellt worden, daß sich die spezifisch mystische Sprache bei Luther nicht findet. Daß der Begriff »Seelengrund« bei ihm fehlt, läßt sich jedoch leicht damit erklären, daß bei ihm der Herz-Begriff die Funktion des mystischen »Seelengrundes« füllt. Sprachwissenschaftlich gesehen besteht ein grundlegender Unterschied im Verhältnis zur Sprache zwischen Luther und der negativen Theologie. Die so oft gerühmte wortschöpferische Leistung der Mystiker bestand in hohem Maße aus Abstraktbildungen auf »-ung«, »-heit«, »-keit« etc. Kurt Ruh hat aufgewiesen, daß ihr die Fachsprache der Scholastik zugrundeliegt und dies aus dem Umstand erklärt, daß die mystischen Prediger und Theologen an Universitäten ausgebildet waren, so daß »der Sprache der Mystik in ihrer Begriffsbildung ein sehr starkes scholastisches Element eignet«.[36] Luther

[35] Vgl. A. Haas, Das Ereignis des Wortes. Sprachliche Verfahren bei Meister Eckhart und im Zen-Buddhismus. In: DVj 58 (1984) 527–569, 554.

[36] K. Ruh, Überlegungen und Beobachtungen zur Sprache der Mystik.

stand auf dem Kriegsfuß gegen die Scholastiker, und sah sich darin mit Lorenzo Valla einig, der die scholastische Philosophie als dem Glauben schädlich angesehen hatte.[37] Die Scholastiker meint Luther mit den Philosophen, die den Herz-Begriff halbieren und Gott nur mit dem Intellekt, ohne Affekt, suchen (oben 4a).

Wenn also festgestellt wird, daß mystisches Gedankengut Luther »bei der Entfaltung und Entwicklung seines Rechtfertigungsverständnisses mannigfach angeregt und sprachlich bereichert« hat,[38] so gilt dies selektiv und nicht für die abstrakten philosophischen Begriffe. Bei Luther ist eine entschiedene Wendung ins Konkrete ersichtlich. *Affectus* ist für ihn ebenso wichtig wie *intellectus*. Gefühle lassen sich konkret ausdrücken, jedenfalls, wenn man Luther ist, ja, sie müssen ausgedrückt werden, wenn »das Herz überfließt«. Die Erfahrungswelt liefert Bilder und Gleichnisse. Die Bilderfeindlichkeit Eckhardts ist nichts für Luther. Gott nur im Schweigen loben? Anders schreibt er wenige Jahre später über den Lobgesang der Maria, das »Magnificat«. Die »zarte Mutter Christi« lobe hier Gott mit »fröhlichem, springenden Geist«, er habe sie angesehen.

»[...] aus diesem grund fleusset nu die lieb/und das lob gottis. Es mag [≈ kann] yhe niemant got loben/er hab ihn dan(n) zuvor lieb/so mag yhn niemant lieben/er sey ym dann auffs lieblichst und aller best bekant./So mag er nit also bekan(n)t werden/den(n) durch seine werck ynn uns erzeygt/gefuelet und erfaren/wo aber erfaren wirt/wie er ein solcher got ist/der ynn die tieffe sihet/und nur hilft den armen/vorachten/elenden/jamerichen/vorlassenen/und die gar nichts seint/da wirt er so hertzlich lieb/da geht das hertz uber fur freudenn/huppft und springet fur grossem wolgefallen/den es in got empfangen. Und da ist

---

In: Brüder-Grimm-Symposion zur historischen Wortforschung. Hg. R. Hildebrandt/U. Knoop. Berlin/New York 1986, 24–39, bes. 30 f., zit. 33. – A. Haas meint, Abstraktbildungen auf -heit, -keit, -ung, -nis seien nicht Meister Eckhart »anzulasten«, sondern Resultat der Eindeutschung des Lateins seit althochdeutscher Zeit; siehe Ders., Meister Eckhart und die deutsche Sprache. In: Ders., Geistliches Mittelalter. Freiburg/Schweiz 1984, 215–237, 228.

[37] B. Vickers, In Defence of Rhetoric. Oxford 1988, 178–180.

[38] K.-H. zur Mühlen, *Nos extra nos*. Luthers Theologie zwischen Mystik und Scholastik. Tübingen 1972, 114.

denn der heilig geyst/der hat solch uberschwencklich kunst [= Kenntnis, Wissen] und lust/ynn einem augenblick der erfarung geleret.«[39]

»*Cognitio Dei experimentalis*«, erfahrungshaftes Erkennen Gottes: Aus der lebendigen Erfahrung im Umgang mit Gott und dem Meditieren darüber[40] entspringt hier der Jubelton in Liebe und Lob, wenn Gott »aufs Lieblichste und allerbeste« bekannt wird. Gedanken und Gefühle sind unlösbar miteinander verknüpft. Der »Augenblick der Erfahrung«, in dem der Heilige Geist Erkenntnis und überschwengliche Lust schenkt (»*intellectus et affectus*«!), so daß das Herz vor Freuden übergeht, hüpft und springt ... erinnert in dieser hinreißenden, dynamischen Schilderung an den *raptus* der Mystiker. Ohne die *affectus*-Seite ist für Luther »von Herzen glauben« nur »zur Hälfte« erfaßt.

---

[39] Das Magnificat verdeutscht und ausgelegt. WA 7, 544–604; hier zitiert nach Delius Bd. 1, 1979, 318 (mit leicht geglätteter Schreibung).

[40] Eine »*meditatio excitans fervorem et affectum*«, durch Meditation erweckte Liebe, Staunen und Furcht, findet sich auch bei Gabriel Biel. H. O. Burger, Renaissance... (wie o. Anm. 28) 199.

III

Die Predigt

1. Die Quellenlage

Was die von Luther selbst gehaltenen Predigten betrifft, sind wir quellenmäßig in einer mißlichen Lage. Der Großteil liegt in den lateinisch-deutschen Nachschriften von Georg Rörer vor, dem es ausschließlich um Festhalten des Inhalts, nicht der äußeren Form ging. Sie sind von anderen bearbeitet und herausgegeben worden, mitunter »in ziemlich freiem Anschluß an die gehaltenen Predigten« (WA 37, XLIII). Die so oft zitierte »Kirchen- und Hauspostille« (WA 52) besteht aus Nachschriften, die von Veit Dietrich »allein mit eylender Hand« aufgezeichnet, dann bearbeitet und herausgegeben wurden, wobei er mitunter recht frei verfuhr und z.B. mehrere Predigten in eine zusammenarbeitete, obwohl die eine im Hause, die andere öffentlich gehalten worden war. Die »Wochenpredigten« (WA 33) sind die Ausgabe des notorisch unzuverlässigen Aurifabers nach Nachschriften Dietrichs, Rörers, Lauterbachs und Fabritius, von denen keine mehr erhalten ist und einen Vergleich ermöglicht. »Das XIV. und XV. Kapitel S. Johannis gepredigt und ausgelegt« in WA 45 geht auf Nachschriften Agricolas zurück. Die Texte tragen laut dem Herausgeber so stark dessen Gepräge, daß sie »nur mit großen Einschränkungen als genuine und authentische Erzeugnisse Luthers gelten dürfen« (XXXVII). Die wenigen noch zu Luthers Lebzeiten besorgten Drucke, durchweg Bearbeitungen von Nachschriften, hat Luther zwar zugelassen, doch nicht selbst betreut. Dadurch sind wir zwar in der Lage, eine ungefähre Auffassung von Inhalt, Aufbau und Umfang der Predigten zu bekommen. Wenn wir jedoch die sprachliche Form Luthers analysieren wollen, sind wir notgedrungen angewiesen auf die Texte, die Luther selbst mit der Bezeichnung »Sermon« oder »Predigt« in den Druck gegeben hat. Eine Analyse eines solchen Textes, »Ein Sermon oder Predigt, daß man

Kinder zur Schulen halten solle« von 1530, habe ich 1974 vorgelegt.[1]

Zahlreich sind jedoch die Äußerungen Luthers sowohl über die Predigt an sich als auch über seine eigenen Prinzipien und Gepflogenheiten. Hier soll er zunächst so weit wie möglich selbst zu Worte kommen.

2. *Der Prediger und seine Zuhörer*

Die Aufgabe des Predigers ist, einen Glauben »des Herzens« zu wecken.

Die hohen Forderungen, die an einen guten Prediger gestellt werden, hat Luther in einer Tischrede zusammengestellt. Er zählt zehn Punkte auf. Er soll 1. gut lehren können, 2. einen guten Kopf haben, 3. ein guter Redner sein, 4. eine gute Stimme haben, 5. ein gutes Gedächtnis haben, 6. nicht zu lange sprechen (»wissen aufzuhören«), 7. überzeugt und fleißig sein, 8. »Leib und Leben, Gut und Ehre dran setzen«, 9. sich von jederman verspotten lassen, 10. geduldig im Ertragen sein. Die letzten beiden Punkte, die die Undankbarkeit »der Welt« betreffen, werden in der Fortsetzung ausgeführt: Nichts sehe die Welt so schnell an einem Prediger wie seine Fehler. Eine einzige Untugend an ihm hebe in den Augen der Welt 100 (eine andere Quelle liest: 10) Tugenden auf. Dr. Jonas habe alle Tugenden eines Predigers, nur, daß er sich so oft räuspere, könne man dem guten Mann nicht zugute halten.[2] Predigen ist somit eine verantwortungsvolle, schwierige und undankbare Aufgabe.

---

[1] B. Stolt, *Docere, delectare* und *movere* bei Luther, analysiert anhand der »Predigt, daß man Kinder zur Schule halten solle«. Erstfassung in DVj 44 (1970) 433–474; bearb. Fassung in: Dies., Wortkampf. Frühneuhochdeutsche Studien zur rhetorischen Praxis. Frankf./M. 1974 (= Respublica literaria 8; Stockholmer germanistische Forschungen 13), 31–77. Teilweise wiederabgedruckt bei J. Kopperschmidt (Hg.), Zum heutigen Interesse an Rhetorik Bd. 1–2, Darmstadt (1990), Bd. 1, 415–447. – Zur Quellenlage s. B. Stolt 1970, 434 f. bzw. 1974, 33 f.

[2] TR 2, 2580. Dazu B. Stolt, Luthers Forderungen an einen guten Prediger. In: Muttersprache 94 (1984), 369 f.

Luther selbst befürwortete die einfache Predigt, die sich an das ungelehrte Volk und die Kinder richtet, vor allem Katechismuspredigten. Auf der Kanzel solle man sein wie eine stillende Mutter, »die pappelt mit dem Kind, schenkt ihm aus dem Busen, braucht keinen Wein noch Malvasier« (etwa = »Madeira«). Man solle »die Zitzen herausziehen und das Volk mit Milch tränken, den Katechismus fleißig treiben und die Milch austeilen«. Die hohen Gedanken und Lehrstücke solle man für sich behalten. Er wolle Bugenhagen, Jonas und Melanchthon nicht in seiner Predigt sehen, sie wüßten im voraus alles besser als er. Nicht ihnen predige er, sondern den Kindern in seinem Haushalt (»meinem Hänslein und Elslein«), denen sehe er an, ob sie ihm folgten (*»illos observo«*). Es sei Hochmut, Griechisch, Hebräisch und Latein in die Predigt einzustreuen, um dem einfachen Volk zu imponieren und Ruhm zu ernten (TR 3, 3421 u. 3579).

Das Beispiel der liebevollen, mit dem Kleinkind schäkernden und es stillenden Mutter gibt hier einen Hinweis auf die Verteilung von Intellekt und Affekt, von Verstand und Gefühl, von Lehren und Bewegen, von Nahrung und Liebe in der Predigt. Beides gehört zusammen und bedingt sich gegenseitig. Dem lehrhaften, im Bild nährenden Element – *docere* – und damit auch dem eventuellen Ehrgeiz des Predigers sind Grenzen gesetzt durch die Aufnahmefähigkeit der Zuhörer.

3. »Sermo humilis«

Luther war ein hochgeschätzter Prediger. Als Augustinermönch stand er in der Tradition des *sermo humilis*, die auf Augustins *De doctrina christiana* Buch 4 zurückgeht. Diese Art der christlichen Redekunst, die auf Breitenwirkung und das Gewinnen der Seelen abzielt, hat besonders Erich Auerbach analysiert und beschrieben.[3] Augustin hat die Dreistillehre der Rhe-

---

[3] E. Auerbach, Literatursprache und Publikum in der lateinischen Spätantike und im Mittelalter. Bonn 1958, Kap. 1: *Sermo humilis* (S. 25–53). – Zur mittelalterlichen *ars praedicandi* s. G. Ueding/B. Steinbrink, Grundriß der Rhetorik. Stuttgart 1986, 69–73.

torik, dergemäß sich der Stil nach dem Inhalt zu richten hatte: einfache Dinge im niedrigen Stil, mittlere im mittleren und erhabene im hohen Stil, umfunktioniert: da ein Prediger es immer mit hohen Dingen zu tun hat, dürfe er nach dieser Regel nur im hohen Stil sprechen. Dies würde jedoch die Zuhörer viel zu sehr ermüden. Für die Affekte galt dazu die Regel, sie seien zu variieren und über den ganzen Text zu verteilen. Schon die Hereniusrhetorik hatte vor einem anhaltenden Gebrauch des Pathos gewarnt mit der desillusionierten Erfahrung: »Nichts trocknet so schnell wie eine Träne.« (*Ad Her.* 2,31,50). Statt dessen knüpfte Augustin den Stil an die Aufgaben des Redners: unterrichten im niedrigen, danach unterhalten im mittleren, und abschließend mitreißen im hohen Stil. Daß man sich über die Regel der Übereinstimmung zwischen *res* und *verba* hinwegsetzen dürfe, motivierte er biblisch: im Stall zu Bethlehem habe sich das Erhabene in niedriger Gestalt offenbart, darum dürfe auch der Redner in einfachen Worten über die himmlischen Geheimnisse sprechen. Der niedrige Stil der Heiligen Schrift schließt das Erhabene ein. »Die biblisch-christliche Substanz war so stark, daß sie sich die Rhetorik unterwarf«, schreibt Auerbach. »Es ist eine Mischung von Erhabenheit und volkstümlicher Rhetorik und sich neigender *caritas*, eindringlich lehrend und szenisch belebt, für eine beliebige und unausgewählte Hörerschaft bestimmt« (43). Man kann oft auf die Vorstellung treffen, *sermo humilis* schließe rhetorischen Schmuck aus. Dies ist ein Irrtum. Indem es um das Ergreifen jeder einzelnen Seele ging, deren Heil auf dem Spiel stand, floß sehr viel an Emotion in die Lehre ein, sodaß sich das Mitreißende, Aufwühlende, das dem erhabenen Stil zukam, mit der Lehre vermischte. Besonders in der abschließenden Paränese hatte das Pathos seinen Platz. Bei Augustin steht die überredende Funktion des rhetorischen Redeschmuckes besonders bei der Überredung Widerspenstiger im Vordergrund:

»Wenn etwas getan werden muß und wir zu denen sprechen, die es tun müßten, aber es doch nicht wollen, dann müssen wichtige Dinge feierlich-erhaben vorgetragen werden und so, daß die Gemüter bewegt werden. Und über ein und dieselbe wichtige Sache kann man mitunter schlicht und sachlich sprechen, wenn man lehrt, gemäßigt, wenn man predigt, und pathetisch, wenn man einen Widerspenstigen zur Einsicht bringen muß.«[4]

Daß besonders einfache und ungebildete Menschen nicht mit Vernunftgründen allein überzeugt werden können, sondern daß sie Schmuck und Affekte brauchen, betont auch Quintilian (*Inst.or.* V, 14, 29).

Den spezifisch christlichen Eindruck des *sermo humilis* findet Auerbach in dem starken Element des Lebhaften, Lehrenden, Bewegten und Persönlichen. Luther habe die Überlieferung des *sermo humilis* »aufs Genialste im Deutschen heimisch« gemacht (44, 252). – Alle Zitate, die im folgenden angeführt werden, und die Luthers Verwurzelung in der rhetorischen Tradition unter Beweis stellen, sind auf diesem Hintergrund zu verstehen: eine volkstümliche, christliche Rhetorik, die so »natürlich« wirkt, daß man nichts von ihr merkt, wenn man die Texte nicht extra daraufhin abklopft. Es sei noch daran erinnert, daß das emotionale Element, dessen Bedeutung für die christliche Redekunst Auerbach betont hat, »indem es um das Ergreifen jeder einzelnen Seele ging, deren Heil auf dem Spiel stand«, eng zusammenhängt mit der Auffassung des Glaubens als einer »Herzenssache«, die sowohl auf Intellekt als auch Affekt angewiesen war, wie es im vorigen Abschnitt ausgeführt wurde, und daß hier bei Luther neben Augustin auch Quintilians Lehren von der Bedeutung der Affekte sowie ihrer Handhabung von Einfluß waren, die Luther begierig gelesen hatte.

Die Predigt, sagt Luther, besteht aus zwei Teilen, *docere* und *exhortatio*, Lehren und Ermahnen. Er geht aus von Röm 12, 7–8, in der Vulgata: »*Qui docet in doctrina, Qui exhortatur in exhortando*«, »Ist jemand Lehre gegeben, so lehre er. Ist jemand Ermahnung gegeben, so ermahne er.« Die Stelle lautet (in mo-

---

[4] *De doctr. christ.* IV, 19; meine Übers. – Vgl. B. Auerbach 42 ff.; B. Stolt, *Docere* (wie Anm. 1), bes. 53 f. Dies., Freiheitstraktat (Wie I, Anm. 21) 130–135; J. Dyck, Ticht-Kunst. Deutsche Barockpoetik und rhetorische Tradition. Tübingen [3]1990 (1966), Kap. »Die Bibelrhetorik der Patristik«. – Zu einseitig nur auf Quintilian wird Luther festgelegt bei U. Nembach, Predigt des Evangeliums. Luther als Prediger, Pädagoge und Rhetor. Neukirchen/Vluyn 1972.

dernisierter Fassung, da der Text der WA die Bearbeitung einer lateinischen Nachschrift ist und nicht Luthers Dialekt widerspiegelt):

»Denn S. Paulus teilt das Predigeramt in zwei Stücke, Röm. 12: *Doctrinam et exhortationem,* Lehre und Ermahnung. Lehre ist, wenn man predigt, was unbekannt ist, damit die Leute wissend oder verständig werden. Ermahnen ist, wenn man reizt und anhält zu dem, was jeder schon gut weiß. Beides muß ein Prediger tun, drum übt Paulus sie auch beide aus. Und damit die Ermahnung desto stärker wirke und lieblich eingehe, gebraucht er viele hübsche, geblümte Worte (›*elegantibus et figuratis locutionibus*‹) und macht eine feine, buntfarbene Rede, nennt den Schlaf Finsternis, Licht Aufwachen, Wappen Werke, Tag und Nacht – das sind lauter geblümte Worte, durch welche etwas anderes verstanden wird als ihre Art und Natur gibt.« (WA 10: I, 2; 1, 18–2, 8)

So malt er uns ein Gleichnis vor Augen, damit er uns in unser geistliches Wesen locke und einführe, fährt Luther fort. Was er beschreibt, ist in der rhetorischen Lehre der leichte und der schwere Schmuck: der leichte in den Wortfiguren (»*elegantibus*«) und der schwere in allen Formen der übertragenen Rede (»*figuratis*«). Ihr Hauptbereich ist die *exhortatio*, ein Wort, dessen Bedeutungsumfang mit »Ermahnung« nur sehr ungenügend erfaßt ist. Es enthält die meisten erbaulichen Formen des geistlichen Zuspruchs: neben Ermahnung auch Warnung, Tröstung – ein Wort, das damals neben der heutigen Bedeutung auch »getrost machen«, d.h. Ermutigung und Glaubensstärkung bedeutete –, sowie das, was man heute vielleicht »Inspiration« zum christlichen Leben nennen würde, was hier mit »reizen und anhalten« wiedergegeben wird.

Der Apostel Paulus wird von Luther wiederholt als »Rhetor« bezeichnet. Als solcher wird er ausführlich in einer (lateinischen) Tischrede zitiert und ausgelegt:

»Die Dialektik lehrt, die Rhetorik bewegt. Jene gehört zum Verstand, diese zum Willen [...] und diese beiden machen eine Predigt aus [...] Aber es kommt noch ein Drittes hinzu, was auch rhetorisch ist, nämlich das Erklären (*illustrans*) der Predigt. Das geschieht durch Anführen von Bibelstellen, Beispielen, Gleichnissen und anderem Redeschmuck dieser Art, womit die Zuhörer bewogen werden können, deinen Worten zu glauben und zu gehorchen. Wie es auch eine Ermahnung [*exhortatio*] ist, wenn du sagst: ›Ach, ich wollt gern, daß ihr mir folgt und glaubt.‹ Das ganze 4. Kapitel an die Römer ist durch und durch rhetorisch, ausgenommen nur die eine Stelle, wo Paulus definiert, was Glaube und Rechtfertigung sei.«[5]

Hier findet sich eine doppelte Funktion des »Erklärens« (»*illustrans*«): Beispiele und Gleichnisse, hier zum Redeschmuck gezählt, obwohl sie andernorts auch als Beweise gelten, dienen sowohl dem intellektuellen Verständnis als auch der *exhortatio*. die Zuhörer werden dadurch bewogen, zu folgen. Der affekthaltige Stoßseufzer: »Ach, ich wollt gern, daß ihr mir folgt und glaubt!«, den Luther als Beispiel für *exhortatio* anführt, zeigt, daß der Bedeutungsumfang des Wortes mit »Ermahnung« nur sehr ungenügend erfaßt ist. (Dieser Schwierigkeit wegen werde ich »*exhortatio*« häufig beibehalten.) Die emotionale Seite der Predigt, für die die Rhetorik vor allem zuständig ist, gehört laut diesem Lutherzitat zum Willen. Daß der Wille des Menschen vor allem von den Affekten gesteuert wird, lehrten sowohl Luther als auch Melanchthon.(Wir kommen später darauf zurück.)

Die Aufgabe der Dialektik ist unterrichten, *docere*. Die Rhetorik »schmückt und überredet« (»*ornat et suadet*«, TR 5, 5082b). Ein Prediger müsse beides können, heißt es:

»Ein Prediger muß ein Dialektiker und Rhetor sein, das heißt, er muß lehren und ermahnen. Wenn er etwas lehren will, muß er es zunächst genau bezeichnen, danach definieren; drittens muß er Bibelstellen dazu anführen, viertens es mit Beispielen aus der Bibel oder anderswoher beleuchten, fünftens diese seine Worte mit Gleichnissen weiter ausschmücken; sechstens die Schlechten, Widerspenstigen und Faulen tadeln«.[6]

---

[5] »*Dialectica docet, rhetorica movet. Illa ad intellectum pertinet, haec ad voluntatem [...] Et haec duo conficiunt modum praedicandi [...] Accedit autem et tertium, illustrans praedicationem, quod et ipsum est rhetorum; fit autem hoc locis scripturae, exemplis, similibus et id genus aliis floribus orationis, quibus trahi possunt auditores ad credendum et oboediendum verbo tuo, quod praedicas. Est autem exhortatio, quando dicas:* Ach, ich wolt gern, das yhr mir folgt und gleubt. *Ca. 4. ad Rom. est totum rhetoricum uno tantum excepto loco, ubi definit, quid sit fides et iustificatio.*« TR 2, 2199a. Meine Übers.

[6] »*Praedicatorem oportet esse dialecticum et rhetorem, id est, docere eum oportet et exhortari. Docturus autem de aliquo themate distinguat illud pri-*

Hier wird die Grenze zwischen Dialektik und Rhetorik nicht ausdrücklich gezogen. Der Übergang von *docere* zu *exhortari* geht schrittweise vor sich.

Genau so beschreibt Luther, wie er es anfängt, einen Bauern zu unterweisen:

»Wenn ich z.B. einen Bauern unterweisen will, definiere ich mittels der Dialektik sein Leben, seine Arbeit, seinen Haushalt, die Früchte und was zur Substanz seines Lebens überhaupt gehört. Danach hebe ich mittels der Rhetorik sein Leben also an zu loben, wie es das ruhigste und ertragreichste sei [...] und überredend rate ich ihm zu diesem zu, und rate ihm von den übrigen Lebensweisen ab. Wenn ich tadeln will, schelte ich ihre Laster und übertreibe ihre Rohheit.«[7]

Nach der »Definition« der Dialektik setzt die *exhortatio* mittels der Rhetorik ein. Luther macht Gebrauch der demonstrativen Gattung in Lob und Tadel und der deliberativen in Zu- und Abraten. Der Affekt steigert sich im abschließenden Tadel.

An einem besonders hohen Feiertag kann das *docere*-Moment jedoch in der Predigt auch zurücktreten und allein die Rhetorik zum Zweck des *movere* betrieben werden. Der Text, am Tag der Verkündigung Marias, dem 25. 3. 1533 aufgezeichnet, sei hier in seiner ursprünglichen, lateinisch-deutschen Mischung angeführt:

»An dem tag solt man eitel *rhetoricam* predigen, *ut gauderemus de Christo incarnato [...] Disputationes* wehren die freud, *quia pariunt dubitationes* [...] Sed ein christ lest *disputationes* stehn *et tractat affectus*« (TR 1, 494).

D.h.: An diesem Tag solle man nur rhetorisch predigen, damit wir uns über die Menschwerdung Christi freuen. Kluges Analy-

---

mo, deinde definiat, tertio afferat de hoc locos scripturae, quarto illustret illud exemplis scripturae vel aliunde, quinto coornet illa sua verba similibus, sexto corripiat malos et immorigeros, pigros etc.« TR 2, 2216; meine Übers.

7 »*Ut si rusticum docere vellem, definirem dialectice vitam eius, labores, domum, fructus et quidquid est de substantia vitae suae; deinde per rhetoricam* hebt ich sein leben alßo an zu loben, *quod sit quietissima, opulentissima [...] et adhortarer ad eam suadendo et dissuadendo dehortarer eum a reliquis vitae generibus; si vituperare volo, damno vitia eorum et ruditatem exaggero.«* TR 2, 2629a; S. 555, 20–25. Meine Übers.

sieren (*disputationes*) sei zu vermeiden, dadurch würden nur Zweifel geweckt. Ein Christ ließe das Disputieren bleiben und konzentriere sich auf die Freude.

Freude und Dankbarkeit machen einen großen Teil des lutherschen Glaubens aus (dazu unten IV, 3b).

Doch helfen keine Regeln, wenn der Prediger selbst nichts von der Sache versteht und keine eigene Glaubenserfahrung hat. Ist er ein gediegener Theologe, ist die wichtigste Voraussetzung erfüllt. Nach der Grundregel: »*Rem tene, verba sequentur*«, Haltet euch an die Sache, dann folgen die Worte (von selbst, oben I, 5b), sagt Luther: »*Qui rem tenent, facile loqui possunt*«, = diejenigen, die sich an die Sache halten, können leicht sprechen. Die ganze Tischrede lautet in deutscher Übersetzung:

»Diejenigen, die sich an die Sache halten, können leicht sprechen, denn der Sachkenntnis folgt die Redekunst (auf dem Fuß). Darum gehen diejenigen fehl, die nur die Redekunst studieren und von der Sache nichts verstehen. Nur nach der Kunst kann ich keine Predigt machen.«[8]

Die persönliche Erfahrung und Anteilnahme ist auch die Voraussetzung für die überzeugende Handhabung der Affekte (vgl. oben II, 4b).

4. Pädagogische Weitschweifigkeit »Ich bin ein Wäscher«

Jeder Lehrer weiß, daß man bei der Erklärung eines schwierigen Sachverhaltes zumeist mehrere Ansätze machen muß. Wenn der Schüler sagt: »Das verstehe ich nicht!«, geht es nicht an, die Erklärung mit den gleichen Worten zu wiederholen. Vielmehr muß man verschiedene Wege finden, Vergleiche und Bilder, andere Einfallswinkel, an bereits Bekanntes anknüpfen u.a.m. Die antike Rhetorik hat dies Einkreisen, Umkreisen und aus unterschiedlichen Aspekten Behandeln als gedankliche *expolitio, de eadem re dicendo*, systematisiert und gelehrt. Hier liegen auch

---

[8] »*Qui rem tenent, facile loqui possunt, rerum enom cognitionem sequitur artificium. Ideo falluntur, qui artificio student re nondum cognita. Ideo nullam continionem ex artificio facere possum.*« TR 2, 1312.

die verschiedensten Möglichkeiten zur unterhaltsamen *variatio*. Besonders bei einfachen Menschen und bei trockenen Stoffen ist das *pluribus modis tractare,* die verschiedenen Behandlungen des gleichen Stoffes, vonnöten.[9]

Luther hat sich dazu bei seiner Auslegung des Propheten Habakuk ausführlich geäußert. Dabei geht es nicht nur um die Wiederholung, sondern auch um die Anschaulichkeit einer Beschreibung, traditionell mit dem Malen eines Bildes verglichen:

»Also braucht Habacuc hier maler kunst, das er den einzug der feinde fur die augen malet und daneben anzeygt, wie denen zu synn ist, den[en] es gilt, nemlich das sie dunkt, es sey mit ihnen nichts anders, denn das sie sich mussen fressen lassen wie der Adeler ein ass frisset, das sich sein nicht erweren kan.

Da sehen wir, wie fein und eben die Propheten reden konnen, und wie sie kurtz und doch reichlich ein ding ausstreichen. Denn das ein ander hette gesagt mit ei[ne]m wort: also ›die Babylonier werden komen und Jerusalem zurstören‹, das redet Habacuc mit vielen worten und streicht [führt] es alles eygentlich [genau] aus und schmucks mit gleichnissen, wie man denn auch thun mus, wenn man dem groben, harten pöfel prediget; dem mus man es fur malen, blauen und kauen und alle weyse versuchen, ob man sie konne erweichen.« (WA 19, 370, 1–12)

Die Anschaulichkeit und das Hineinversetzen in die geschilderte Situation, in der Rhetorik *evidentia* genannt, ist besonders bei Quintilian ausführlich sowohl als Beweismittel als auch zur Affekterregung behandelt und anempfohlen.[10] Durch die Erweckung der Einbildungskraft wird ein Gefühl unmittelbarer Betroffenheit erzeugt. Das, was Habakuk »mit vielen Worten« sagt und ausführt, gehört zur *exhortatio*, wie sie bei Luther oben beschrieben wurde. Daneben geht es auch um das Prinzip der Wiederholung des gleichen Gedankens mit anderen Worten, was notgedrungen zur Weitschweifigkeit führen muß. Diese ist jedoch in diesem Fall eine Tugend (*copia verborum,* Wortreichtum), und gehörte zum Schmuck des mittleren Stils. Auch Gleichnisse werden ja zum Schmuck gezählt, wie oben bei Lu-

---

[9] H. Lausberg § 842, §§ 1104–1106.

[10] *Inst.or.* VIII, 3, 67–71 und IV, 2, 123 f.

ther, obwohl sie auch zum besseren Verständnis und Gedächtnis beitragen. Dem »groben, harten Pöbel« muß man es vor Augen malen, einbleuen und wiederkäuen und es immer wieder neu versuchen. »[...] Es hilft dennoch, was es kann«, fährt Luther resigniert fort, »Aber ei[ne]m verstendigen ist balde gepredigt«.

Exempla

Was eine Predigt neben Gleichnissen anschwellen lassen konnte, waren *exempla*, Beispielerzählungen zur Illustration und Unterhaltung. Es gab eine ganze Reihe mittelalterlicher Sammlungen dieser lehrhaften Geschichten, die in der älteren Forschung oft als eine eigene, volkstümliche Gattung (»Predigtmärlein«) angesehen wurden. Diese »substantialistischen Gattungsvorstellungen« sowie die häufige Gegenüberstellung von Volkskultur und gelehrt-klerikaler Kultur sind in neuerer Forschung stark kritisiert worden. Es handele sich um keine eigene Gattung, sondern eine rhetorische Figur mit persuasorischer Funktion.[11]

Luther schätzte die Beispielgeschichten hoch ein. Unter Berufung auf den »hochberühmten Römer Varro« war er der Ansicht,

»das die aller beste weise zu leren sei, wenn man zu den Worten Exempel oder Beispiel gibt. Denn die selben machen, das man die rede klerlicher verstehet, auch viel leichter behelt. Sonst, wo die rede on Exempel gehört wird, [...] beweget sie doch das herz nicht so seer, ist auch nicht so klar und nicht so fest behalten. [...] Denn was die Philosophi, weise Leute und die ganze vernunft leren oder erdencken kann, [...] das gibt die Historien mit Exempeln und Geschichten gewaltigkich

[11] W. Haug/B. Wachinger (Hg.), Exempel und Exempelsammlungen. Tübingen 1991, von J. Heinzle als »unverzichtbares Standardwerk der Exempelforschung« bezeichnet in seiner Rez. in: PBB 115 (1993) 527–534, zit. 534. – H. J. Gilomen, Volkskultur und Exempelforschung. In: Modernes Mittelalter. Neue Bilder einer populären Epoche. Hg. J. Heinzle. Frankfurt/M. und Leipzig 1994, 165–208; zur Gattungsfrage ebd. 187. – E. Rehermann, Das Predigtexempel bei protestantischen Theologen des 16. und 17. Jahrhunderts. Göttingen 1977.

und stellet es gleich fur die augen, als were man dabei, und sehe es also geschehen«. (WA 50, 383,1–12)

Nacheinander finden wir die Funktionen lehren, erklären, das Verstehen fördern, im Gedächtnis fixieren, eindrücklich vor Augen stellen um dadurch – durch *evidentia* – Emotionen zu wecken. Ja, wenn man es recht bedenkt, meint Luther im folgenden, so sind aus den Historien das deliberative *genus* mit Zu- und Abraten als auch die ganze *exhortatio* erwachsen:

»Und wenn mans gründlich besinnet, so sind aus den Historien und Geschichten fast alle rechte kunst, guter rat, warnung, dräuen, schrekken, trösten, sterken, unterricht, fürsichtigkeit [Umsicht],weisheit, klugheit sampt allen tugenden etc. als aus einem lebendigen brunnen gequollen.« (Ebd. 383, 17–384, 2)

Das Exempel erfüllt demnach seine Aufgabe sowohl zum *docere* als auch zum *delectare* und *movere* und ist damit allen Teilen der Predigt dienlich. Trotz seiner mehrfachen, so eminent rhetorischen Zwecke ist es lange als rein volkstümliches, kunstloses Unterhaltungselement gewertet worden.

Wir haben ein Beispiel bei Luther (in seinen Ausführungen zu Joh 14 und 15), wo er nachdrücklich vor der Kunst des Teufels, Entzweiung unter Freunden oder Ehegatten hervorrufen zu können, warnt. Er tut es mit der Erzählung vom »Weib, das schlimmer war, als der Teufel«, die sich auch u.a. bei Hans Sachs findet. Er führt sie ein unter ausdrücklichem Hinweis auf die Fiktionalität der Geschichte: »Man lieset hievon ein exempel, das mag also ertichtet sein, doch reimet sichs recht hie zu, des Teufels kunst zu zeigen«.[12]

Überblicken wir die theoretischen Äußerungen Luthers über die Predigt allgemein und seine eigene im besonderen, ist die Übereinstimmung mit der rhetorischen Tradition beeindruckend. Das rhetorische *movere* ereignet sich im Hörer, wenn – von den Wortens des Predigers herbeigerufen – der Hei-

---

[12] WA 45, 684, 34–685, 26. Zum Stoff vgl. den »Katalog protestantischer Teufelserzählungen des 16. Jahrhunderts« von R. ALSHEIMER in: W. Brückner (Hg.), Volkserzählung und Reformation. Ein Handbuch zur Tradierung und Funktion von Erzählstoffen und Erzählliteratur im Protestantismus. Berlin 1974, 417–519, Nrr. 47, 425, 441, 491, 511, 678.

lige Geist »rhetoriziert«, das »Herz« berührt wird und der angesprochene Mensch »ihm folgt und glaubt«. Glaube vollzieht sich im Affekt.[13]

Luther hat sich oft selbstkritisch zu seinen eigenen Texten geäußert. Er sei redselig, Melanchthon dagegen beherrsche Klarkeit und Kürze. »Ich bin ein Wäscher« (TR 1, 1649). »Wäscher« wird heute mitunter als Metapher verstanden (»splashing and foaming around like someone washing clothes«), dies ist jedoch ein Mißverständnis: das Wort bedeutete zu Luthers Zeit recht und schlecht »Schwätzer«.[14] Mehrmals kritisiert Luther gerade in Briefen an Melanchthon seine eigene *verbositas.* Als er ihm am 24. August 1530 seinen »Sermon oder Predigt, daß man Kinder zur Schule halten solle« schickte, charakterisierte er ihn im Begleitbrief voller Selbstironie: »Er ist so voll von Lutherschem und Luthers Weitschweifigkeit, daß er seinen Autor nicht verleugnet, sondern deutlich anzeigt. So bin ich.« Und ein andermal: »Es wundert mich, ob ich auch früher schon so weitschweifig war, wie ich offenbar jetzt bin, aber vielleicht ist dies nur die Geschwätzigkeit des Alters.«[15]

Melanchthon war jedoch kein Prediger, sondern Lehrer, und stand nicht in der Tradition des *sermo humilis.* Für ihn war Predigen gleich Lehren, die *exhortatio* trat daneben in den Hintergrund. (Wir kommen unten auf ihn zurück.) Luthers Lage war völlig anders. Vor einem ungebildeten Publikum war das mehrmalige »Durchkneten« ein und desselben Gedankens in seinen einzelnen Bestandteilen und von verschiedenen Gesichtspunkten aus ein wichtiger und ausdrücklich anbefohlener Bestandteil der Redekunst.

---

[13] Hierzu bes. K. DOCKHORN, Zu Gadamer, Wahrheit und Methode. In: Göttingische Gelehrte Anzeigen 218 (1966) 169–206, bes. 177 f.

[14] P. MATHESON, The Rhetoric of the Reformation. Edinburgh 1998, 120. – Zu »waschen« = plaudern DWb 13, Sp. 2242 f., zu »Wäscher« = Schwätzer ebd. Sp. 2246–2249.

[15] WA Br 5, 560, 9 f.; Nr. 1693: *»plane Lutheranum et Lutheri verbositate nihil autorem suum negans, sed planissime referens. Sic sum.«* – WA Br 5, 439, 6 f.; Nr. 1623: *»Mirum, si etiam antea fui tam verbosus, ut nunc fieri mihi videor, nisi senectutis ista garrulitas sit.«*

Man darf sich durch Luthers Selbstkritik anläßlich der genannten Predigt, von der er sagt, daß er sie »mehr denn ein mal bei den unsern getan« habe (WA 30: II, 525, 26 f.), nicht dazu verleiten lassen, zu meinen, er habe drauflos geschwatzt, aus seinem reichen Vorrat hervorgeholt, was ihm gerade in den Sinn kam, um dann schließlich den Schlußstrich zu ziehen, wenn ihm nichts mehr einfiel. Ich habe diese Predigt eingehend analysiert. Es ist uns sein Konzept erhalten, aus dem die klar durchdachte Disposition eindeutig hervorgeht. Die rhetorische Vorschrift besagt, daß die beiden untereinander antithetischen Hauptteile gleich lang sein müssen. Diese Vorschrift ist es, die den zweiten Teil anschwellen läßt, mehr als es der Schreiber selbst wünschte, dem es bereits vorher zu viel geworden war. »[…] das ich dieses gewesschs ein mal ein ende mache«, »es wil mir itzt zu lang und zu viel werden« u.a.m. sind deutliche Anzeichen dafür, daß Luther zu ermüden beginnt und dem Ende zudrängt. Nicht die »Geschwätzigkeit eines alten Mannes« also verlängert diesen Text, sondern der Zwang der rhetorischen Regel![16]

Zu der Mühe, die er auf das Konzept seiner Schriften verwendete, hat sich Luther einmal im Dezember 1538 geäußert. Er war mehrere Tage sorgenvoll und bedrückt gewesen, als er sich mit den Gedanken an einen Brief an den Kardinal Albrecht zu Magdeburg trug. Als er dann anfing zu schreiben, ging es jedoch flüssig voran. Er vergleicht die Arbeit des Konzipierens mit Schwangergehen und Gebären:

> »Mit dem Konzept mühe ich mich ab (»*parturio*«, eig.: »kreiße ich«), denn ich denke über alle Argumente und einzelne Wörter genau und gründlich nach, alle in ihren einzelnen Teilen, so daß mich das Konzept solcher Bücher viel kostet.«[17]

Seine Widersacher dagegen faselten drauflos, wie es ihnen gerade einfiele.

---

[16] WA 30: II, 575, 8; 579, 11; 581, 6. – B. STOLT, *Docere* (wie o. Anm. 1) 36 f.

[17] »*In concepto parturio, nam omnia argumenta et singula verba diligenter considero, omnibus ex partibus,* das mich solcher bucher concept viel gesteht. […] *Sed papistae et adversarii nostri erumpunt et blaterant, scribunt, quidquid in mentem venit.*« TR 4, 4188.

Das in der älteren Forschung beliebte Bild des impulsiven, in zorniger Inspiration eilig dahinschreibenden Luthers, bedurfte einer gründlichen Korrektur.

Das sorgfältige lateinische Konzept der Schulpredigt habe ich in meinem Aufsatz wiedergegeben, analysiert und mit dem ausgeführten Text verglichen (47 ff.). Die einzelnen Argumente finden sich in der Tat der Reihe nach aufgelistet, antithetisch eingeteilt nach Nutz bzw. Schaden in Übereinstimmung mit der deliberativen Gattung. Für die Schlußermahnung, *peroratio*, in der dem Affekt traditionell alle Schleusen geöffnet werden,was im Konzept mit »*Horrendum*« eingeleitet wird, ist bereits ein überbietender Vergleich vorgesehen: undankbare Eltern seien schlimmer als die Einwohner Sodoms (und Gomorrhas).

Für Einzelheiten muß ich auf diesen Aufsatz verweisen. Hier seien nur einige rhetorische Figuren aufgegriffen, die so »volkstümlich« und »natürlich« wirken, daß man verstehen kann, wieso man sie, wie Luthers Stil überhaupt, nicht als rhetorisch erkannt hat. Es sind Mittel, die Langeweile zu bannen und das Publikum aufzurütteln.

Zur »aufrüttelnden Vergegenwärtigung« dienten »Figuren der Publikumszugewandtheit«: die Anrede an die Hörer/Leser (Apostrophe); damit verwandt sind die vielfältigen Formen der Frage, des fingierten Dialogs sowie die affektische *exclamatio*. Sie alle beleben die Darstellung und sollen die Zuhörer persönlich berühren.[18]

Hier seien einige *exhortatio*-Belege angeführt, in denen Luther von der Frage und der direkten Anrede gehäuften Gebrauch macht. Der ausgeführte Gedankengang war: es ist deine Schuld, wenn das geistliche Amt ausstirbt, falls du ein Kind hast, das dazu tüchtig und willig ist, und du gibst es nicht dazu her. Solchen Eltern wird das Motiv »Geiz« unterschoben. Das Bild des »Geizwanstes » baut Luther zielstrebig auf. Die Intention der Eltern, die ihr Kind »vom geistlichen Stand abziehen«, wird einseitig schwarzgefärbt durch affekthaltige Epitheta und Tiervergleiche. Nach einem allgemeinen Hinweis auf »man«,

[18] H. LAUSBERG §§ 758–779; § 271; 809. Vgl. B. STOLT, *Docere* 56, 61 ff.

wird der Hörer mit »du« angesprochen und ihm persönlich ins Gewissen geredet.

»Es ist je eine schendliche verachtung Gottes, das man solche herrliche Gottliche werck unsern kindern nicht gonnen und stecken sie allein in des Bauchs und geitzs dienst, lassen sie nichts lernen, denn narung suchen gleich wie eine seu mit der nasen immer im kot wüle« (561 f.). »[...] gibst ursach, das aus allen menschen eitel thier werden, und fresse zu letzt eins das ander, (...) wo du wissentlich dein kind von solchem heilsamem stand umb des bauchs willen zeuchst« (563).

Auf Ermahnung folgt Warnung, wieder mit direkter Anrede und gehäuften Fragen in Antwort heischender Form:

»Was meinestu, das du hie mit verdienest? Bistu auch werd, das du bey menschen wonen sollest? Was wird Gott aber dazu sagen, der dir kind und gut dazu geben hat, das du solt ihm da mit dienen?« (563 f.)

Auch der Tadel wird in eine Frage gekleidet, der Affekt verstärkt:

»Lieber, erschrickt dein hertz nicht fur solchen greulichen greuel, deiner abgotterey, gotts verachtung, undanckbarkeit, verstorunge aller beider Gottes stift und ordnung, ja, aller menschen schaden und verderbung?«

Der gezielte Gebrauch der Affekte ist augenfällig. Die etymologische Figur »greulichen greuel« sowie Häufung und Steigerung dienen der Intensivierung.

Wenn es um Warnung vor schlimmen Folgen geht, befindet sich Luther dem antiken Rhetoriker gegenüber in der überlegenen Lage, mit Höllenstrafen drohen zu können. Im folgenden Beleg wird Gott als redend eingeführt, wobei sich Luther paraphrasierend an Mt 25, 42 ff. anschließt:

»Wie willtu bestehen? wenn dich Gott am tod bette, oder jungsten gericht hie mit wird ansprechen und sagen, Ich bin hungerig, dürstig [...] gewest, und du hast mir nicht gedienet [...] Ich hatte dir auch kind und gut dazu gegeben, aber du hast mutwilliglich mich und mein reich und alle seelen lassen not leiden und verschmachten [...] Dem teuffel aber hastu seine helle helfen bauen und mehren. So wone auch nu in dem hause, das du dir gebauet hast.« (543).

Die Verwendung der Affekte wurde besonders für das deliberative Genus als notwendig erachtet. Es dürfte deutlich geworden sein, daß Luther sie nicht in spontaner Gefühlsaufwallung zu Papier brachte, sondern in sorgfältiger Abwägung und Verteilung über den Text, je nachdem, ob es sich um *docere, delectare* oder *movere* handelte. Die Analyse der »Schulpredigt« läßt den Einsatz von Dialektik und Rhetorik bis in die Einzelheiten hinein verfolgen. Bemerkenswert ist daran nicht, wie volkstümlich der gelehrte Luther sich ausdrückt, sondern wie gelehrt und rhetorisch ein volkstümlicher Text aufgebaut war, ja, daß es gerade ein ungelehrtes Publikum war, welches der damaligen Ansicht nach ganz besondere rhetorische Kunst und Sorgfalt benötigte.

Die ältere Schule hat in Luther stets und ausschließlich den großen schöpferischen Erneuerer gesehen. Hier nur ein namhafter Vertreter:

> »Luther ist besonders groß, gewaltig, epochebildend in der Geschichte der kirchlichen Beredsamkeit, nach Inhalt und Form. Wie allen großen praktischen Männern ist ihm die Beredsamkeit angeboren, so daß er in ihr schaltet und waltet ganz als schöpferisches, gesetzgebendes Genie. Er macht sich nichts aus dem homiletischen Stil des Mittelalters, sondern bildet sich neue, eigentümliche, aus dem Sprachgeiste des Volkes geschöpfte Regeln der Rede.«[19]

Daß Luthers Predigt in der Form nicht »epochebildend« war und sein Zeitalter in dieser Hinsicht keinen Bruch mit der alten Tradition bedeutet hat, läßt sich an der hohen Zahl der Drucke von Augustins Lehrbuch ablesen, dessen 4. Buch, mit dem Titel: *Ars praedicandi Sancti Augustini*, 1465 zuerst bei Johannes Mentelin in Straßburg gedruckt, laufend neuaufgelegt wurde und bis zum Ende des 17. Jahrhunderts für den Predigtstil gültig

---

[19] Th. Harnack, Geschichte und Theorie der Predigt und der Seelsorge. Erlangen 1878, 112. Ähnlich urteilt E. Hirsch, Luthers Predigtweise. In: Luther. Mitteilungen der Luthergesellschaft 1954, H. 1, 1–23. – Das Zweimalsagen ist auf innere Erregtheit Luthers, die sich » als dem deutschen Sprachtum sehr gemäße stilbildende Kraft entfaltet« habe, gewertet worden, und viel dergleichen mehr, B. Stolt, Freiheitstraktat 118 ff.

blieb, ohne daß die Reformation ihrer Beliebtheit Abbruch getan hätte.[20]

Dieses Vorurteils wegen sei zum Schluß dieses Abschnitts noch einmal auf die Tradition des *sermo humilis* zurückgekommen. Ich zitiere, wie Auerbach in seinem Artikel gleichen Namens den Stil des Hl. Augustin beschreibt:

»Die Figuren unseres Textes stammen aus der rhetorischen Schultradition, aber die Rhetorik wirkt doch einfach, sie steht ganz im Dienste pädagogischer Eindringlichkeit, und die Satzbildung, mit der sie operiert, klingt zuweilen beinahe umgangssprachlich. Es ist eine praktische Gebrauchsrhetorik der Predigt, gemischt aus Feierlich und Alltäglich, zum Zwecke des Lehrens und Mahnens. Die klingenden Isokola graben sich in das Verständnis, kindlich einfach und lehrhaft ist der lyrische Ausbruch [...] und beinahe vulgärsprachlich, gewiß aber alltäglichen Stiles ist die anaphorische Frage [...]«.[21]

Luther war diese Rhetorik zur zweiten Natur geworden. Die Voraussetzungen für einen guten Redner, die natürliche Begabung: *ingenium*, bei Quintilian: *natura*, ohne die das Studium nichts nutzte, war ihm angeboren, was ihm sehr wohl bewußt war.[22] Die Natur helfe der Kunst in hohem Maße, äußerte er einmal dazu. [23] Daß die Redekunst bei ihm »natürlich« wirkt, ist ein Beweis dafür. Die Komplexität der Verschmelzung von »volkstümlicher« Einfachheit mit gelehrter Kunstfertigkeit hat neuzeitlichen Lesern viele Rätsel aufgegeben und zu zahlreichen einseitigen Urteilen geführt. Daß das einfache Publikum sich der rhetorischen Kunstmittel der »Schulpredigt« nicht bewußt wurde, versteht sich von selbst. Die »lieben Pfarrherrn und Prediger«, an die Luther den Text schickte, dürften sie jedoch erkannt und gebührend gewürdigt haben.

---

[20] J. Dyck, *Ornatus* und *Decorum* im protestantischen Predigtstil des 17. Jahrhunderts. In: Zeitschrift für deutsches Altertum und deutsche Literatur 94 (1965) 225–236, 231. – B. Stolt, Freiheitstraktat 132 .

[21] E. Auerbach (wie o. Anm. 3) 28. Vgl. B. Stolt, Freiheitstraktat 132 ff.

[22] TR 1, 143; 68, 32. – B. Stolt, Freiheitstraktat 130. Ohne *ingenium* nutzte kein rhetorisches Studium, *Doctr. christ.* 4, III 4, 10–12; bei Quintilian entsprechend die Dialektik *natura – ars, Inst.or.* II, 17, 1. H. Lausberg § 6,4 und §§ 37–41.

[23] *»arte tamen maxime iuvatur natura«*, TR 2, 2629a; 556, 3.

5. Exkurs: Vergleich mit Melanchthon

Aus den vorangehenden Abschnitten, in denen die Bedeutung des Gefühls, *affectus*, für den Glauben und die Predigt hervorgehoben wurde, geht hervor, daß für den Rhetoriker das persönliche Temperament von großer Durchschlagskraft sein muß. Phantasie und Einfühlungsvermögen, eigene Erfahrung und vitale Ausdrucksfähigkeit, »*ipse moveatur*«: selbst ergriffen zu sein, um mitreißen zu können, all dies hängt in hohem Maße mit den psychologischen Voraussetzungen (dem »Herzen«) des Redners zusammen, anders ausgedrückt: von dem Verhältnis zwischen *affectus* und *intellectus*. Für den emotional so hochbegabten Luther, mit seiner genialen Fähigkeit, Gefühlen Ausdruck zu verleihen, Bilder und Gleichnisse zu finden, dem ein *ipse moveatur* stets nahelag, kann die Forderung nach affekthaltiger *exhortatio* kein Problem gewesen sein. Bei Melanchthon jedoch dominierte *intellectus* über *affectus*, auch wenn es an *affectus* nicht fehlte.

In ihrer theoretischen Auffassung vom »Glauben des Herzens« stimmen beide Reformatoren überein. Melanchthon geht in seinen *Loci communes* von 1521 scharf ins Gericht mit den Scholastikern, die den Glauben mit einem bloßen Fürwahrhalten der biblischen Botschaft gleichsetzten. Diese »kühle intellektuelle Zuschauerhaltung« will Melanchthon nicht einmal »Glauben« nennen, sie sei eine *fides historica*, nur eine kühle Meinung, eine *frigida opinio*. Das eigentliche Wesen des Glaubens sei dagegen ein von starkem Gefühl getragenes Vertrauen in Gottes Barmherzigkeit. Er bezeichnet dies nicht *fides*, sondern mit dem affektbezogenen Terminus *fiducia*. Die Bewirkung dieser Affekthaltung liegt nicht im Vermögen des Menschen, sondern geschieht unter dem Beistand des Heiligen Geistes.[24]

In der Theorie besteht somit eine völlige Übereinstimmung zwischen den beiden Reformatoren. In der Praxis dagegen finden wir große Unterschiede. Der innere Antrieb Melanchthons

---

[24] U. Schnell, Die homiletische Theorie Philipp Melanchthons. Hamburg 1968, 88 f.

war von dem Luthers grundverschieden. »Ich bin mir bewußt, aus keinem anderen Grund jemals Theologie getrieben zu haben, als um das Leben zu bessern«, schrieb er 1525 an seinen Freund Camerarius.[25] Er war nie Prediger, sondern Lehrer, seine Sprache war »Kathedersprache«. (Im Unterschied dazu war Luthers Sprache in allem, was er schrieb, Kanzelsprache.) Er hat nie auf einer Kanzel gestanden, war mit den *artes praedicandi* des Mittelalters nicht von frühen Mönchsjahren her vertraut, stand in keiner *sermo-humilis*-Tradition. Die Aufgabe der Predigt war für ihn in erster Linie *docere*, *doctrina*, und verdichtete und beschränkte sich mehr und mehr darauf im Laufe seines Lebens. Gelehrsamkeit gehörte für Melanchthon unabdingbar zur Frömmigkeit (*pietas et eruditio*), damit Glaube nicht in Sektierer- und Schwärmertum ausartete. Deswegen konnte die Substanz des Evangeliums in »Lehre« zusammengefaßt werden, deshalb war Lehren die Hauptaufgabe des Predigers, und dazu brauchte er sowohl Rhetorik als auch Philosophie.[26] Luther hatte andere Vorstellungen von dem Verhältnis von Glaube und Gelehrsamkeit: »Mächtiger ist die Wahrheit als die Beredsamkeit, stärker der Geist als das Talent, größer der Glaube als die Bildung«.[27]

Luther konnte sogar eine Gefahr in Melanchthons »Philosophie« sehen, die seinem Glauben hinderlich sei, da sie ihn vom Vertrauen in Gottes Weisheit und Allmacht abzöge. Dies kommt deutlich in seinen Briefen an Melanchthon von der

---

[25] CR 1, 722. Vgl. H. Scheible, Melanchthon und die Reformation. Forschungsbeiträge, hg. von G. May/R. Dekot. Mainz 1996, 180.

[26] M. H. Jung, Frömmigkeit und Theologie bei Philipp Melanchthon. Das Gebet im Leben und in der Lehre des Reformators. Tübingen 1988, 33.

[27] Luther an Unbekannt, in Polemik gegen Erasmus, WA Br 2, Nr. 499, den 28. 5. 1522: »*Potentior est veritas quam eloquentia, potior spiritus quam ingenium, maior fides quam eruditio*«. Deutsche Übersetzung von W. Maurer, Der junge Melanchthon zwischen Humanismus und Reformation Bd. 2. Göttingen 1969, 437. – Zu Melanchthons Tendenz, die Kirche als eine Art Schule zu begreifen: W. Pauck, Luther und Melanchthon. In: Luther und Melanchthon. Referate und Berichte des 2. Internationalen Kongresses für Lutherforschung. Münster 8.–13. 8. 1960. Hg. V. Vajta. Göttingen 1961, 11–31, bes. 19.

Coburg während des Augsburger Reichstags zum Ausdruck.[28]

Da sich für Melanchthon die Hauptaufgabe des Predigers auf *docere* konzentrierte, treten die Affekte zurück. Es gibt sie zwar in seiner Theorie. Er teilt den Menschen ein in zwei Teile: die Kraft, erkennen zu können, und die Kraft, durch die er entweder dem folgt oder das zurückweist, was er erkannt hat. Diese zweite Kraft nennt er bald Wille, bald Leidenschaft, bald Trieb.[29] Daß es sich in der Praxis um einen Unterschied der Temperamente handelt, geht indirekt aus Melanchthons Lehrbüchern der Rhetorik hervor. In der Theorie stimmt er mit Quintilians Auffassung von der entscheidenden Rolle der Affekte überein. Dennoch ist der Abschnitt *De affectibus* in seinem Lehrbuch *Elementa rhetorices* – das in der zweiten Hälfte des 16. Jahrhunderts als Lehrbuch der Homiletik diente – sehr kurz, dürftig und allgemein und geht nicht auf die besonderen Bedürfnisse des Predigers ein.[30] Es ist keine Rede von *ipse moveatur*, der Regel, die hinter Luthers oft wiederholter Betonung der lebendigen Erfahrung des Herzens steckte. Melanchthons Entwicklungsprozeß hierin, wie er anfänglich von Luther inspiriert, dann immer weiter abrückte von dessen Interaktion zwischen *intellectus* und *affectus*, um schließlich eine »Synthese von Cicero und Plato« zu finden, hat Karl-Heinz zur Mühlen umsichtig nachgezeichnet.[31]

Die protestantische Predigt steht stark unter dem Einfluß dieses lehrhaften, mehr dem Intellekt als dem Affekt verpflich-

---

[28] B. Stolt, Vorwürfe als Trost? Zum *officium consolandi* in Luthers Coburg-Briefen. In: Theologische Beiträge 29 (1998) 270–283.

[29] Ph. Melanchthon, *Loci communes* 1521. Lateinisch-Deutsch. Übersetzt von H. G. Pöhlmann. Gütersloh ²1997. LC I, 8f. S. 26–29.

[30] U. Schnell (wie Anm. 24) 51–53; J. Knape, Philipp Melanchthons ›Rhetorik‹. Tübingen 1993, 84f., 139f.

[31] K.-H. zur Mühlen, Melanchthons Auffassung vom Affekt in den *Loci communes* von 1521. In: Humanismus und Wittenberger Reformation. Festgabe anläßlich des 500. Geburtstages des *Praeceptor Germaniae* Philipp Melanchthon am 16. Februar 1997, hg. von M. Beyer/G. Wartenberg. Leipzig 1996, 327–336. Er baut stark auf Maurers »Der junge Melanchthon ...« auf (wie o. Anm. 27) und zitiert diesen: »Diese einzigartige Synthese von Cicero und Plato ist Melanchthons eigenstes Werk« (332).

teten Geistes. Daß der Autor ihrer wichtigsten Lehrbücher im 16. Jahrhundert selbst in seiner ureigensten Rolle nicht Geistlicher und Kanzelredner, sondern Lehrer war, hat zu einer Intellektualisierung der protestantischen Predigt geführt.[32]

Aber Rhetoriker waren beide. Wie der Unterschied in Temperament und Lebensaufgaben ihre Schriftstellerei beeinflußte, hat Luther selbst sehr anschaulich beschrieben. Er erklärt, daß und warum er selbst Melanchthons Bücher seinen eigenen vorziehe. Aus seiner dynamischen, bilderreichen Sprache geht hervor, daß der Unterschied auf der Seite der Affekte zu suchen ist: bei Luther das kämpferische Pathos, bei Melanchthon das milde, liebliche Ethos:

»Ich hab zwar selbs solche Magistri Philipps bücher lieber denn die meinen, sehe auch lieber die selben beyde im lateinischen und deudschen auff dem platz denn die meinen. Ich bin dazu geboren, das ich mit rotten und teufeln mus kriegen und zu felde ligen, darumb meiner bücher viel stürmisch und kriegisch sind. Ich mus die klötze und stemme ausrotten, dornen und hecken weg hauen, die pfützen ausfüllen und bin der grobe waldrechter, der die ban brechen und zurichten mus. Aber M. Philipps feret seuberlich und still daher, bauet und pflanzet, sehet und begeust mit lust, nach dem Gott ihm hat geben seine gaben reichlich.« (WA 30: II, 68 f.)

Damit ist eindringlich beschrieben, wie grundverschieden sich trotz aller theoretischer Übereinstimmung die Rhetorik bei den beiden Reformatoren in ihren Schriften manifestierte.

Vielleicht sollte man noch hinzufügen, daß Melanchthon nur deshalb so »säuberlich und still daher fahren« konnte, weil ihm der »grobe Waldrechter« den Weg gebahnt hatte.

---

[32] Dazu besonders R. Stupperich, Der unbekannte Melanchthon. Wirken und Denken des *Praeceptor Germaniae* in neuer Sicht. Stuttgart 1961, 136. Doch mahnt Scheible, man dürfe dabei »die suprarationale Komponente des Heiligen Geistes in seiner Theologie nicht übersehen«: Melanchthons Bildungsprogramm, in: Ders., Melanchthon und die Reformation (wie Anm. 25) 99–114, zit. 107.

IV

Die Bibelübersetzung

1. Traditionelle Übersetzungstheorie und -praxis

Theoretische Überlegungen zur Kunst des Übersetzens gibt es seit Jahrtausenden. Zu Luthers Zeit existierte eine traditionelle Übersetzungspraxis sowie eine fast schon zur Formel erstarrte Theorie. Das Zeitalter des Buchdrucks hatte ein ganz neues Lesebedürfnis von Lateinunkundigen zu befriedigen, und die Zahl der aus dem Latein übersetzten Bücher schwoll ständig an.

Das zentrale Übersetzungsproblem ist das der Treue gegenüber dem Urtext. Wie wortgetreu muß man, wie frei darf man formulieren? Besonders brennend war diese Frage bei der Übersetzung der heiligen Schriften. Der an der Ausgangssprache orientierten, wortgetreuen, »verfremdenden« Methode steht die zielsprachig orientierte, freie, adaptierende Methode gegenüber. Die Übersetzer der frühneuhochdeutschen Zeit zitierten in ihren Einleitungen eine damals stereotyp gewordene Richtschnur: ein treuer Übersetzer solle »nicht von Wort zu Wort, sondern von Sinn zu Sinn« übersetzen. Dies Ideal fußte auf Horaz' *De arte poetica*, als Autorität wurde jedoch stets Hieronymus angeführt, der in einem im ausgehenden Mittelalter viel gelesenen Brief an Pammachius »Über die beste Art zu übersetzen« gehandelt hatte. Dabei übersah man jedoch, daß Hieronymus sich viel differenzierter ausgedrückt und bei sakralen Schriften eine wortgetreue Übersetzung befürwortet hatte. Hier durfte nichts verändert, ausgelassen oder hinzugefügt werden. Wie formelhaft und zu nichts verpflichtend das besagte Zitat in Anspruch genommen wurde, geht u.a. daraus hervor, daß sich sowohl Nikolaus von Wyle als auch Heinrich Steinhöwel darauf berufen, obwohl von Wyle extrem wortgetreu, Steinhöwel dagegen frei übersetzte.[1]

---

[1] Hierzu und zum folgenden: B. STOLT, Luthers Übersetzungstheorie und Übersetzungspraxis. In: H. Junghans (Hg.), Leben und Werk Martin

Klassisch geworden ist die Formulierung Schleiermachers von 1813, der die beiden entgegengesetzten Methoden beschreibt wie folgt:

»Entweder der Übersetzer läßt den Schriftsteller möglichst in Ruhe und bewegt den Leser ihm entgegen, oder aber er läßt den Leser möglichst in Ruhe und bewegt den Schriftsteller ihm entgegen.«

Schleiermacher meint, man müsse sich für einen dieser beiden Wege entscheiden und das ganze Werk hindurch daran festhalten. Bei einem Gemisch aus Übersetzung und »Nachbildung« würde der Leser wie ein Ball zwischen seiner und der fremden Welt hin- und hergeworfen. Er selbst empfiehlt die verfremdende Methode, bei der dem Leser fremde Gefühle, Gedanken und Elemente nahegebracht werden.[2] Wie wir sehen werden, ist das Bemerkenswerte an Luthers Übersetzungsmethode jedoch gerade ein Wechseln zwischen beiden Strategien.

2. *Luthers theoretische Äußerungen zur Übersetzung*

In zwei größeren Schriften hat Luther selbst seine Übersetzungsprinzipien erläutert und zu kritischen Äußerungen über einzelne Entscheidungen Stellung genommen: in »Ein Sendbrief vom Dolmetschen [...]« (1530) und in den »Summarien über die Psalmen und Ursachen des Dolmetschens« (1531–1533).[3] Wer sich mit dem Bibelübersetzer Luther befaßt, muß vorwiegend auf diese Äußerungen zurückgreifen.

Luthers von 1526 bis 1546. Festgabe zu seinem 500. Geburtstag. Berlin 1983, Bd. 1, 214–252, Bd. 2, 797–800. – Dies., Poesie und Mythos. Übersetzungstheoretische und rezeptionsästhetische Studien zu Luthers Bibelübersetzung im Wandel der Zeiten. In: Liturgie und Dichtung. Ein interdisziplinäres Kompendium Hg. H. Becker/R. Kraczynski. St. Ottilien 1983, 1–30. – Dies., Studien zu Luthers Freiheitstraktat [...] Stockholm 1969 (= Stockholmer germanistische Forschungen 6).

[2] F. Schleiermacher, Über die verschiedenen Methoden des Übersetzens. Berlin 1813. In: H. J. Störig, Das Problem des Übersetzens. Darmstadt ²1969, 31–70; zit. 47. – Weiterführende Lit. in den oben Anm. 1 genannten Arbeiten.

[3] WA 30: II, 632–646; WA 38, 9–69. Der »Sendbrief« auch in H.-U. Delius, Martin Luther, Studienausgabe Bd. 3. Berlin 1983, 477–496.

Ihr Studium macht vor allen Dingen eins klar: Der Bibelübersetzer Luther ist stets an erster Stelle der verantwortliche Theologe. Diese Haltung, die in den genannten Schriften eine sprachtheoretisch fundierte Rechtfertigung erfährt, prägt seine Übersetzungsentscheidungen im einzelnen. Man hat seine Sprache oft als »Kanzelsprache« bezeichnet. Auch die Bibel erlebte er als gesprochenes Wort, von der Kanzel laut verlesen, in der Predigt zitiert. Der Prediger konnte an der Reaktion seiner Zuhörer unmittelbar ablesen, ob sie seiner Rede folgten oder nicht. Luther war noch von seiner Zeit als Mönch her daran gewohnt, auf der Kanzel den zunächst lateinisch verlesenen Bibeltext ins Deutsche zu übersetzen, mit Erklärungen und Erweiterungen. In dieser mündlichen Übertragungssituation war die an das Publikum angepaßte, d.h. weitgehend adaptierende Übersetzungsmethode seit langem gebräuchlich, ja, in den Vorschriften für die Prediger, den *Artes praedicandi,* ausdrücklich vorgeschrieben. Noch 1525 nimmt Luther positiv für diese Ordnung Stellung und will das Latein nicht aus dem Gottesdienst verbannen, wenn es nur übersetzt wird:

»Do her ist die gewonheyt in allen landen blieben, das man das Evangelion hart vor der predigt zu latinisch lieset [...] Aber weyl die predigt drauf balde gehet [= gleich darauf folgt], und die zunge verdeutscht und auslegt, das verwirft noch verbeut [verbietet] S. Paulus nicht, warumb solt ichs denn oder jemand verdammen?«[4]

Die Tradition und Übung der Predigt bildet den Nährboden für Luthers Bibelübersetzung, von hier bezieht er die Maßstäbe für gute und schlechte Übersetzungen, für gutes und schlechtes Deutsch. Die Gemeinde, wie sie unter seiner Kanzel sitzt, ist die Zielgruppe, die er anvisiert (*»illos observo«*, oben III, 2). Was sie versteht, wie sie sich ausdrückt, liefert ihm das Material. In einer oft zitierten Stelle heißt es:

---

[4] WA 18, 124, 22–26. – Vgl. D. ROTH, Die mittelalterliche Predigttheorie und das Manuale des Johann Ulrich Surgant. Diss. Basel 1956, 176 f. – THOMAS VON AQUIN, *De arte praedicandi,* gedruckt zu Memmingen von Albert Kunne 1483, schreibt ausdrücklich eine paraphrasierende Übersetzung vor, B. STOLT, Freiheitstraktat (wie Anm. 1) 116 f. Dort weitere Lit.

»Den man mus nicht die buchstaben in der lateinischen sprachen fragen, wie man sol Deutsch reden, [...], sondern man mus die mutter im hause, die kinder auf der gassen, den gemeinen man auf dem marckt drumb fragen, und den selbigen auf das maul sehen, wie sie reden, und darnach dolmetschen, so verstehen sie es den und mercken, das man Deutsch mit in[en] redet.«[5]

Hinter diesen Worten vernimmt man den erfolgreichen Prediger, der es gewohnt ist, seine Zuhörer zu beobachten.

Man hat dieses stark strapazierte Zitat zumeist auf den Wortschatz bezogen, der als »einfach« bzw. »volkstümlich« charakterisiert wird. Dabei wird übersehen, was besonders bezeichnend für diese Gruppe ist: man drückt sich nicht abstrakt und intellektualistisch aus, sondern konkret, farbig, gefühlsbetont und ausdruckskräftig. Damit ist der biblische Stil betroffen. Luther ging es nicht nur um intellektuelle Verständlichkeit, sondern um Kraft und Mark, um auch das Gefühl anzusprechen. Indirekt geht dies aus dem Beispiel hervor, das er dann heranzieht, ein Sprichwort: *Ex abundantia cordis os loquitur*, das mit dem Sprichwort »Wes das Herz voll ist, des geht der Mund über« wiedergegeben werden solle. Die Wahl gerade dieses Sprichwortes ist vielsagend. Wenn es um Ausdrucksstärke ging, konnte Luther sogar eine schwerverständlichere hebraisierende Ausdrucksweise einer leichter eingängigen deutschen vorziehen, wie bei der Übersetzung von Ps 68, 18 (siehe unten unter b.).

Im »Sendbrief« wie auch in den »Summarien« greift Luther eine Anzahl von übersetzungstheoretischen Problemen auf, mit denen sich die Übersetzungswissenschaft noch heute lebhaft beschäftigt, über die ein umfangreiches Schrifttum vorliegt und die noch heute längst nicht endgültig gelöst sind. Er hatte sich gegen Anklagen wegen falscher, entstellender Übersetzung von Bibelstellen zu verteidigen.

Zunächst ist festzustellen, daß Luther nirgendwo den stereotypen Übersetzerspruch »nicht von Wort zu Wort, sondern von Sinn zu Sinn« für sich in Anspruch nimmt. Er verfährt differenzierter und gibt jeweils seine Entscheidung für einzelne Stellen

---

[5] WA 30: II, 637, 17–22. – Delius 3, 486, 28–33. – Zu »Maul« oben I, 2.

an. Für »wortgetreu« bzw. »frei übersetzen« gebraucht er meistens Ausdrücke wie: »am Buchstaben haften« bzw. »die Buchstaben fahrenlassen«. Dem Prinzip »Sinn zu Sinn« kommt er nahe in einem Passus in den »Summarien«:

»Wo die wort haben mugen leiden und geben einen bessern verstand, da haben wir uns nicht lassen zwingen durch der Rabinen gemachte Grammatica zum geringern oder andern verstand, Wie denn alle Schulmeister leren, das nicht der sinn den Worten, sondern die wort dem sinn dienen und folgen sollen« (WA 38, 11, 13–17).

Wie oben (I, 5b) ausgeführt, handelt es sich bei dem »Schulmeisterspruch« um *die* Grundregel der Rhetorik: *Rem tene, verba sequentur*, um den Vorrang der »Sache« vor dem Wort. Notwendig für den Redner war vor allem eine gründliche Kenntnis der Dinge, von denen die Rede ist. In diesen Zusammenhang gehört das bereits angeführte Zitat (oben II, 4c), daß zum Bibelübersetzen »ein recht, frum, treu, vleissig, forchtsam, Christlich, geleret, erfarn, geübt hertz« gehöre.

Luther legt sich weder auf die wortgetreue noch auf die freie Übersetzungsmethode fest, sondern kombiniert beide, je nach dem Text: »... da wir die Regel gerühmet haben, das wir zu weilen die wort steif behalten, zu weilen allein den sinn gegeben haben«, schreibt er in den »Summarien« (WA 38, 17, 6 f.). Dann gibt er eine Reihe von Beispielen, wie dies »zuweilen« zu verstehen ist. Im »Sendbrief« werden die beiden entgegengesetzten technischen Verfahrensweisen folgendermaßen angeführt: »... wo etwa an einem ort [einer Bibelstelle] gelegen ist, hab ichs nach den buchstaben behalten, und bin nicht so frey davon gangen«, bzw. »Darumb mus ich hie die buchstaben faren lassen, und forschen, wie der Deutsche man solchs redet«.[6] Die Entscheidung darüber, wo »an einem ort gelegen« sei, fällt der Theologe Luther von seinem christologischen Verständnis aus.

Verba sequentur, die Worte sollen dem Sinn »dienen und folgen«, so versteht Luther den »Schulmeisterspruch«. Von der Antike bis zum Barock galt die Auffassung, daß zu jedem Gegenstand (*res*) ein ihn bezeichnendes Wort gehört, das richtig

---

6 WA 30: II, 640, 20–22 bzw. 639, 17 f. – Delius 490, 7–9 bzw. 488, 37 f.

(*proprium*, vgl. eng. »*proper*«) und angemessen (*aptum*) ist. Die Wahl des treffenden Wortes im Übersetzungsvorgang hat Luther einmal in den Tischreden so geschildert:

»*modus vertendi* (die Art des Übersetzens) ist, das man das *vocabulum* nicht zu nahe suche noch zu weit, *sed propriissime* neme *secundum quamlibet linguam*« (sondern so genau wie möglich der jeweiligen Sprache entsprechend).[7]

Das *secundum quamlibet linguam*, der Zielsprache entsprechend, ist hier von entscheidender Bedeutung. Luther zielt auf idiomatisch richtiges Deutsch ab. Dabei scheut er keine Mühe. Daß auf die »Sache« das treffende Wort von selber folgen solle, ist jedoch eher schöne Theorie:

»Ich hab mich des geflissen im dolmetzschen, das ich rein und klar teutsch geben mochte. Und ist uns wol oft begegnet, das wir viertzehen tage, drei, vier wochen haben ein einiges wort gesucht und gefragt, habens dennoch zu weilen nicht funden«. [8]

Was Luther mit »reinem und klarem Deutsch« meint, führt er im folgenden aus. Damals kannte die Sprachwissenschaft noch nicht die heutige Unterscheidung seit de Saussure von *langue*, Sprachsystem, und *parole*, Rede. In seinen Ausführungen im »Sendbrief« finden wir jedoch bemerkenswerterweise beide Aspekte von »Sprache« bereits berücksichtigt. *Langue* finden wir im folgenden:

»Das ist aber die art unser deutschen sprache [...] obs gleich die lateinische oder kriechische sprach nicht thut, so thuts doch die deutsche, und ist ihr art, das sie das wort ›allein‹ hinzu setzt«.[9]

Schlechte Übersetzungen werden verurteilt nach dem Maßstab, ein Deutscher würde so nicht sprechen (*parole*): »Was ist aber das für Deutsch? Welcher deutscher redet also...?« »Das kan kein deutscher sagen«, oder er würde es nicht verstehen: »Ist das

---

[7] TR 2, 2771a. Zum *proprium* bei Luther s. B. Stolt, Freiheitstraktat (wie Anm. 1) 129, zum *aptum* ebd. 127f. und H. Junghans, Rhetorische Bemerkungen Luthers in seinen »*dictata super Psalterium*«. In: Theologische Versuche VIII, Berlin 1977, 97–128, 119.

[8] WA 30: II, 636, 15–18. – Delius 485, 10–13.

[9] WA 30: II, 637, 4f. 11–13. – Delius 486, 15, 22–24.

deutsch geredt? Welcher deutscher verstehet solchs?«[10] Erst Chomsky sollte in unserem Jahrhundert die Sprachkompetenz des »native speaker«, der Luther eine so ausschlaggebende Rolle beimißt, zu gleichen Rang und Würden erheben.

Wie Luther es anfängt, das »reine und klare Deutsch« zu finden, darüber gibt er in den »Summarien« Aufschluß:

»Wer Deudsch reden wil, der mus nicht der Ebreischen wort weise führen, sondern mus darauf sehen, wenn er den Ebreischen man verstehet, das er den sinn fasse und dencke also: Lieber, wie redet der Deudsche man in solchem fall?« (WA 38, 11, 27–30)

Hier beschreibt Luther erstaunlich genau die drei Phasen des Übersetzungsvorgangs: zunächst das linguistische Textverständnis, das vom lexikalischen Wortverständnis aus zum Erfassen des Satz- und Textsinnes, des »Gemeinten« voranschreitet; danach folgt die Neuformulierung in der Zielsprache. Bemerkenswert bei diesem Schritt ist die pragmatische Komponente: wie drückt sich ein Deutscher *in solchem Fall* aus? Die moderne Übersetzungswissenschaft spricht vom »Situationskontext«: es gilt, sich in die Redesituation hineinzuversetzen und von dort aus den idiomatisch richtigen Ausdruck zu finden.

Dieser Rat Luthers ist völlig modern. Man kann seine genaue Entsprechung an heutigen Dolmetscher- und Übersetzerinstituten finden. In einem Vortrag beschreibt Danica Seleskovitch, Professorin und Leiterin der Forschungsabteilung der École Supérieure d'Interprètes et de Traductuers der Sorbonne, wie sie lange vergeblich nach einer guten Übersetzung eines Ausdrucks gesucht habe, bis sie sich eine konkrete Situation vorgestellt habe: »The words took care of themselves in my own mother tongue, as soon as I thought of a real life occurrence«. Dem Vortrag vorangestellt ist ein Motto: »Take care of the sense and the sounds will take care of themselves« von Lewis Carroll, das ohne Kenntnis seines antiken Vorbildes angeführt wird.[11] – Luther gab genau den gleichen Rat 450 Jahre zuvor.

---

[10] WA 30: II, 637, 26 f.; 638,1 f. – Delius 487, 13 f.; 486, 36 f.; 487,1 f.

[11] D. SELESKOVITCH, Why interpreting is not tantamount to translating languages. In: The Incorporated Linguist 16:2 (/1977) 27–33.

Im »Sendbrief« verteidigt Luther zwei Textstellen seiner Bibelübersetzung: Röm 3, 28: »allein durch den Glauben« und Lk 1, 28: »Gegrüßet seist du, Maria, du holdselige.« Hatte er bei der ersten Stelle vor allem die »Art der deutschen Sprache« betont, die ein Hinzufügen von »allein« nötig mache, damit der Text eindeutig und deutlich würde, so findet man das pragmatische Verfahren bei der zweiten Textstelle befolgt.

Auf diese Übersetzung müssen wir näher eingehen. Nicht nur, daß sie heftig umkämpft wurde – das »Ave Maria« wurde ja täglich gebetet –, sondern auch, weil sie den Zusammenprall zweier Interpretations- und damit Übersetzungsmethoden sehr instruktiv beleuchtet.

a. *»Allein den Sinn geben«*

»Ave Maria, gratia plena«

Als die Humanisten des 15. Jahrhunderts, mit Lorenzo Valla an der Spitze[12], erklärten, nur der Hebräisch- und Griechischkundige habe das Recht, die Heilige Schrift zu interpretieren, war dies eine Ungültigerklärung einer Mehrzahl traditioneller, von der Kirche sanktionierter Bibelauslegungen, da diese von der lateinischen Vulgata ausgingen.

Im Gruß des Erzengels Gabriel, auf latein: *Ave Maria, gratia plena,* war *gratia plena* traditionell übersetzt worden: »voll Gnaden«. Luther jedoch hatte es übersetzt mit »du holdselige«, und er erklärte im »Sendbrief«, kein Deutscher sage oder verstehe »voll Gnaden«, sondern er müsse dabei an ein Faß voll Bier oder einen Beutel voller Geld denken.[13] Dies hatte heftigen Protest erregt. Sein Gegner Hieronymus Emser schrieb:

»[...] do der Ertzengel Gabriel zu Maria sagt Ave gratia plena. Gegrüßt seyest du vol gnaden, Teutschet Luther dise wort auf gut bulerisch nämlich Gegrüßet seyest du holdselige. Wiewol nu gratia zu weylen

---

[12] L. Valla, *In Latinam Novi Testamenti Interpretationem [...] Adnotationes*, hg. von Erasmus, Paris 1515. – W. Schwarz, Principles and Problems of Biblical Translation. Some reformation controversies and their background. Cambridge 1955, 61 ff.

[13] WA 30: II, 638, 13–20. – Delius 487, 24– 488, 4.

ouch huld heyßt oder gunst die einer bei den leuten hat, und gratiosus holdselig, so hat doch der engel hie nit geredt von menschlicher huld, sonder von der gnad gotes, und Maria die ehr und wirdigkeit/das sie werden solt ein mutter gottes, nit auß menschlicher holdseligkeyt/ sonder auß gottes gnaden gehabt. Derhalben wir diß orts nit du holdselige/sonder du vol genaden lesen/und beten sollen. Dann die gnaden die Eva vorschütt [verwirkt] hat Maria uns wider erholet/und ist die maledeyung Eve/in die benedeyung Marie bekert worden.«[14]

Die Kirche hatte ein für alle Mal festgelegt, wie diese Stelle zu interpretieren sei, in Übereinstimmung mit dem Dogma und der Typologie[15], und eine Infragestellung dieser Lesart kam der Lästerung nahe.

Luther geht einen völlig anderen Weg, den humanistischen Weg *ad fontes*. Er bleibt dabei nicht beim Griechischen des Lukas stehen, sondern sucht noch weiter zurück zu dringen. Der Erzengel ist in seiner Diskussion eine so konkrete Gestalt, daß man ihn wie eine Person von Fleisch und Blut zu vernehmen meint. Luther fragt, wie er sich für gewöhnlich ausdrücke, wenn er in Gottes Auftrag einen Menschen begrüßt. Es ist ihm selbstverständlich, daß der Engel die Sprache des Paradieses, Hebräisch, mit Maria gesprochen hat, und daß der Evangelist Lukas, laut Luther ein Meister der hebräischen und der griechischen Sprache, den Gruß ins Griechische übersetzt hat. Um zum hebräischen Ursprungsgruß zu gelangen, nutzt Luther die Konkordanzmethode: Er sucht im Alten Testament entsprechende Textstellen auf und findet sie im Buch des Propheten Daniel. Dreimal begrüßt der Erzengel den Propheten (9, 23; 10, 11. 19), jedesmal mit dem gleichen Ausdruck, von Luther transkribiert als *»Hamudoth«, »Isch Hamudoth«*. Dies, meint

---

[14] H. Emser, Auß was gründ und ursach Luthers dolmatschung/uber das nawe testament/dem gemeinen man billich vorbotten worden sey [...] Getruckt zu Leypßgk durch Wolffgang Stöckel 1523. Hier zitiert nach K. Bischoff (Hg.), Martin Luther: Sendbrief vom Dolmetschen. Halle ^{2}1957, 38.

[15] Vgl. zum typologischen Denken bei Luther B. Stolt, Wortkampf. Frühneuhochdeutsche Studien zur rhetorischen Praxis. Frankfurt/Main 1974 (=Respublica literaria 8 und Stockholmer germanistische Forschungen 13), 113 ff.

Luther, habe Lukas mit dem griechischen *kecharitomeni* wiedergeben wollen,

»Und denck mir, der Engel Gabriel habe mit Maria geredt, wie er mit Daniel redet, und nennet ihn Hamudoth und Isch Hamudoth, vir desideriorum, das ist, du lieber Daniel. Denn das ist Gabrielis weise zu reden, wie wir im Daniel sehen.«[16]

Luther ist sich völlig im klaren darüber, daß man es hier mit einem sprachlichen Begrüßungsritual zu tun hat, und daß sich Sprachen und Kulturen darin unterscheiden, sodaß man von der pragmatischen Situation und nicht vom Wortlaut ausgehen muß. Im folgenden führt er ironisch aus, wie irreführend es wäre, wenn er die lateinische Entsprechung *vir desideriorum* wortgetreu ins Deutsche übersetzen würde: »Du Mann der Begierden«, oder »Du Mann der Lüste«. Daher müsse er hier »die Buchstaben fahren lassen« und fragen, wie sich ein Deutscher in dieser Situation ausdrückt.

»So finde ich, das der deutsche man also spricht, Du lieber Daniel, du liebe Maria, oder du holdselige magd, du niedliche junckfrau, du zartes weib, und der gleichen. Denn wer dolmetzschen wil, mus grossen vorrath von worten haben, das er die wal könne haben, wo eins an allen orten nicht lauten [passen] will.«[17]

Mit dieser Methode trifft Luther genau den Sinn der Textstelle. Dies erklärt auch, warum er am liebsten »Du liebe Maria« geschrieben hätte, wie er fortfährt, denn das wäre, was der Engel meine mit seinen Worten, und so hätte er gesagt, wenn er sie auf deutsch hätte grüßen wollen. Daran schließt er Betrachtungen über das deutsche Wort »liebe«, auf die wir später zurückkommen werden (unten 3b).

In dieser Übersetzungsdiskussion zeigt sich Luther in seiner ganzen Spannweite: gleichzeitig traditionsverhaftet, humanistisch und modern. In der konkreten Engelsvorstellung ent-

---

[16] WA 30: II, 639, 4–9. – Delius 488, 24–28.

[17] Ebd. 639, 10–23, bzw. 488, 30–489, 3. Laut S. Raeder hat Luther damit den Sinn der Textstelle genau getroffen, siehe Ders., Voraussetzungen und Methode von Luthers Bibelübersetzung. In: Geist und Geschichte der Reformation. FS H. Rückert. Berlin 1966, 152–178, 159.

spricht er spätmittelalterlicher Denkweise, im hermeneutischen Vorgehen humanistischer Textwissenschaft, in der pragmatischen Übersetzungsmethode, mit Berücksichtigung von Situationskontext, persönlichem Idiom (des Erzengels, »Gabrielis Weise zu reden«!) und Sprachritualen sowie in seiner Berücksichtigung von »Sprache« als Rede bzw. System (»art«) und der Unterscheidung zwischen Bedeutung, Bezeichnung und Sinn steht er auf der Höhe der Sprach- und Übersetzungswissenschaft des ausgehenden 20. Jahrhunderts.[18]

Indem Luther die umstrittenen Übersetzungen »allein durch den Glauben« bzw. »du holdselige« damit begründet, dies sei »die Art der deutschen Sprache«, bzw. so spräche/das verstehe ein Deutscher, kann der Eindruck entstehen, er habe philologische Gesichtspunkte vor exegetische gestellt. Dies wäre jedoch ein Trugschluß. Man darf nicht vergessen, daß bei Luther *res* an erster Stelle steht. Die Betonung des »Sinnes« setzt voraus, daß Luther den Text zu allererst vom theologischen Verständnis her interpretiert. Für »holdselig« hat Werner Schwarz nachgewiesen, daß Luther hier der »grammatischen« Deutung des Erasmus gefolgt ist. Die im »Sendbrief« angegebenen sprachlichen Gründe sind alle sekundärer Natur, ausschlaggebend waren die theologischen. Zur gleichen Auffassung sind zahlreiche Forscher gelangt.[19] Nur theologische Gründe diktierten seine Entscheidung, wann wortgetreu bzw. frei zu übersetzen war. »Das

---

[18] D. Hartmann, Begrüßungen und Begrüßungsrituale. Überlegungen zu Verwendungsweisen sprachlicher Symbolik in kommunikativen Handlungsmustern. In: Zs. f. germanistische Linguistik 1:2 (1973) 133–162. – Zu »Sinn«: E. Coseriu, Die Lage in der Linguistik. Innsbruck 1973, 9 (= Innsbrucker Beiträge zur Sprachwissenschaft, Vorträge 9). – Zu Anrederitualen: E. Weingarten (Hg.), Ethnomethodologie: Beiträge zu einer Soziologie des Alltagslebens. Frankfurt/M. 1976. – Vgl. B. Stolt, Kulturbarrieren als Verständnisproblem. In: Dies., Textgestaltung – Textverständnis. Stockholm 1990, 55–83 (= Stockholmer germanistische Forschungen 42) 60–66.

[19] W. Schwarz, Examples of Luther's biblical translation. In: The journal of theological studies 6 (Oxford 1955), 199–209. Hinweis auf Erasmus auch bei H. Bluhm, Luther's translation and interpretation of the AVE MARIA. In: JEGP 51 (1952) 196–211, 198. – S. Hahn, Luthers Übersetzungsweise im Septembertestament von 1522. Hamburg 1973, 4–25 (= Hamburger philologische Studien 29), 244.

[er]zwinget die sache selb, neben der sprachen art«, sagt er zu »Allein«, und faßt seine Ausführungen abschließend zusammen:

»Weil nu die sache im grund selbs fordert, das man sage, Allein der glaub macht gerecht, Und unser deutschen sprachen art, die solchs auch lernt also aus zu sprechen [...]«.[20]

Eindeutig steht die »Sache«, *res*, vor der Sprache.

Im »Sendbrief« geht es um Übersetzungen des Neuen Testaments, also aus dem Griechischen, wobei das Hebräische nur gelegentlich zum Vergleich herangezogen wurde. Die in den »Summarien über die Psalmen« geführte Diskussion behandelt teilweise etwas andere Probleme, die in der Art der hebräischen Sprache begründet waren. Auch bei der Psalterübersetzung kombinierte Luther beide Methoden, wie er es beschreibt: »das wir zuweilen die wort steiff behalten, zu weilen allein den sinn gegeben haben« (WA 38, 17, 7 f.). Ausschlaggebend für die Wahl waren auch hier theologische Gründe, doch bereitete besonders die Bildersprache des Hebräischen Schwierigkeiten. Sie macht noch heute eine Crux für die Übersetzer aus. Besonders im 68. Psalm hat Luther oft frei übersetzt, was er selbst als »gewagt« bezeichnet: »Abermals Psalm LXVIII haben wir viel gewagt und oft den sinn gegeben und die wort faren lassen« (WA 38, 11, 23). Viele Bilder werden in der abendländischen Kultur nicht mehr oder völlig falsch verstanden. In Luthers Übersetzertätigkeit läßt sich eine Hinwendung zu einer stärker adaptierenden Methode beobachten, die parallel zu seiner sprachlichen Entwicklung verlief, indem er einerseits immer tiefer in die hebräische Sprache eindrang, andererseits die deutsche immer meisterhafter beherrschte. So schreibt er selbst im Nachwort 1531: »Denn der vorige deutsche Psalter ist an vielen Orten dem Ebräischen näher und dem Deutschen ferner. Dieser ist dem Deutschen näher und dem Ebräischen ferner.«[21] Zur Illustration dieser Schwierigkeit gibt Luther ein Beispiel aus Ps 63, 6:

---

[20] WA 30: II, 641, 12 f.; 643, 1 f. – Delius 491, 3; 493, 1 f.

[21] WA Bi 10: I, 590, 38–48. – Bi Volz I, 91*. Vgl. O. Reichert, Der Deutsch Psalter D. Luthers zu Wittenberg 1531–1931. In: Lutherjahrbuch 13 (1931) 29–68, 34.

»Laß meine Seele voll werden wie mit Schmalz und Fettem, daß mein Mund mit fröhlichen Lippen rühme«. Mit »Schmalz und Fett« meinen die Hebräer Freude, erklärt Luther, aber weil kein Deutscher dies verstehe, habe er diese Worte »fahren lassen« und statt dessen klares Deutsch gegeben: »Das were meines hertzen freude und wonne« (WA 38, 10, 21–28). Dies Verfahren, nur den eigentlichen Sinn eines heute unverständlichen Bildes wiederzugeben, ist auch heute gang und gäbe. Weder theoretisch noch praktisch ist man mit der Lösung des Problems weitergekommen als Luther.[22]

b. »Die Worte steif behalten«

Für das andere Verfahren, an einem Bild oder einer dem Deutschen befremdlichen Ausdrucksweise festzuhalten, gibt Luther zwei Gründe an:

1. eine im Grundtext dunkle Stelle könne unterschiedlich ausgelegt werden, wie Ps 91, 5:

»Das du nicht erschrecken müssest fur dem grauen des nachts, fur den pfeilen, so des tages fliegen, fur der pestilenz, die im finstern schleicht, fur der seuche, die am mittage verderbet«.

Diese Bilder könnten unterschiedlich ausgelegt werden, meint Luther, und darum möchte er dem selbständigen Bibelleser keine interpretatorische Festlegung aufzwingen (WA 38, 13, 22–30).

2. Die hebräische Sprache ist ausdrucksstärker und eindringlicher. Hier wird ein Hebraismus von Luther bewußt als ein Stilmittel eingesetzt, und interessanterweise verläßt er hier sein Prinzip, der »Art der deutschen Sprache« bzw. »so sagt der deutsche Mann« zu folgen. Das Beispiel ist häufig zitiert worden. Es geht um Ps 68, 19: »Du bist in die Höhe gefahren/und hast das Gefängnis gefangen«. Hier wäre es wohl gutes Deutsch gewesen, zu schreiben: »du hast die Gefangenen erlöst«, meint Luther.

---

[22] Vgl. (u.a.) J. De Waard, Biblical metaphors and their translation. In: The Bible translator 25 (1974) 107–116; M. B. Dagut, Can »metaphor« be translated? In: Babel 22 (1976) 21–33.

»Aber es ist zu schwach und gibt nicht den feinen reichen sinn, welcher in dem Ebreischen ist [...] Welchs nicht allein zu verstehen gibt, das Christus die gefangen erledigt [erlöst] hat, Sondern auch das gefengnis also weggefurt und gefangen, daß es uns nimmer mehr widderumb fangen kan noch sol, und ist so viel als eine ewige erlösung.[...] Darumb müssen wir zu ehren solcher lere und zu trost unsers gewissens solche wort behalten, gewonen und also der Ebreischen sprachen raum lassen, wo sie es besser macht, denn unser Deudsche thun kan« (WA 38, 13, 5–12, 18–21).

Luther stellt somit auch Ansprüche an den Bibelleser: »Zum Trost unseres Gewissens« müssen wir auch sprachlich hinzulernen und uns an fremde Ausdrucksweise gewöhnen. Er hat zwar dem deutschen »gemeinen Mann auf's Maul geschaut«, er hat ihm aber nicht nach dem Munde geredet. Luthers Bibel spricht keine eingängige Massensprache. Er hat hier »stracks den worten nach gedolmetscht«, was bedeutet, daß es ihm an dieser Stelle besonders gelegen war. In seiner ganzen Argumentation, die hier nicht *in extenso* angeführt wurde, geht es ausschließlich um den Sinn der Textstelle. Daß Luther an dem hebräischen Wortlaut festhält, ist ein Beispiel dafür, wie er »die Worte dem Sinn folgen läßt«, indem die hebräische Wendung das Gemeinte stärker und reicher, d.h. eindrucksvoller ausdrückt als die idiomatische deutsche Wendung, die im Vergleich als zu »schwach«, d.h. zu blaß und nichtssagend empfunden wird. Wir haben hier einen zum Nachdenken zwingenden »Verfremdungsefffekt«.

Ein weiterer Hebraismus, der entgegen der Grammatik des Deutschen in Luthers Bibelsprache eingeführt wird, und damit auch Luthers Regel, idiomatisches Deutsch anzustreben, widerspricht, ist die Partikel »Siehe«, die unten unter »Sakralstilistik« (Punkt 4) behandelt wird.

3. Die Praxis: Intellectus et affectus in Luthers Übersetzung

»Daß man die wort recht faß und den affect und fuls im hertzen; die das nit konnen thun, den ists verbotten zu lesen« – dies oben (II, 4c) angeführte Zitat aus der Genesisvorlesung über die Voraussetzung für eine angemessene, verständnisvolle Bibellektüre sei noch einmal ins Gedächtnis gerufen, zusammen mit der Auffassung vom »Herzen« als »*intellectus et affectus*«. Wir konzentrieren uns zunächst auf die intellektuelle Seite des »die Worte recht Erfassens« im Übersetzungsprozeß.

a. »*Daß man die wort recht faß*«

Es ist oben bereits wiederholt darauf hingewiesen worden, daß Luthers Bibelübersetzung in hohem Maße mit moderner wissenschaftlicher Methode übereinstimmt. Dies gilt auch für die praktische Arbeit, die interdisziplinäre Zusammenarbeit mit anderen Fachwissenschaftlern, die dem entsprach, was wir heute *team-work* nennen. In Sitzungen mit anderen Gelehrten bewältigte er zahlreiche Probleme. Uns ist nicht nur Luthers dabei benutztes Handexemplar der Bibel mit allen seinen Notizen und Streichungen erhalten, sondern sogar die Protokolle der Sitzungen, geschrieben von dem getreuen Sekretär Georg Rörer. Deren Lektüre kann das Gefühl eingeben, an einem modernen Universitätsseminar auf hohem Niveau teilzunehmen.[23] Erhalten ist uns außerdem die Schilderung eines Zeitgenossen, Johannes Mathesius, der, obwohl wahrscheinlich nicht selber anwesend, darüber gut unterrichtet war. Aus dieser Schilderung soll hier in modernisierter Form zitiert werden, um zu illustrieren, mit wie großer Umsicht und intellektueller Mühe der *sensus* des Textes ermittelt und festgelegt wurde.

Es handelt sich um die Sitzungen von 1539–1541. Man war bei der Revision der ersten vollständigen deutschen Bibel von 1531 und mühte sich mit dem Hebräischen des Alten Testaments ab. Mathesius zählt die Gelehrten auf, die Luther einmal wöchentlich »etliche Stunden vor dem Abendessen« um sich versammelte: Bugenhagen, Jonas, Cruciger, Melanchthon, Aurogallus, Rörer (»der Corrector«), oft dazu gelehrte Gäste wie Ziegler und Forster.[24] Ziegler war Professor für Hebräisch in Leipzig.

---

[23] WA Bi 3 und Bi 4.

[24] Johannes Mathesius Ausgewählte Werke, Hg. G. Loesche, Bd. 3.

Mathesius' Bezeichnung für Luther ist »Doctor«.

»Wenn nun der Doctor im Voraus die gedruckte Bibel studiert hatte, und sich dazu bei Juden und anderen Sprachgelehrten erkundigt hatte, – wie er sich einmal von einem deutschen Schlachter etliche Schafe zerlegen und sich die Namen der einzelnen Teile mitteilen ließ –, kam der Doctor in das Consistorium mit seiner alten lateinischen [der Vulgata] und der neuen deutschen Bibel; dabei hatte er auch stets den hebräischen Text. Herr Philippus [Melanchthon] brachte den griechischen Text [= die Septuaginta], Doctor Creutziger neben der hebräischen auch die caldeische [= aramäische] Bibel. Die Professoren hatten ihre Rabbiner bei sich [= die Textkommentare der jüdischen Schriftgelehrten], D. Pommer [Bugenhagen] hatte auch einen lateinischen Text vor sich, den er sehr gut beherrschte. Jeder hatte sich zuvor auf den zur Diskussion stehenden Text gut vorbereitet und die dazugehörigen griechischen, lateinischen und jüdischen Kommentare studiert. Daraufhin stellte der Vorsitzende [= Luther] einen Text zur Diskussion und ließ das Wort reihumgehen, und hörte was jeder dazu zu sagen hatte, nach der Eigenschaft der Sprache oder nach der Auslegung der alten Doctoren.

Wunderschöne und lehrhafte Reden sollen bei dieser Arbeit gefallen sein...«. (315 f.)

Diese Schilderung gibt nicht nur einen Einblick in die wissenschaftlichen, gemeinsamen Anstrengungen auf hohem intellektuellem Niveau, sondern auch die Mühen, die mit dem Finden des richtigen Wortes, *verbum proprium*, verbunden waren, und von denen Luther, wie oben zitiert, sagte, er und seine Mitarbeiter hätten mitunter drei, vier Wochen und zuweilen vergeblich danach suchen müssen. Die Anekdote mit dem Schlachter, der Luther die Bezeichnungen des Schafes lehren mußte (für die Opferstellen im AT), ist nur ein Beispiel für viele. Es standen Luther ja nicht die gleichen lexikalischen Hilfsmittel zur Verfügung, wie es heute der Fall ist. Es gibt auch Briefe, in denen er um Wörter bittet. Beispielsweise schrieb er am 12. 12. 1522 an Spalatin und bat um Beschreibungen und Namen von verschiedenen Tieren, besonders von Raubvögeln wie Geier, Habicht, Sperber, und Nachtvögeln wie Eule, Uhu, Nachtraben, die er

Prag 1898. Dazu H. Volz, Die Lutherpredigten des Johannes Mathesius. Leipzig 1930, bes. 190 ff. (= QF XII).

nicht recht unterscheiden könnte. Im Griechischen, Lateinischen und Hebräischen herrsche eine große Verwirrung (WA Br 2, Nr. 556). Als er mit dem Text vom Tempelbau Salomos arbeitete, suchte er Handwerker in ihrer Werkstatt auf und lernte von ihnen die Namen und den Anwendungsbereich ihrer Werkzeuge. Bei der Übersetzung der Apokalypse sind es die Juwelen des Neuen Jerusalem, die ihm Probleme bereiteten. Hier begnügt sich Luther nicht mit ihren Namen, er schreibt an den Hof und bittet, Exemplare aus der Schatzkammer des Kurfürsten mit einem Kurier zugestellt zu bekommen. Er wollte selbst ihre Farben und Leuchtkraft sehen, um mit dem Wort eine konkrete Vorstellung verbinden zu können.

Unauflöslich sind *res* und *verba* miteinander verquickt, und der Vorrang von *res* geht eindeutig hervor. Daß Luthers Sprache so konkret und anschaulich ist, hängt eng mit seinem Bestreben zusammen, mit den Worten, die er gebrauchte, selbst eine konkrete Vorstellung zu verbinden.

b. »...und den affect«

War Luthers Bibelübersetzung einerseits »modern«, unterschied er sich andererseits in einem Punkte von heutigen wissenschaftlichen Übersetzern: in der kritischen Distanz zum Text, die heute als unabdingbare Forderung an die damit befaßten Philologen und Theologen besteht. Von einer solchen Distanz ist bei Luther nichts zu spüren. Die Bibel war für ihn nicht »Text«, sondern Gottes heiliges, gesprochenes, ihn persönlich ins Mark treffendes Wort. Er hatte ein ganz persönliches, besser: intimes Verhältnis zu vielen Bibelbüchern, Lieblingstexte, und andere, die er nicht so hoch schätzte. In den Vorworten hat er über seine jeweilige Einstellung Rechenschaft gegeben. Aber auch die Revisionsprotokolle legen darüber reichlich Zeugnis ab. Das innige Verhältnis zu etlichen Texten geht unter anderem aus der häufigen Anwendung von Diminutiven hervor. In den Tischreden gebraucht Luther die Koseform besonders dann, wenn er auf seine Kinder zu sprechen kommt, besonders das zärtlich geliebte Lenichen. Bei den Bearbeitungen der Psalmen häufen sich die Belege. So heißt es beispielsweise zu Ps 17: »Dis ist ein fein pselmichen, Und mein gebetlin« Zu Ps 56: »ist zu mal ein fein pselmichen, habs seer lieb«. »Versichen«, »gute textichen«, »ein fein kurtz dingechen« – die Beispiele ließen sich leicht vermehren.[25] Sie alle legen von Luthers persönlich betroffener Einstellung dem Bibeltext gegenüber ein beredtes Zeugnis ab. Das beeindruckendste Beispiel steht jedoch in den Tischreden. Dort sagt Luther vom Galaterbrief: »*Epistola ad Galatas* ist mein epistelcha, der ich mir vertraut hab. Ist mein Keth von Bor« (1, 146). Diese wenigen Worte werfen ein Schlaglicht sowohl auf Luthers Verhältnis zum Galaterbrief wie auf sein Verhältnis zu seiner Ehefrau. Wärme, Geborgenheit, Vertrauen und Hochachtung sprechen aus diesem Vergleich. Das Verhältnis zu diesem Paulusbrief ist in gleichem Maße intellektuell und emotional.

Mit dieser Grundhaltung der Bibel gegenüber nimmt es nicht wunder, daß Luther der emotionalen Seite des Textes große Sorgfalt widmet. Luther war ein gefühlsmäßig reich ausgestatteter Mensch, mit einer genialen Fähigkeit, Gefühlen Ausdruck zu verleihen. Die sprachlichen Mittel, die ihm dabei zur Verfügung stehen, sind vielfältiger Art. Außer den bereits genannten Diminutiven auf -chen finden wir Ausdrücke mit »Herz«, oft als dynamische Beschreibung (»das Herz öffnen und den Grund heraus schütten«), Bilder, Vergleiche, Metaphern, Wortfiguren, Häufung und Steigerung, mithin das ganze Arsenal der Rhetorik für die Erweckung von Ethos und Pathos. Wenn er im »Sendbrief vom Dolmetschen« schreibt, am liebsten hätte er im Engelsgruß für *gratia plena* »du liebe Maria« geschrieben, bleibt er nicht bei den philologischen Ausführungen über unterschiedliche Begrüßungsrituale stehen, sondern fügt Betrachtungen über das deutsche Wort »liebe« hinzu:

»Und ich weis nicht, ob man das wort ›liebe‹ auch so hertzlich und gnugsam in Lateinischer oder andern sprachen reden müg, das also dringe und klinge ins hertz, durch alle sinne, wie es thut in unser sprache« (WA 30: II, 638 f.; Delius 488, 20–24.)

---

[25] WA Bi 3, XL, 24; 59, 25 u. 30; 24, 6 f.; 58, 11; passim.

»Daß es dringe und klinge ins Herz, durch alle Sinne« ist Luthers meisterhafte Formulierung für das, was wir heute in der Sprachwissenschaft »emotive Sprachwirkung« nennen. Die moderne Mehrsprachigkeitsforschung hat gelehrt, daß die Muttersprache eines Menschen viel enger mit seinem Gefühlsleben verknüpft ist als später erlernte Fremdsprachen. Dies steht völlig im Einklang mit Luthers Beobachtung. Wieviel intellektuelle Mühe Luther auch auf die emotionale Seite des Bibeltextes verwendete, mit dem Sich-in- den-Text-Hineinfühlen als erste Voraussetzung, geht eindrücklich auch aus den Bibelkommentaren hervor.

Erst in den letzten Jahrzehnten hat man bemerkt[26], was Luther bereits mit dem oben zitierten Ausspruch, Worte *und Affekt* seien recht zu erfassen und »im Herzen zu fühlen«, festhält: für das richtige Verständnis eines Textes ist die korrekte Erfassung sowohl des gedanklichen (intellektuellen, kognitiven) als auch des emotionalen Inhalts vonnöten. Dabei ist die emotionale Komponente oft ausschlaggebend: sie betrifft nicht, was gesagt wird, sondern, wie es gemeint ist und verstanden werden will, mit anderen Worten: um welchen Sprechakt es sich handelt. Wie oft haben wir selbst jedes Wort eines anderen verstanden, und müssen dennoch nachfragen: »Wie meinst du das?« »Warum sagst du mir das?« »Ist das dein Ernst?« »Soll das ein Scherz sein?« Und wie oft haben wir nicht selbst irritiert gesagt: »Aber so war das doch gar nicht gemeint!« Die Unsicherheit darüber, ob ein Ausspruch als Bitte oder Vorwurf, Lob oder Ironie, reine Information, Warnung oder gar Drohung gemeint ist, kann den gesamten Kommunikationsprozeß gefährden.

Um ein Beispiel aus der Bibel anzuführen: Im Weihnachtsevangelium beginnt der Engel seine Worte an die Hirten mit einer Instruktion, wie sie gefühlsmäßig aufgenommen werden sollten: »Fürchtet euch nicht, denn siehe, ich verkündige euch große Freude«. Erst nachdem die Hirten über den emotiven Inhalt des Kommenden informiert und gefühlsmäßig auf den Sprechakt: eine frohe Botschaft eingestellt waren, folgte die eigentliche Kundgebung.

---

26 Vgl. oben I, Anm. 36.

Studiert man Luthers Bibelkommentare, ist es auffällig, wie oft er bei dem emotiven Grundton der Vorlage verharrt, wie er sich in den Text hineinfühlt und seine Gefühlstiefe auszuloten und so nachzuschaffen sucht, »daß es dringe und klinge ins Herz«. Erstaunlich oft handelt es sich dabei um Ethos-Gefühle.

Wir werden diese Seite mit einigen weiteren Beispielen beleuchten. Wir beginnen mit sanften, »lieblichen« *ethos*-Gefühlen: neben einem weiteren Beispiel für »liebe« wählen wir »fröhlich«, da es heute etwas problematisch ist. Danach greifen wir auch zwei *pathos*-Gefühle auf: »mühselig« und »Jammer«.

Liebe

Wie wichtig Luther der sprachliche, »zu Herzen gehende« Ausdruck für »Liebe« war, und wieviel Sorgfalt und Mühe er darauf verwendete, sei an einem Beleg aus Luthers Psalmenübersetzung demonstriert, in dem es um die Liebe des Menschen zu Gott geht: Ps 18, 2. Luther zitiert das Anfangswort auf lateinisch: »*diligam*« (= ich liebe). Moderne Übersetzungen schreiben hier recht und schlecht: »Ich liebe dich«. »Ich liebe dich, Herr, meine Stärke« lautet die Stelle in der Zürcher Bibel, »Ich liebe dich, Herr, denn durch dich bin ich stark« in der »Guten Nachricht«. Die dänische Übersetzung von 1977 schreibt: »Jeg elsker dig, Herre, min styrke«. Man glaube jedoch nicht, Luther würde ebenso einfach hinschreiben: »Ich liebe dich«! Im Kommentar sucht er die Gefühlstiefe des Wortes einzukreisen und auszuloten; dies liest sich so:

»*Diligam: paternabo, maternabo, filiabo te.* Ich habe dich hertzlich lieb, wie ›bin ich dir so hold‹, Er meinet *viscera*, mutterhertz. Ich habe ein hertz zu dem, Je wie hertze ich dich«. (WA Bi 3, XLI, 20–24)

Auf den ersten Blick erscheint die Stelle ganz unproblematisch. Luthers Ausführungen beziehen sich auch nicht auf das zitierte lateinische Wort, sondern das hebräische Original.[27] Deutlich

---

[27] Laut H.-J. Kraus ist der hier verwendete Ausdruck nur von Gottes

sieht man, wie Luther bemüht ist, sich in den Text hineinzufühlen und die Art der Beziehung in seiner Innigkeit restlos auszuschöpfen, sowohl auf deutsch als auf lateinisch. Die eigenartigen lateinischen Wörter: *»paternabo, maternabo, filiabo te«* scheinen Wortschöpfungen Luthers zu sein und sollen wohl bedeuten: »meine Liebe zu dir ist wie die eines Vaters, einer Mutter, eines Sohnes« (vgl. den deutschen Ausdruck: »jemanden bemuttern«). Diese Bildungen sowie das Verweisen auf »Mutterherz« zeigen auf das Vergleichsmaterial, das Luther bei seinen Bemühungen um die Liebe zu Gott heranzieht: die Erfahrungen im eigenen Familienleben (siehe dazu unten VII). Weitere Bildungen mit »Herz« umschreiben und kreisen ein, mit dem innigen »Je, wie herze ich dich« (»jemanden herzen« = umarmen und an sein Herz drücken) als Höhepunkt. Die Übersetzung, zu der er dann gelangt, lautet: »Herzlich lieb habe ich dich, Herr, meine Stärke.« Beeindruckend ist die Mühe und Sorgfalt, die hinter dieser scheinbar so problemlosen Übersetzung stecken sowie die Expressivität, die Luthers Text eine persönliche Wärme und Herzlichkeit verleiht, wie sie in den abgegriffenen modernen Übersetzungen keine Entsprechung hat.

»Fröhlich«

Die Liebe zu Gott füllt das Herz mit Freude. Bei den Gedanken an Gottes Gnade »wirt er so hertzlich lieb/da geht das hertz uber fur freudenn/huppft und springet fur grossem wolgefallen« (oben II, 5). Daher ist es auch die Freude, deren Ausdruck Luther sehr am Herzen lag. Es verdient hervorgehoben zu werden, wie oft Luther die Freude, Fröhlichkeit, hervorhebt. Gott wolle ein fröhliches Herz, der Teufel dagegen sei der Freude feind, *Spiritus tristitia*, der böse Geist von Traurigkeit, Schwermut und Depression. Ein Christ habe sogar ein »Gebot der Freude«: »So hat auch Gott geboten, daß man solle fröhlich fur ihm sein, und will kein trauriges Opfer haben, wie das im Mose

---

Liebe gebräuchlich und als Bezeichnung menschlicher Liebe zu Gott nur an dieser Stelle im AT belegt »und darum fraglich«. DERS., Biblischer Kommentar. Neukirchen-Vluyn [5]1978, Bd. XV/1, 283.

so oft geschrieben stehet«, schreibt er an Joachim von Anhalt, und widmet dann einen ganzen Abschnitt dem Gebot der Freude.[28]

Als Luther daran ging, das Magnificat zu verdeutschen und auszulegen, hat er die Gefühlslage des Textes ausgelotet und die Freude Marias als den Grundton ihres Lobes hervorgehoben: daß Maria, »die zarte Mutter Christi«, »mit frolichem springenden geyst hie sich rümet und got lobet, er hab sie angesehen« (WA 7, 548, 29 ff.).

»Mit fröhlichem, springenden Geist«: Hier tritt ein historischer Sprachwandel zutage, indem »fröhlich« bei Luther eine stärkere Freude bezeichnete als heute. Wenn heute das Deutsche Wörterbuch zu »fröhlich« angibt: »[...] der fröhliche ist gleichsam halbfroh, beginnt, sich zu freuen«,[29] will dies mit der Textstelle, die von »springender« Freude spricht, nicht übereinstimmen. Für die Zeit vor Luther und die Tradition der Psalterübersetzung gilt dagegen, daß »fröhlich« zu den Bezeichnungen für die Freude gehört, die sich äußerlich zeigt, durch Aufspringen, Herumhüpfen, Händeklatschen, Jubeln etc. Es entspricht im Latein der Vulgata *exultare*, während »sich innerlich freuen« mit *laetari* bezeichnet wird. Das »Biblisch-Theologische Handwörterbuch« schreibt dazu:

»Die Lutherbibel übersetzt mit »fröhlich« eine große Zahl hebr. und griech. Worte [...] Nie aber wird mit »fröhlich« eine von Gott losgelöste Freude beschrieben, sondern es sollen Gottes Taten gefeiert werden [...] Im NT geht das Wort auf vier griech. Wurzeln zurück. Auch hier ist es die jubelnde Freude über eine von Gott erfahrene Hilfe«.[30]

---

[28] Brief an Joachim von Anhalt, WA Br 7, Nr. 2113; S. 66, 11–25. Vgl. U. Mennecke-Haustein, Luthers Trostbriefe. Gütersloh 1988, 216 f., 242 f.

[29] DWb 4: 1, 226. 1. Aufl. Zur Zeit dieser Niederschrift ist die Neuauflage erst bis zu »erregen« gelangt.

[30] E. Osterloh & H. Engelland, Biblisch-Theologisches Handwörterbuch zur Lutherbibel und neueren Übersetzungen. Göttingen 1964, 154 f. – Zum folgenden s. B. Stolt, »Vor Freuden springen«. Zu »Fröhlich« bei Martin Luther. In: »Der Buchstab tödt – der Geist macht lebendig«. FS f. H.-G- Roloff, Hg. J. Hardin/J. Jungmayr, Bern etc. 1992, 21–28; Dies., »Mit fröhlichem springenden Geist«. Ethnolinguistische und sprachhistorische Notizen zu Ausdrücken für »Freude« in Martin Luthers Bibelübersetzung.

Heutzutage sind es normalerweise ausschließlich Kinder, die ihrer Freude durch Herumhüpfen Ausdruck geben. Unter Erwachsenen ist dies nur noch ausnahmsweise üblich und legitim, vorwiegend bei sportlichen Ereignissen wie Torschüssen, Siegen der eigenen Mannschaft u.a. In biblischen und noch zu Luthers Zeiten hat man sich anscheinend allgemein auch unter Erwachsenen bei freudigen Ereignissen derart aufgeführt. Der Prophet Maleachi beschreibt die Freude der Kinder Gottes am »Tag des Herrn«, wenn er kommt und »die Sonne der Gerechtigkeit« aufgeht: »Ihr werdet hinausgehen und Freudensprünge machen/wie Kälber, die aus dem Stall kommen« (Mal 3, 20 bzw. 4, 2; Einheitsübersetzung). In den Seligpreisungen der Bergpredigt übersetzt Luther: »Freuet euch als denn und hüpfet/Denn sihe/euer Lohn ist gros im Himel« (Lk 6, 23). Dem entspricht in der Vulgata: »*Gaudete [...] et exultate*«. Für *exultate* liest der griechische Text *skirtao*, was »vor Freude hüpfen, springen« bedeutet. *exultare* entspricht bei Luther zumeist »fröhlich sein«.

Wenn Luther somit von Marias Seelenlage »mit fröhlichem, springenden Geist« schrieb, hörte er wahrscheinlich in seinem inneren Ohr die Anfangsworte ihres Lobgesangs in der Vulgata, die er auswendig konnte: »*Exultavit spiritus meus in Deo*«. (In den Revisionsprotokollen läßt sich verfolgen, wie der Vulgatatext von ihm laufend neben dem Hebräischen bzw. Griechischen zitiert wird und die Übersetzungstätigkeit begleitet.)

Heutige Leser empfinden »fröhlich sein« als schwächer verglichen mit »sich freuen«. Zu Luthers Zeit war es umgekehrt. Die bei ihm häufige alliterierende Doppelformel »sich freuen und fröhlich sein« bedeutet eine inhaltliche Steigerung, von »innerlich freuen« zur äußerlichen Bekundung wie Jubeln, Hüpfen, Händeklatschen. Die Unkenntnis der starken Gefühlsintensität von Luthers »fröhlich« erweckt in heutigen Lesern leicht einen falschen Eindruck. Besonders in Lk 15, 24, wo die Rede ist von dem Freudenfest zu Ehren des zurückgekehrten Verlorenen Sohnes, klingt es eigentümlich blaß in unseren Oh-

---

In: Sprache als lebendiger Kulturspiegel. FSf. A. Stedje. Hg. M. Todtenhaupt u. I. Valfridsson. Umeå 1994, 185–193.

ren, wenn es heißt: »Und fiengen an frölich zu sein«. Es handelte sich doch um ein jubelndes Freudenfest, dessen Musik und Tanz weithin zu hören war! Hier wird ganz deutlich, daß Luther die ausgelassene, »hüpfende und springende« Freude unter »fröhlich« versteht.

Das Wortfeld der freudigen Gefühle bei Luther verdiente eine eigene Abhandlung. Weder »freudestrahlend« noch »vergnügt« war gebräuchlich, dagegen »guten Mutes« und »getrost«. Ein Wort wie »freudig« gab es noch nicht. Das heute häufig fälschlich so verstandene »freydig« hatte eine andere Bedeutung: tapfer, kühn. »Glücklich« ist bei Luther selten und bedeutete nicht das Gefühl, sondern gutes Gelingen. Die heute abgeschwächte Bedeutung von »fröhlich« geht Hand in Hand mit den soziokulturellen Veränderungen, indem die Sitten das Hüpfen und Springen vor Freude auf Kinder begrenzen, sodaß die beiden noch im Frühneuhochdeutschen unterschiedenen Intensitätsstufen der inneren bzw. äußerlich demonstrierten Freude zusammenfielen. Von der gleichen Bedeutungsverschiebung ist auch »frohlocken« betroffen, was früher »vor Freuden in die Hände klatschen« bedeutete, und das zusammen mit dem kulturellen Verhaltensmuster veraltet.[31] Dies kann hier nur kurz gestreift werden. Wenn wir noch etwas bei »fröhlich« bleiben, geschieht es, weil es in Luthers Sprache ein zentrales Ethos-Wort ist.

»Daß er so fröhlich macht«

In Luthers Bibelkommentaren ist auffällig, wie oft er gerade bei der emotiven Seite des Textes verharrt, sie nachzuempfinden sucht, ausschöpft, umschreibt und erklärt. Beispielsweise verspricht David im 54. Psalm dem Herrn ein Opfer. Die Stelle lautet heute in der Zürcher Bibel: »So will ich dir willig Opfer bringen«, in der Guten Nachricht: »Aus freien Stücken bringe ich dir Opfer dar«. In der schwedischen Übersetzung von 1917 geschieht das Opfer »med villigt hjärta«, in der neuen Überset-

[31] Vgl. B. Stolt, »Vor Freuden springen« (wie Anm. 30) 26.

zung von 1995 »gärna«. Luther schreibt: »So will ich dir ein Freudenopfer tun«, und erklärt ausführlich im Kommentar:

»Ein Lachen oder Freudenopfer tun, denn unser Herrgott lei[de]ts gern, dass man sich sein[er] freue, dass er so gut, tröstlich, freudenreich ist, so frölich macht.« (WA Bi 3, 56, 31–33)

Es ist ein bemerkenswert lichtes Gottesbild, was hier aufscheint (dazu ausführlicher unten VII).

Zu der oben genannten Psalterstelle 63, 6, wo Luther »Schmalz und Fett« zu »Freude und Wonne« geändert hatte: »Das were meines hertzens freud und wonne/Wenn ich dich mit frölichem munde loben solte«, erklärt er nicht nur daß, sondern auch warum die Hebräer mit »Schmalz und Fett« Freude meinen:

»[...] gleich wie ein gesund, fett thier frölich, und widderumb ein frölich thier fett wird, Ein traurig thier abnimmt und mager wird, Und ein mager thier traurig ist« (WA 38, 10, 22–27).

Im Anschluß daran behandelt er Ps 65, 9: »Du machst frölich, die ausgehen, beide frühe und spät«, und malt diese Fröhlichkeit mit einem liebevollen Bild aus:

»›Du machst frölich, was da webert, beide, des morgens und des abends‹, Das ist, es ist deine gabe, das alle thier, beide, menschen und viehe, morgens frühe mit gutem friede auff stehe Und ein jeglichs frölich dahin gehet nach seiner narung und zu seiner erbeit, Da singen die vögel, Da bleket das viehe, knecht und magd gehen zu felde mit eim liedlin, Des gleichen zu abend kompt es aller wider heim mit singen und bleken. Summa: Der Psalm lobet Gott umb friede und gute zeit. Denn wo friede und gut zeit ist, da singts alles und ist frölich und stehen berge und tal lustig. Das ist ein grosser segen und gabe Gottes, der solche freude gibt [...]«. (WA 38, 11, 2–10)

Es kommt vor, daß Luther im Kommentar Emotionen herausarbeitet, die der eigentliche Psaltertext nicht explizit ausspricht. Beispielsweise erläutert er Ps 23, 5, den berühmten Hirtenpsalm, wo es in seiner Übersetzung heißt: »Du bereitest für mich einen Tisch gegen meine Feinde«, folgendermaßen: »Ich esse, das ich guts muts bin, du gibst mir zu essen, das ich frolich werde [...] auf eim vollen bauch steht ein frolich heubt.« (WA Bi

3, 17). Nicht das Gesättigtsein an sich, sondern Fröhlichkeit ist nach Luthers Meinung die Hauptsache und der Zielpunkt der Textstelle.

Unter diesem Gesichtspunkte vergleiche man auch Luthers Übersetzung von Pred 3, 22. Die entsprechende Stelle lautet in der Einheitsübersetzung (Kohelet): »So habe ich eingesehen: Es gibt kein Glück, es sei denn, der Mensch kann durch sein Tun Freude gewinnen. Das ist sein Anteil«. Dagegen bei Luther: »Darum sage ich, das nichts bessers ist/Denn das ein Mensch frölich sey in seiner erbeit/Denn das ist sein Teil.«

Ein bekannter und häufig zitierten Abschnitt in Luthers berühmter Schrift »Von der Freiheit eines Christenmenschen« handelt von der Vergebung der Sünden, ein Vorgang, den Luther nicht in Zerknirschung, Sack und Asche darstellt, sondern in den lichtesten Farben ausmalt. Er benutzt dazu das Bild einer Hochzeit, das freudevollste Bild im Menschenleben überhaupt. Die Seele und ihr Bräutigam Christus tauschen Hochzeitgeschenke aus, wobei die Sünde der Seele gegen »alle Güter und Seligkeit« des Bräutigams getauscht werden. Dies ist ein »fröhlicher Wechsel und Streit«, ein Freudenfest: »eine fröhliche Wirtschaft«. (»Wirtschaft« hatte im Frühneuhochdeutschen die Bedeutung »Gastmahl, Schmaus, Fest, Festesfreude«.)[32]

Dementsprechend übersetzt Luther im Gleichnis vom Verlorenen Sohn »*epulari*«, schmausen, konsequent mit »essen und fröhlich sein« (Lk 15, 23. 29. 32.). Aus dem Zusammenhang geht hervor, daß es sich um ein ausgelassenes Freudenfest handelte, ein Gastmahl mit Gesang und Tanz, dessen Musik und Jubel bis weithin auf die Felder zu hören war. Lk 15, 23: »Laßt uns essen und fröhlich sein«; »Und sie fingen an, fröhlich zu sein« (24); »Du hast mir nie einen Bock gegeben, daß ich mit meinen Freunden fröhlich gewesen wäre« (29); »Du solltest aber fröhlich und guten Mutes sein« (32; Vulgata: »*Epulari autem, et gaudere oportebat*«).

---

[32] WA 7, 20–38; zit. 25, 26–26, 6. – Delius 2, 260–309, zit. 277. Zur älteren Bedeutung von »Wirtschaft« DWb 14:2, Sp. 664. – Zum Freiheitstraktat s. B. Stolt (wie Anm. 1).

Moderne Übersetzungen lesen an den meisten der zitierten »fröhlich«-Stellen im Psalter überwiegend »jubeln«, im Neuen Testament: »(fröhliche) Feste feiern«. Wer heute Luther liest, muß bei »fröhlich« daran denken, daß es, wie oben zitiert, »die jubelnde Freude über eine von Gott erfahrene Hilfe« bezeichnet. Es nimmt in Luthers Theologie und Sprache einen zentralen Platz ein.

c. »und fühls im Herzen«; empathische Übersetzung

Auch andere, schmerzliche Gefühle behandelt Luther mit großer Sorgfalt. Man kann in den Kommentaren auch beobachten, wie er im Laufe seiner Überarbeitung bestrebt ist, die Affekte stärker herauszuarbeiten. Beispielsweise vereindringlicht er in Ps 39, 3: »[...] und mein Schmerz wurde erregt« nach 1531 zu: »Und muß mein leid in mich fressen«. Um das Verfahren der einfühlenden Übersetzung zu beleuchten, seien zwei Stellen herausgegriffen.

Die erste ist aus dem Abschnitt im Alten Testament, wo Josef seine Brüder auf die Probe stellt. Es geht nicht um deren Herzlosigkeit ihm gegenüber, als sie ihn verkauften, sondern um die Grausamkeit dem Vater gegenüber, als sie ihm den blutbesudelten Rock bringen ließen. Benjamin ist (fälschlich) des Diebstahls angeklagt worden, und Juda hält eine Rede vor Josef und erklärt sich bereit, an seiner Stelle als Sklave zurückzubleiben, um das Vergehen zu sühnen, wenn nur Benjamin zu seinem alten Vater zurückkehren dürfe, für den der Verlust Benjamins den Tod bedeuten würde. Die vorhersehbaren Gefühle des Vaters übersetzt die moderne »Einheitsübersetzung« mit »Gram« bzw. »Unglück«. Luther dagegen schreibt »Herzeleid« und »Jammer« (Gen 44, 31 bzw. 34). Im Vergleich wird der Unterschied zwischen Luthers einfühlender und der wissenschaftlich sachlichen Verfahrensweise deutlich. »Unglück« ist die objektive, sachliche Bezeichnung des Geschehens. »Jammer« ist die erlebte Katastrophe, die sich hör- und sichtbar in lautem Klagen und Gebärden äußerte. Die Menschen der Bibel rauften sich die Haare und zerrissen ihre Kleider.

Durch die nacherlebende Sprache wird auch der Leser mit in die Gefühle hineingezogen.

Das zweite Beispiel ist Mt 11, 28. Wir gehen aus von der Vulgata: »*Venite ad me omnes, qui laboratis, et onerati estis*«, wortgetreu: »Kommt zu mir alle, die ihr arbeitet und beladen seid«. (So steht es auch über dem Eingangstor des Domes in Zürich.) Die Einheitsübersetzung schreibt: »[...] die ihr euch plagt und schwere Lasten zu tragen habt«, wo mit »plagt« und »schwer« das Mühsame der Tätigkeit betont wird. Zum Vergleich kann man auch die moderne englische Übersetzung der New English Bible heranziehen, die den Parallelismus verstärkt, indem »arbeiten« substantivisch wiedergegeben wird: »all whose work is hard, whose load is heavy«. Luther läßt das Verb »arbeiten« fahren und übersetzt: »die ihr mühselig und beladen seid«, und hat mit »mühselig« den Gefühlsgehalt der Geplagten eingefangen. Nicht ohne Grund ist diese ein- und mitfühlende Übersetzung sprichwörtlich geworden und hat auch zu dem festen Ausdruck »Die Mühseligen und Beladenen« geführt, der sich nur schwer in andere Sprachen übersetzen läßt. Über die Situation wird in der Bibel ausdrücklich gesagt, daß die Menschen Jesus leid taten; nach der Einheitsübersetzung: »Als er die vielen Menschen sah, hatte er Mitleid mit ihnen; denn sie waren müde und erschöpft wie Schafe, die keinen Hirten haben« (Mt 9, 36); nach Luther: »Und als er das Volk sah, jammerte es ihn; denn sie waren verschmachtet und zerstreut wie die Schafe [...]«. Dieses Mitgefühl färbt sich in Luthers Text auf den Gesamtton ab.

Damit sei hier diese Seite von Luthers Bibelübersetzung nicht weiter verfolgt. Es sollte zur Genüge deutlich geworden sein, welche ausschlaggebende Rolle die ein- und nachfühlende Erfassung von Wort und Emotion des Bibeltextes bei Luthers Übersetzung spielt. Damit ist auch bereits eine wesentliche Seite seines Bibelstils beschrieben.

Der langjährige Leiter der *United Bible Societies* Eugen Nida hat festgestellt, daß das Studium der emotiven Bedeutungen eng verwandt ist mit der Natur der sogenannten »religiösen Sprache«, und daß hier ein konstantes Problem für Übersetzerkommissionen liegt. Auch ist es seine Erfahrung, daß die Reaktion auf eine neue Übersetzung viel mehr von ihrer stilistischen

Qualität abhängt als von ihrer wissenschaftlichen Genauigkeit.[33]

Dies leitet über zum nächsten Abschnitt.

4. Sakralstil

»Siehe, ich verkündige euch große Freude«, spricht der Engel im Weihnachtsevangelium zu den Hirten (Lk 2, 10). Warum sagt er nicht »Sehet«? Ebenso, eigentlich grammatisch falsch, spricht ein anderer Engel zu den Frauen, die den auferstandenen Jesus suchen: »Und siehe, er wird vor euch hingehen nach Galiläa. Siehe, ich habe es euch gesagt« (Mt 28, 7). Das Matthäusevangelium endet mit Jesu Missionsbefehl: »Und siehe, ich bin bei euch alle Tage bis an der Welt Ende« (Mt 28, 11).

Nach der »Art der deutschen Sprache« hätte Luther hier den Plural setzen müssen. Und anfänglich hatte er auch »Sehet« geschrieben, genau wie die deutschen Bibelübersetzungen vor ihm, sowohl Matthias von Beheims Evangelienbuch (1343) als auch Mentelin (1466). (In der vorlutherischen Perikopentradition findet sich keine Entsprechung.)[34] Solange die deutsche Übersetzung von der Vulgata ausging, war auch nichts anderes möglich, denn das entsprechende *ecce* war numerusneutral. Daß Luther ab 1533 entgegen der Tradition und der idiomatisch korrekten deutschen Sprache einen grammatischen Fehler einführt, d.h. »dem Buchstaben folgt« statt »der Art der deutschen Sprache«, muß starke Gründe gehabt haben, d.h. es mußte sich für ihn um Stellen handeln, »wo an einem Ort gelegen ist«. Betrachten wir den Textzusammenhang, ist dies tatsächlich der Fall: es dürfte wenige Bibelstellen geben, die zentraler sind als die Erzählungen von Jesu Geburt und Auferstehung.

Wir haben oben gesehen, wie intensiv sich Luther bei der Übersetzung des *Ave Maria* um die Redeweise des Erzengels

---

[33] E. A. Nida, Report on the United Bible Societies Consultation in Bible Translation. Bernhäuser Forst, Stuttgart, 10th–14th Sept. 1972. (Masch.) S. 13 bzw. 11.

[34] Vgl. F. Tschirch, 1200 Jahre deutsche Sprache in synoptischen Bibeltexten. Berlin 1969, 27–31.

Gabriel bemüht hat, wie er von dem anfänglichen Vulgatazitat: »*gratia plena*« zum griechischen Text des Lukas geht, in der humanistischen *ad fontes*-Tradition, daß er aber bemerkenswerter Weise dabei nicht stehenbleibt, sondern die griechische Ausdrucksweise auf eine hebräische Urform zurückzuführen sucht. Dabei versetzt er sich in die Lage des Evangelisten Lukas und stellt sich vor, wie dieser den ursprünglichen Engelsgruß aus dem Hebräischen ins Griechische übersetzt hat. Auch im Weihnachtsevangelium des Lukas ist es ein Engel, der spricht. Wieder geht Luther zurück zur griechischen Vorlage und findet auch dort den Singular: ιδου bzw. και ιδου. Hier bleiben viele heutige Wissenschaftler stehen. Auch dies kann zu richtigen Erkenntnissen führen, wie z.B. der Vergleich von Helmut Ebert mit »Siehe da«: In »Siehe da« (gr. δε) erschöpfe sich die Funktion in einem reinen Akt des Präsentierens, während in Äußerungen wie dem Missionsbefehl in Mt 28, 20 »durch die Adressaten der Äußerung Jesu, die Jünger, hindurch der Hörer/Leser des Evangelientextes persönlich angesprochen [wird]. Der Sprechakt Jesu erreicht damit jedesmal aufs Neue auch den Leser von Luthers Bibelübersetzung«.[35]

Damit ist die Funktion von »siehe« jedoch nur zum Teil erfaßt. Wir müssen, wie Luther, noch einen Schritt weiter gehen. Luther geht zurück zum Hebräischen und findet, daß eine hebräische Interjektion (in amerikanischer Forschung oft als »hinneh« transkribiert) zugrundeliegt.

Durch die seit den 70 Jahren intensive Partikelforschung hat sich der Blick der Sprachwissenschaftler für diese Wortklasse geschärft, die früher, da ohne lexikalische Bedeutung, als »leer« vernachlässigt worden war. Man hat gelernt, daß Partikeln wichtige Aufgaben im Kommunikationsprozeß füllen, z.B. Kontakt zwischen Autor und Leser herstellen, die Textrezeption steuern und sprechaktbestimmend wirken.[36]

---

[35] H. Ebert, Alltagssprache und religiöse Sprache in Luthers Briefen und in seiner Bibelübersetzung. Frankfurt/M. 1986 (= Europäische Hochschulschriften R.1 Bd. 929), 23.

[36] Aus der umfangreichen Literatur zwei maßgebliche Titel der siebziger Jahre: H. Weydt (Hg.), Aspekte der Modalpartikeln. Studien zur deut-

Die Partikel *Siehe* ist durch ihre Abweichung von der Norm als wichtiges Stilmittel markiert. Das hebräische »hinneh« wird als Aufmerksamkeitssignal gewertet, dem im Rahmen der Bühlerschen Dreifachfunktion (sprecherrelatierter Ausdruck, sachrelatierte Darstellung, empfängerrelatierter Appell) vorwiegend Appellfunktion zugeschrieben wird.[37] Obwohl alltäglich und oft auch so gebräuchlich, ist es an bestimmten Stellen durch seine Frequenz und Distribution sowie wegen seiner abweichenden Grammatik auch als Stilmittel wirksam. Dieser Wirkung soll im folgenden etwas näher nachgegangen werden.

Engelserscheinungen

Da wir es bei unseren Belegen mit Engelserscheinungen zu tun hatten (= Situationskontext), beginnen wir damit. Wenn Luther im Alten Testament nach einer entsprechenden Situation suchte, fand er sie leicht in Jakobs Traum (Gen 28, 12 ff.). »Und ihm träumte, und siehe, eine Leiter stand auf Erden [...] und siehe, die Engel Gottes stiegen daran auf und nieder«, bis zur Verheißung Gottes: »Und siehe, ich bin mit dir und will dich behüten, wo du hinziehst«. Frequenz und Distribution von »siehe« markieren den Einbruch des Übernatürlichen in die Erzählfolge und sind auf die Traumepisode beschränkt, um danach wieder aus dem Text zu verschwinden. Hier liegt (mit Harald Weinrich zu sprechen) ein »rekurrentes« Signal vor, das anzeigt, daß ein Textabschnitt von hoher mythologischer Dichte vorliegt.[38] Im Neuen Testament kommt die Partikel vor allem bei Matthäus

---

schen Abtönung. Tübingen 1977. – Ders. (Hg.), Die Partikeln der deutschen Sprache. Berlin/New York 1979.

[37] Zum »Organonmodell« K. Bühlers s. Ders., Sprachtheorie. Die Darstellungsfunktion der Sprache. Stuttgart/New York 1982 (1934), (UTB 1159), 28–33. – H.-P. Müller, Die Konstruktion mit *hinne* »siehe« und ihr sprachgeschichtlicher Hintergrund. In: Zs. f. Althebraistik 1989: 2, 45–76, 75. – M. Johannessohn, Das biblische ϰαι ιδου in der Erzählung samt seiner hebräischen Vorlage. In: Zs. f. vergleichende Sprachforschung 66 (1939) 145–195 und 67 (1940–42) 30–84; dort bes. 44. – Ders., Der Wahrnehmungssatz bei den Verben des Sehens in der hebräischen und griechischen Bibel. In: Zs. f. vergl. Sprachforsch. 64 (1937) 145–260, bes. 180.

[38] H. Weinrich, Erzählstrukturen des Mythos. In: Ders., Literatur für

und Lukas vor. In dieser Tradition, nach der griechischen Septuaginta, hat ganz offenbar Matthäus seine Erzählung von Josephs Engelserscheinungen im Traum gestaltet[39]: »[…] siehe, da erschien ihm der Engel des Herrn im Traum« (Mt 1, 20 und 3, 13); »Als aber Herodes gestorben war, siehe, da erschien der Engel des Herrn dem Joseph im Traum in Ägypten« (2, 19). Das Echo aus dem Alten Testament ist hier deutlich zu hören. Damit handelt es sich um eine hermeneutische Relation, in der Textwissenschaft »Intertextualität« genannt.[40]

Bei Matthäus ist, wie schon genannt, »siehe« durch seine Frequenz vor allem in der Auferstehungsgeschichte auffällig (28). Außer in den bereits angeführten Belegen klingt es auch in der Stimme des Erzählers (wie auch in Jakobs Traum): »Und siehe, es geschah ein großes Erdbeben […]«; »Und siehe, da begegnete ihnen Jesus«.

Visionen

Im 7. Kapitel Daniel (mit dem sich Luther 1529 intensiv befaßt hatte) leitet »Und siehe« fast jede Vision ein: »Ich, Daniel, sah ein Gesicht in der Nacht, und siehe, die vier Winde unter dem Himmel wühlten das große Meer auf […] Und siehe, ein anderes Tier, das zweite […]« usw. Von besonderer Bedeutung für das Neue Testament war Dan 7, 13: »Ich sah in diesem Gesicht in der Nacht, und siehe, es kam einer mit den Wolken des Himmels, wie eines Menschen Sohn«. An diesen Visionsstil knüpft

---

Leser. Essays und Aufsätze zur Literaturwissenschaft. Stuttgart 1971, 137–149, 140.

[39] F. Blass/A. Debrunner, Grammatik des Neutestamentlichen Griechisch, bearb. v. Rehkopf, [14]1976, zählt και ιδου zu »Septuagintismen«, »Biblizismen«, die bes. dem feierlichen und würdevollen Stil angehören. Zu Lukas: H. F. D. Sparks, The semitisms of St. Luke's Gospel. In: The Journal of theological studies 44 (1943) 129–138, und Ders., The semitisms of the Acts. In: The Journal of theological studies N.S. 1 (1950) 16–28. – D. Tabachovitz, Die Septuaginta und das Neue Testament. Lund 1956 (= Acta Instituti Atheniensis Regni Sueciae 8:IV) 13, 56, 127.

[40] Der Begriff wurde 1969 in die literaturwissenschaftliche Diskussion eingeführt. Vgl. W. Schmidt/W.-D. Stempel, Dialog der Texte. Hamburger Kolloquium zur Intertextualität. Wien 1983, 12 A.9.

die Offenbarung des Johannes an: »Und ich sah, und siehe, ein weißes Pferd [...] Und ich sah, und siehe, ein schwarzes Pferd« (6, 5.8); »Und ich sah, und siehe, eine weiße Wolke« (14, 14) usw. Durch das Echo aus dem Alten Testament wurde der Visionscharakter verstärkt.[41]

Prophezeiungen, Verheißungen

Die Formel markiert auch visionäre Prophezeiungen. Der Engel zitiert in Josephs Traum die Worte des Propheten Jesaja (7, 14): »Siehe, eine Jungfrau ist schwanger und wird einen Sohn gebären« (Mt 1, 23): »Siehe, eine Jungfrau wird schwanger sein und einen Sohn gebären«. Wenn Maria im *Magnificat* spricht: »Siehe, von nun an werden mich selig preisen alle Kindeskinder«, erhebt »Siehe« die Aussage von einer nüchtern-sachlichen Feststellung zur ekstatisch-visionären Zukunftsvision. (Sie markiert damit den Sprechakt.)

Göttliche Verheißungen bekommen durch »Siehe« unbedingte, sakrale Glaubwürdigkeit. In den Schlußworten des Missionsbefehls (Mt 28, 20): »Und siehe, ich bin bei euch alle Tage bis an der Welt Ende«, klingt ein deutliches Echo nach von Gottes Verheißung an Jakob: »Und siehe, ich bin mit dir und will dich behüten, wo du hinziehst« (Gen 28, 15), wodurch die Dignität dieser Worte unterstrichen wird.

Die modernen Übersetzungen haben »siehe« in den meisten Fällen getilgt. Mitunter hat man das Gefühl gehabt, daß dem Text damit eine Nuance verloren ging, und hat Ersatz gesucht. In Mt 28, 2 und 9 schreiben Die Gute Nachricht und die Einheitsübersetzung bei dem Ereignis des Erdbebens bzw. der Erscheinung Jesu: »Plötzlich [...]«. Während in Vers 7 die EÜ den Engel abrupt schließen läßt: »Ich habe es euch gesagt«, schreibt DGN: »Ihr könnt euch auf meín Wort verlassen«. In beiden Versionen meinten die Übersetzer offenbar, dem abschließenden Satz zusätzlichen Nachdruck geben zu müssen: »Seid ge-

---

41 D. Gutzen, »Und ich sah den Himmel aufgetan [...]« (Off. 19, 11). Zur Poesie der Offenbarung des Johannes. In: R. G. Kaiser (Hg.), Poesie der Apokalypse. Würzburg 1991, 33–61.

wiß: Ich bin bei euch alle Tage ...« (EÜ); »Und denkt daran: ich bin immer bei euch ...« (DGN). Man hat die Leistung der Partikel anscheinend unterschiedlich interpretiert: in der Einheitsübersetzung als Versprechen, während Die Gute Nachricht eher auf Ermahnung zugepitzt ist. In beiden Fällen geht jedoch das hochgestimmte Echo aus dem Alten Testament, die Tradition des göttlichen Vertrags mit den Menschen, somit eine theologische Dimension, verloren.

Wenn bei der modernen Übersetzung alle »siehe« gestrichen werden, verliert der Text somit außer an Appellfunktion auch etliches an Information: intertextuelle Bezüge, durch Echowirkung ursprünglich dem Ohr vernehmlich, was heute Texthinweise in den Anmerkungen auf Parallelstellen im Alten Testament leisten müssen, Sprechaktmarkierungen, Kennzeichnungen als Prophezeiung, Vision oder überirdische Erscheinung, Legitimierung als göttliche Autorität und anderes mehr. Damit verbunden ist ein Gefühl für die sakrale Dimension, die numinose Weihe, eine emotionale Tiefendimension.

Andere Biblizismen

Dieser eindeutige Beleg dafür, daß Luther bewußt ein feierliches biblisches Stilelement in die deutsche Bibel einführt, ist kein Einzelfall dafür, daß er stilistisch »dem Buchstaben folgt«. Sieht man genau hin, folgt er sogar in manchen Fällen enger der Textvorlage, als es deutsche Übersetzer vor ihm getan haben. Auffällig und eins der wichtigsten Merkmale ist die monotone parataktische Anreihung mit »und«. Dies ist nicht, wie es lange mißverstanden wurde, ein volkstümliches Element der Umgangssprache, sondern ein Stilistikum, das bereits vor den Evangelisten, von der Septuaginta an, ein Hebraismus und damit ein sakralsprachliches Merkmal war. Im Hebräischen ist die parataktische Anreihung mit »und« normalsprachlich. Bei der Übersetzung ins Griechische herrschte die Wort-für-Wort-Methode, die bei heiligen Texten vorgeschrieben war, wo kein Wort ausgelassen werden durfte. Daher wurde sie sklavisch mit και wiedergegeben und, da von normalem Griechisch abweichend, zu einem Merkmal sakraler Sprache, das den »Bibelton« des

Vortrags prägte. Hieronymus, dem die ausgebildete lateinische Periode mit ihrem Reichtum an Konjunktionen zur Verfügung stand, als er seine *Vulgata* übersetzte, blieb bei der Anreihung mit *et*, was damals ein auffälliges sakralsprachliches Merkmal gewesen sein mußte. Es wäre Luther ein leichtes gewesen, etliche »und« zu streichen und den Satzbau dem Stand des Frühneuhochdeutschen anzupassen, hätte er auch stilistisch der »Art der deutschen Sprache« folgen wollen. Es verfügte damals bereits über ein differenziertes System.[42] Auch wäre er nicht der erste gewesen: schon der althochdeutsche Tatian hat es getan.[43] Daß er diese Einebnung nicht vornahm, zeigt, daß er auf die historisch gewachsene Stilgattung der biblischen Erzählweise eingestellt war. Seit der Septuaginta vermittelt diese »und«-Anreihung numinose Begleitgefühle, die dem Leser die transzendente Dimension des Erzählten nahebringen. Von der Septuaginta pflanzt sie sich in der *Vulgata* und von da in den weiteren Übersetzungen fort durch die Jahrhunderte. Im letzten Viertel des 20. Jahrhunderts hat sich Tolkien ihrer bemächtigt, um seiner phantastischen Dichtung »Silmarillion« mythologische Weihe zu verleihen.

Entsprechend erging es der im griechischen normalen Satzverknüpfung mit δε, die in der *Vulgata* mit *autem* bzw. *enim* wiedergegeben wurde und bei Luther als »aber« an zweiter Stelle im Satz erscheint: »Maria aber behielt alle diese Worte«; »Als aber der Sabbat vorüber war« usw. Es markiert das Fortschreiten innerhalb der Erzählfolge und damit oft den Aktantenwechsel. Im Rezitationston gehört es zum Auftakt, *initium* (dazu unten V, 4).

---

[42] S. Rieck, Untersuchungen zu Bestand und Varianz der Konjunktionen im Frühneuhochdeutschen unter Berücksichtigung der Systementwicklung zur heutigen Norm. Heidelberg 1977 (= Studien zum Frühneuhochdeutschen Bd. 2). – A. Betten, Grundzüge deutscher Prosasyntax. Stilprägende Entwicklungen vom Althochdeutschen zum Neuhochdeutschen. Tübingen 1987 (= RGL 82).

[43] Vgl. die Synopse bei F. Tschirch (wie o. Anm. 34). Der althochdeutsche »Tatian« streicht oder ersetzt mit tho, thar u.a. – A. Betten, Lancelot-Roman, Luther-Bibel, Lessing-Dramen: Beispiele neuer sprachhistorischer Arbeitsweisen. München 1988, 15–18 (= Eichstätter Hochschulreden 64).

Zweigliedrige Verbalausdrücke wie: »Hebe deine Augen auf und schaue« (Gen 13, 14) oder: »Mache dich auf und gehe« (1. Kön 17, 19), im Hebräischen normal, werden bei wortgetreuer Übersetzung ungewöhnlich und damit stilistisch markiert. Durch den Kontext entsteht im Laufe der Tradition daraus ein Erzählsignal, das den Sprecher und den Sprechakt kennzeichnet: Hier spricht Gott, ergeht ein göttlicher Befehl an einen Propheten. Damit bekommt das Stilmittel starke gefühlsmäßige Aufladung. Durch die Tradition entsteht ein Konflikt zwischen diachronischer und synchronischer Sprachbetrachtung, zwischen dem Texterlebnis des hebräischkundigen Philologen und dem philologisch ungeschulten Laien. Während der Philologe vor einem alltagssprachlichen hebräischen Ausdruck steht und als Übersetzer eine dem Original entsprechende Idiomatik der Zielsprache anstrebt, steht der Laie vor sakraler Sprache mit poetischer Ausdruckskraft und emotiver Wirkung, die ihn auch gefühlsmäßig darüber informiert, daß hier das »Ganz andere« zur Sprache gelangt. Luther hat sich hier auf die Seite des Laien gestellt und sich dafür entschieden, der bibelsprachlichen, wortgetreuen Tradition zu folgen, vielleicht, weil seine pragmatische Frage: »Wie spricht der deutsche Mann in solchem Fall?« nicht relevant war in einem Fall, wo Gott spricht.

Ebenso normalsprachlich im Hebräischen ist das Nennen von Körperteilen wie »mein Herz«, »mein Auge«, »meine Zunge« statt des Menschen oder seiner Tätigkeit. In den modernen abendländischen Sprachen gehört eine solche Formulierung der gehobenen oder poetischen Sprache an (*pars pro toto* oder Metonymie). Luther hat sie beibehalten. Neuübersetzungen in moderne Sprachen ebnen solche Ausdrucksweisen gern ein. »Mein Herz«, »meine Zuge« wird zu »ich«, »dein Auge« zu »dein Blick«, »seine Zunge« zu »seine Rede«, Adam und Eva verbergen sich nicht mehr vor »Gottes Angesicht«, sondern schlicht »vor Gott«. Indem konkrete Ausdrucksweise durch abstrakte, sich nur an den Verstand wendende ersetzt wird, geht dem Text ein emotives Element verloren.

Zu diesen rekurrenten Biblizismen gesellt sich als makrosyntaktisches Einleitungssignal: »Es begab sich (aber)«. Es entspricht im Griechischen einer epischen Formel Εγενετο δε, an wichtigen Einsatzpunkten stereotyp wiederholt, ein Einleitungssignal, das angibt, daß im folgenden ein Geschehen der Heilsgeschichte wiedergegeben wird. Der Leser/Hörer wird auf bestimmte Wahrheitsverhältnisse und Textdimensionen eingestellt, die den nachfolgenden Ereignisverlauf deutlich vom »Es-war-einmal«-Märchen abheben.

Es muß nachdrücklich hervorgehoben werden, daß es sich bei all den hier genannten Stilmarkierungen – hier im Sinne der Textlinguistik als »Verstehenssignale« gewertet – bei Luther nicht um gewöhnliches, normales Alltagsdeutsch handelte, das er der vielbemühten »Mutter im Hause, den Kindern auf der Gasse und dem gewöhnlichen Mann auf dem Markt« abgelauscht hatte. Es handelte sich durchgehend um Biblizismen, vorwiegend dem griechischen Original, aber auch der Luther liebgewordenen *Vulgata*-Tradition nachgebildet, mit ständigem Rückgriff auf das Hebräische. Luther stand in einer uralten sakralen Erzähltradition.[44]

Die stereotype Wiedergabe der Einleitungsformel sowie des »siehe« und der »und«-Anknüpfung sind keine Selbstverständlichkeit. Daß sie in anderen Übersetzungen oft einfach gestrichen wurden, haben wir bereits bemerkt. Aber Luther variierte sie auch nicht, schrieb beispielsweise nicht »siehe da«, oder »merk«. Der ungefähr gleichzeitig wirksame William Tyndale,

---

[44] Hierzu und zum folgenden siehe B. STOLT, Bibelübersetzung – Ihre philologische Genauigkeit und Verständlichkeit. In: Möglichkeiten und Grenzen einer Revision des Luthertextes. Veröffentlichungen der Luther-Akademie e.V. Ratzeburg Bd. 1. Erlangen 1980, 113–132. – DIES., Erzählstrukturen der Bibel und die Problematik ihrer Übersetzung. In: Akten des VI. Internationalen Germanisten-Kongresses Basel 1980, 312–321 (=Jahrbuch für Internationale Germanistik R.A, 8:2). – DIES., Biblische Erzählweise vor und seit Luther – sakralsprachlich – volkssprachlich – umgangssprachlich? In: *Vestigia Bibliae* 4 (1982) 179–192. – DIES., Die Entmythologisierung des Bibelstils, oder: Der komplizierte Zusammenhang zwischen Sprachgeschichte und Gesellschaftsgeschichte. In: B. Sandig (Hg.), Probleme der Stilistik. Germanistische Linguistik 3–4/81. Hildesheim etc. 1983, 179–190. – B. STOLT, Revisionen und Rückrevisionen des Luther-NT aus rhetorisch-stilistischer Sicht. In: B. Sandig (Hg.), Stilistisch-rhetorische Diskursanalyse. Tübingen 1988, 13–40 (=forum Angewandte Linguistik Bd. 14).

dessen englische Übersetzung die »Authorized King James Version« von 1611 geprägt hat, liebt dagegen die rhetorische *variatio* und wechselt zwischen »And it cam to passe«, »And it fortuned«, »And it chaunced«, »And it bifel«; für »siehe« zwischen »Lo«, »mark« und »beholde«. »Luther, in many ways so bold, is here by comparison a pedant«, meint ein englischer Forscher dazu.[45]

Verglichen mit der so oft gepriesenen Freiheit von Luthers Übersetzung ist diese Treue der Vorlage gegenüber tatsächlich bemerkenswert. Sie läßt sich nur damit erklären, daß Luther sich ihrer sakralen Stilwirkung bewußt war, obwohl von »Textsignalen« oder »Rezeptionsästhetik« zu seiner Zeit noch nichts verlautete. Auch Tyndale war Rhetoriker und hatte stilistischen Ehrgeiz. Seine entgegengesetzte Strategie war eine stilistische Finesse, aber Luther setzte hier ganz offenbar andere Prioritäten. Stilistisch war hier für ihn »an einem Buchstaben gelegen« und durfte nichts geändert werden.

Die Funktion dieses Stils ist, dem Hörer eine angemessene Empfängerhaltung nahezulegen. Man kann sie vergleichen mit den Worten an Mose, als er voller Neugier auf den brennenden Dornbusch zuging: »Tritt nicht herzu, zieh deine Schuhe von deinen Füßen; denn der Ort, darauf du stehst, ist heiliges Land« (Ex 3, 5). Erst, nachdem Mose sich durch diese Geste innerlich auf die sakrale Dimension des Geschehens eingestellt und damit auch seine Ehrfurcht und Empfangsbereitschaft bekundet hatte, erfolgte die eigentliche Botschaft. Hier ist keine banale Neugier am Platz. So verlangt auch sakraler Stil Kooperationsbereitschaft vom Leser.

5. *Revisionsprobleme*

Ein 450 Jahre alter Text muß selbstverständlich laufend revidiert werden. Dabei sind es nicht nur heute unverständliche, sondern auch mißverständliche Wörter, die ersetzt werden

---

[45] J. F. MOZLEY, William Tyndale. London 1937, zit. 101; 176, 183. – The New Testament. Translated by William Tyndale 1534. A Reprint of the Edition [...] ed. by N. H. Wallis, introd. by I. Foot. Cambridge 1938.

müssen. Die Revision des Luther-NT von 1975 war dabei jedoch nicht stehen geblieben, sondern in ihrem Modernisierungsbestreben viel weiter gegangen. Ihre Richtschnur war: »Wie würde man heute sagen?« Von den Theologen überschwenglich gelobt und den Gemeinden in einem Gottesdienst feierlich überreicht, hatte sie so große Proteste hervorgerufen, daß man sich zunächst zu Rückänderungen, danach jedoch zu einer umfangreichen Rückrevision entschließen mußte, in der Geschichte der Lutherbibel eine noch nie dagewesene Situation.

Es ging dabei nicht um Änderungen veralteter und nicht mehr verständlicher Wörter, sondern überwiegend um stilistische Dinge. Der Text von 1975 wurde als »nicht mehr Luthers Sprache«, »ganz intellektualistisch« aufgefaßt. Besonders heftige Proteste hatten Änderungen erregt, die gefühlsträchtige Formulierungen altvertrauter Texte betrafen. So war im Weihnachtsevangelium Maria vom »vertrauten Weibe« zu »Braut« geändert, und sie »bewegte« nicht mehr, sondern »bedachte« die Worte der Hirten »in ihrem Herzen«. (Bei der Beibehaltung von »in ihrem Herzen« war man bei der Modernisierung auf halbem Wege stehen geblieben.) Durch die Änderung von »bewegte« fanden die Leser den Text um einen bildhaften Ausdruck betrogen. Daß dieser ursprünglich von Luther nicht beabsichtigt war, da zu seiner Zeit das starke Verb »bewegen, bewog, bewogen« ›gründlich über etwas nachdenken‹ bedeutete, wofür wir heute »erwägen« sagen, war unbekannt, aber für den heutigen Leser auch unwesentlich, da das nachfolgende »in ihrem Herzen«, zur Zeit der Bibel und für Luther normalsprachlich, heute die bildhafte Erschließung sowieso notwendig machte. Jeder dürfte verstanden haben, daß ein »herzbewegendes«, d.h. im tiefsten Inneren betroffenes Nachdenken gemeint war. Die Verteidiger der Änderungen, gelehrte Theologen, spielten »sakralen Klang« gegen intellektuelles Verständnis aus und warfen den Kritikern Nostalgie vor.[46] Zu »bewegte« sagte der damalige Landesbischof E. Lohse:

---

[46] Die Diskussion findet sich zusammengefaßt bei B. Stolt, Bibelübersetzung (wie Anm. 44), bes. 124 ff. Vgl. E. Lohse, Gottes Wort und Luthers

»[...] niemand würde heute noch so reden. Wenn man die biblische Sprache mit sakralem Klang ausgestattet sehen möchte, wird man an der fremd wirkenden Wendung festhalten mögen. Sollen aber die Worte des Neuen Testaments verstanden werden, so muß man schon sagen, Maria habe diese Worte in ihrem Herzen behalten«.

Daß Textverständnis nicht nur über den Intellekt vor sich geht, war offenbar nicht bekannt.

Störend waren auch Eingriffe in Luthers Syntax, indem die Verbstellung modernem Gebrauch angepaßt wurde. So wurde Luthers: »Laßt uns nun gehen gen Betlehem/und sehen die Geschicht/die da geschehen ist« 1975 zu: »Laßt uns nach Bethlehem gehen und sehen, was geschehen ist.« (Der große Eingriff in die rhythmische Satzstruktur wird im nächsten Kapitel [IV, 5] im Zusammenhang mit Musik und Text näher erörtert.) Zahlreiche »und«-Anschlüsse wurden getilgt. Damit wurde der Erzählton radikal geändert.

Bereits 1977 entschloß sich der Rat der EKD auf Grund der Proteste zu einer Reihe von Rückänderungen, darunter auch die von »bedachte« zu »bewegte«. Aber auch die zahlreichen »Nachänderungen und Korrekturen« konnten den Text nicht retten, sondern es mußte eine völlig neue Revision unter anderen Vorzeichen unternommen werden.

Ebenso auffällig wie der erbitterte Streit gegen die Version von 1975 (»Verrat an Luther!« »Mord an Luther!«) ist die große Stille nach der Fassung von 1984. Der sorgfältig rückrevidierte Text ist vom Rat der EKD in einem Beschluß vom 16./17. 3. 1984 zum nunmehr maßgeblichen Text für Gottesdienst, Unterricht und Seelsorge erklärt worden.

Die Revision von 1975 war in der Auffassung vorgenommen worden – unter Berufung vor allem auf das Zitat von »der Mutter im Hause ....« –, Luther habe »eine allgemeinverständliche und gepflegte Umgangssprache mittlerer Höhenlage, weder

---

Lehr'. Zur Kritik an der Revision der Lutherbibel. In: S. Meurer (Hg.), Verrat an Luther? Bilanz einer Bibelrevision. Stuttgart 1977, 10–17, zit. 16. Dort auch W. Jens, Mord an Luther. 122–125 (ursprünglich in *Die Zeit* 17. 12. 1976.) – Auch: Nachänderungen und Korrekturen am revidierten Text des Neuen Testaments 1975 nach dem Beschluß des Rates der Evangelischen Kirche in Deutschland vom 16./17. 9. 1977, 114–121.

persönliche noch kirchliche Sondersprache verwendet«. Das »sonn- und feiertägliche Klima« habe die Sprache Luthers nicht von Anfang an gehabt, sondern dies sei ihr erst im Laufe der Jahrhunderte im gleichen Maße, indem die Sprache veraltete, zugewachsen. Mithin sei es nur die Altertümlichkeit, die heute die sakrale Dignität des Textes stilistisch und damit emotional vermittelte. Zur Richtschnur hatte man »die mundartfreie Umgangssprache mittlerer Höhenlage«, wie sie »in allen öffentlichen Kommunikationsmedien täglich gehört und gelesen werden kann«, genommen. Damit meinte man Luthers Intentionen am nächsten zu kommen.

Die Verantwortlichen für das NT 1975 waren Philologen gewesen, deren Augenmerk vorwiegend auf einzelsprachliche Lexik gerichtet war. Textlinguistik, Pragmatik, Textsortenforschung und Rezeptionsanalyse, die erst im Laufe der siebziger Jahre ihren Einzug in die Sprachwissenschaft hielten, hatten der nachfolgenden Generation andere Methoden und Voraussetzungen geliefert. Man mißt beispielsweise Textanfängen und -abschlüssen große Bedeutung bei, spricht von emotiven Bedeutungen und hat erkannt, daß Stil kein ästhetisch zu genießendes Schmuckmittel ist, das man beliebig haben oder missen kann, sondern ein Bedeutungsträger, der die Textrezeption wesentlich steuert.

Ein Fehlgriff innerhalb einer Textsorte, an der sich der Ton des übersetzten Textes ausrichtet, kann das Gesamtverständnis gefährden. Um ein Beispiel zu geben: In einer schwedischen Probeübersetzung wurde das Gleichnis vom Verlorenen Sohn bewußt und absichtlich wie ein Märchen erzählt, mit einem an den textsortenspezifischen Anfang »Es war einmal« anklingenden Beginn. Der Fehlgriff veränderte die Einschätzung der gesamten Erzählsituation: das Publikum – Märchen erzählt man Kindern, nicht Schriftgelehrten –, die Persönlichkeit und Autorität des Sprechers: Märchenerzähler von der Dignität einer Großmutter; die Textintention: zu nichts verpflichtende Unterhaltung statt ernster Lehre, sowie die fiktivische Dimension des Geschehens: Wirklichkeitsferne statt Wirklichkeitsnähe. Nach einem Märchen wäre es grotesk zu sagen: »So geh hin und tu desgleichen!« (Lk 10, 33). – Um die biblische Gebrauchsfunktion zu retten, war eine stilistische Umarbeitung notwendig.[47]

Begreiflicherweise konnte sich eine andere Auffassung von Luthers Bibelsprache, die auch das Unalltägliche berücksichtigte, nicht sofort durchsetzen. Wie sehr die theoretischen Vorgaben den Blick auf den Text beeinflussen, sei an der Diskussion um »siehe« demonstriert. Dies war als einziger Biblizismus im NT 1975 stehengeblieben, doch nur aus dem Grunde, daß es als »Volkstümlichkeit« eingestuft worden war. Ein sakralsprachlicher Charakter wurde der Lutherbibel von den damals Verantwortlichen energisch abgestritten und als mit Luthers Intentionen unvereinbar erklärt, mit dem Argument:

»Formelhaftes *siehe* fügt sich ein in eine lange Reihe imperativischer Wendungen (bei Verben der Wahrnehmung oder direkter Rede): *wiß, merck, sag an, hör, luog, schaw, seht, hörent, merkt* usw. [...] Sprachelemente, die in profanen Zusammenhängen eine alltägliche Erscheinung sind, können in biblischen Texten schwerlich als sakrale Signale wirken.[...] Andererseits ist unbestreitbar, daß die genannten Elemente auch in den Grundtexten der Bibel auftreten und daß die Äquivalente von *siehe* dort sicherlich sakralen Charakter haben [...] Es dürfte sich primär um übernationale, volkstümliche Erzählstrukturen handeln, die Luther sowohl in der Bibel wie in der Sprache seiner Zeit vorfand und daher ohne weiteres anwenden konnte. Sie können hier wie dort [...] sekundär sakralisiert worden sein«.[48]

Daß Luther seine Strategie des buchstabengetreuen Übersetzens, wenn »daran gelegen war«, auch auf Stilmerkmale beziehen konnte, war nicht bekannt. Luther selbst hat sich zu dieser Seite seiner Übersetzung nicht geäußert. So hat man seine freie

---

[47] B. STOLT, Die Relevanz stilistischer Faktoren für die Übersetzung. In: Jahrbuch für Internationale Germanistik X: 2 (1978) 34–54, 38–41. – Meine damalige Kritik: Jesus som H. C. Andersen, in Uppsala Nya Tidning 3. 3. 73, bewirkte eine völlige Umarbeitung des Textes für das schwedische NT 81. – Zur Textsortenproblematik vgl. R. MACKELDEY (Hg.), Textsorten/Textmuster in der Sprech- und Schriftkommunikation. FS W. Heinemann. Leipzig 1990 (= Wissenschaftliche Beiträge der Universität Leipzig).

[48] L. SCHMIDT, Das Neue Testament von 1984. Anmerkungen, Vergleiche und Folgerungen. In: S. Meurer (Hg.), Die neue Lutherbibel. Beiträge zum revidierten Text. Stuttgart 1985, 119–134, zit. 130. Dazu B. STOLT in: B. Sandig 1988 (wie Anm. 44) 27 f.

Übersetzungsmethode und »Volkstümlichkeit« auch in diesen Fällen zu finden gemeint, und »die Mutter im Hause« als maßgeblich angesehen, ohne den Urtext vergleichend zu befragen.

Die neue Gruppe von Revisoren hatte die Unhaltbarkeit der Einschätzung der Lutherbibelsprache als ausnahmslos »alltägliche Umgangssprache« erkannt. Die Richtschnur für ihre Arbeit war nicht, wie vorher, gewesen: »Wie würde man heute sagen?« sondern: »Was können wir heute noch verstehen?« Der Bibelübersetzung wurde eine eigene »Textsorte Lutherbibel« zuerkannt, die durch ihre typischen Merkmale dem Leser eine Hilfe bietet, sich auf die Eigenart des hier zur Sprache kommenden »Ganz Anderen« einzulassen. Im Zuge der Rückkehr zum biblischen Erzählton wurden beispielsweise hunderte von getilgten »und« wieder eingesetzt. Das »hörbar Alte, hörbar Biblische, hörbar Lutherische ihres Tons« wurde dabei nicht als Hindernis, sondern als hilfreich eingestuft.[49]

Zwischen diesen beiden Fassungen liegt somit ein neues Verständnis für die sakralen bibelsprachlichen Elemente in Luthers Übersetzung. Die starre Alternative: entweder nüchtern-alltäglicher Stil und intellektuelles Verständnis, oder Genießen sakraler Gefühle ohne Verständnis, sowie die Auffassung von Stil als bloßem Formelement, sind überwunden mit der Einsicht in »emotive Bedeutung«: daß, wie bei Luther, Intellekt und Emotion einander stützen müssen, wenn der Text Tiefenschichten des Menschen berühren soll. Es ist »das Herz« (oben II, 4), die untrennbare Verbindung von Verstand und Gefühl, das rückerobert wurde. An diesen beiden Revisionen läßt sich auch ein Stück Geschichte der Sprachwissenschaft ablesen.

---

[49] E. Lippold, Die Revision des Neuen Testaments der Lutherbibel 1981–1984. In: Die neue Lutherbibel (wie Anm. 49) 13–30. Zit. S. 16. – »Textsorte Lutherbibel« dort 25. – Der Beschluß der EKD dort S. 14. – Zur Kontroverse um die sakrale Dignität der *und* – Parataxe s. B. Stolt, Luther-Kontroversen. In: ZfdPh 109 (1990) 402–414, bes. 409–414.

V

Rhetorik und Musik in Luthers Deutscher Messe 1526

1. Luthers Voraussetzungen

Während Luthers Aufenthalt auf der Wartburg 1521/22 hatte Andreas Karlstadt in Wittenberg eine Messe in deutscher Sprache eingeführt. Hatte er gemeint, darin in Luthers Sinne zu handeln, hatte er sich gründlich geirrt. Sobald Luther zurückgekehrt war, führte er die lateinische Messe wieder ein. Dringenden Bitten seiner Umgebung nach einer deutschen Messe verschloß er seine Ohren. 1523 gab er dagegen eine lateinische Messe heraus! Diese Haltung erschien seiner Umgebung rätselhaft und irritierend, und auch wir heute verstehen sie nicht leicht. Sie steht in solchem Kontrast zu der Intensität, mit der Luther die Bibelübersetzung vorantrieb und immer wieder betonte, wie wichtig es sei, daß die deutsche Gemeinde das Wort Gottes in seiner eigenen Sprache aufnehmen konnte. Warum nicht auch den Text der Messe? War es z.B. nicht wichtig, »Nehmet hin und esset ...« zu verstehen?

Dazu hat sich Luther 1525 geäußert. Er warnt hier recht drastisch vor einem bloßen Verständnis des Ohres. Es geht um ein Verständnis des Herzens. Man müsse zuvor darüber predigen, so daß es mit dem Herzen erfaßt würde:

»Denn wer mit solchem verstand zum sacrament gehet, daß er die wort deutsch oder deutlich im hertzen hat, Nemet hin und esset, das ist meyn leyb etc., wilchs er aus den vorgehenden predigen lernet und merckt, und drauf und damit das sacrament empfehet, der empfehet es recht [...] Widderumb, wer sie nicht ins hertze fasset und verstehet noch drauf das sacrament empfehet, dem hilfts nicht, wenn tausent prediger umb seyne oren her stünden und schrien sich toll und töricht mit solchen worten [...]« »Denn wenn wir nu gleich die deutsche Messe überkommen, wirds doch nicht gnug seyn, das man die wort im sacrament auf deutsch redet, Denn sie müssen doch ehe und zuvor geredt werden, ehe man das sacrament empfehet, das die, so hinzu gehen, müssens doch im hertzen haben und nicht in den oren. Was ligt denn dran, ob sie die im sacrament nicht hören, wenn sie nur hart zuvor in der predigt gehöret und gefasset haben und darnach bekennen«. (WA 18, 124, 1–8; 125, 6–12)

Die deutsche Sprache allein ist demnach nicht ausschlaggebend, vielleicht kann sie sogar zu einem leichtfertigen Umgang mit dem Sakrament, einem nur scheinbaren, äußerlichen Verständnis verleiten, scheint Luther zu befürchten. Wieder geht es um das Herz, hängt alles an der den Glauben im Herzen zündenden Predigt. Solange nur eindringlich auf deutsch gepredigt wurde, war das Latein der Liturgie für Luther akzeptabel.

Als Luther endlich, 1526, seine Deutsche Messe veröffentlichte, tat er es »notgedrungen« (*coactus*), »die weyl allenthalben gedrungen wird auf deutsche Messen und Gottis dienst und gros klagen und ergernis gehet über die mancherley weyse der neuen Messen«. Aus einer Schrift 1525 »Wider die himmlischen Propheten«, seinem Vorwort zur Messe wie auch aus mehreren Briefen geht hervor, daß sein Zögern mehrere Gründe hatte.[1] Er fürchtete, daß der häufig geäußerte Wunsch nach Gleichförmigkeit zu einem neuen Zwang und bindenden Vorschriften führen könnte, was der evangelischen Freiheit nicht gemäß wäre, und außerdem wollte er unbedingt auch das Lateinische gewahrt wissen. Seine lateinische *Formula Missae* von 1523 wollte er »nicht aufgehoben oder verändert haben«:

»Denn ich in keynem weg wil die latinische sprache aus dem Gottis dienst lassen gar weg komen, denn es ist mir alles umb die jugend zu thun. Und wenn ichs vermöcht und die Kriechsche und Ebreische sprach were uns so gemeyn [gewohnt] als die latinische und hette so viel feyner musica und gesang, als die latinische hat, so solte man eynen sontag umb den andern in allen vieren sprachen, Deutsch, Latinisch, Kriechisch, Ebreisch messe halten, singen und lesen. Ich halte es gar nichts mit denen, die nur auf eine sprache sich so gar geben und alle andere verachten.« (WA 19, 74, 4–11)

Daß es sich bei liturgischen Texten für Luther um eine Textsorte besonderer Art handelte, geht aus seiner Toleranz den fremden Sprachen gegenüber hervor. Nur so ist zu erklären, daß er, als er

[1] WA 18, 123–125; WA 19, 44 ff.; zit. 48, 72.

1526 die Messe ins Deutsche übersetzte, das griechische »Kyrie Eleyson!« in der Originalsprache beibehielt. Die einzige Änderung, die er vornahm, war, daß es dreimal statt neunmal gesungen werden sollte. Natürlich wußte die Gemeinde, was es bedeutete, aber was stand dem Gebrauch der Muttersprache hier im Wege, wenn nicht die uralte, liebgewordene Tradition? Auch bei eingeschränkter Verständlichkeit könne ein Bibeltext segensreich wirken, meint Luther: Der Psalter hätte lange Jahre in solcher Finsternis gelegen,

»das man nicht wol einen psalmen recht verstund/Und doch so trefflichen edlen geruch von sich gab/das alle frome hertzen auch aus den unbekandten worten andacht und krafft empfunden/und das Büchlein darumb lieb hatten« (WA Bi 10, 99, 8–12; Bi Volz 1, 964, 10–16),

wie er im Vorwort zu seiner Psalmenübersetzung schreibt. Hier kommt anscheinend *affectus* für Mangel an intellektueller Verständlichkeit auf: »Andacht und Kraft«, was wir »Erbauung« nennen, wird durch Mangel an intellektueller Verständlichkeit nicht unbedingt verhindert. Bemerkenswert ist Luthers Metapher vom »edlem Geruch«.

Der Andacht dient auch die Musik. Nicht zuletzt wegen ihrer »musica und gesang« war ihm die lateinische Messe ans Herz gewachsen. An den bereits an vielen Orten eingeführten deutschen Messen mißfiel ihm besonders, daß man die gregorianischen Melodien beibehalten und auf den deutschen Text übertragen hatte, ohne auf den sprachlichen Unterschied zu achten. Als hochmusikalischer Mensch, der von Jugend an in der Anpassung des Rezitationstones an den Text geschult und geübt war, war ihm dies ein Greuel:

»Ich wollt heute gerne eine deutsche Messe haben, Ich gehe auch damit umbe, Aber ich wollt ja gerne, das sie eine rechte deutsche art hätte.[...] Es muß beide text und noten, accent, weyse und geperde aus rechter mutter sprach und stymme komen; sonst ists alles ein nachahmen, wie die affen thun.« (WA 18, 123, 19–24)

Damit ist die intime Verbindung zwischen Text und Musik thematisiert.

2. *Die Theorie der Verbindung von Rhetorik und Musik*

Daß Rhetorik und Malerei verschwistert sind, ist allgemein bekannt. Die Auffassung von der beschreibenden Literatur als einem »sprechenden Bild«, die Rede davon, daß ein Redner mit sprachlichen Mitteln »Farben aufträgt«, sind geläufig.[2] Vergleichsweise weniger bekannt sind die Beziehungen, die zwischen Rhetorik und Musik bestehen, weswegen etwas ausgeholt werden muß.

Grundlegend ist Quintilians Kapitel über die Musik im ersten Buch seiner *Institutio oratoria* (I, 10, 9 ff.). Nach Quintilian liegt die Hauptbedeutung der Musik für den Redner in ihrer Fähigkeit, Gefühle zu erregen und – nicht zuletzt! – zu besänftigen. Da dies für Qintilian auch *die* Hauptaufgabe des Redners, die Quintessenz aller Redekunst ist, ohne die alles andere »nackt und dürr, schwach und lustlos« sei (*Inst.or.* VI., 2, 7; vgl. oben II, 1), ist leicht einsichtig, welch wichtige Rolle der Musik in der Rhetorik beigemessen wurde.

Über die Verbindung der rhetorischen Figuren mit den musikalischen hat Brian Vickers einen höchst informativen Artikel geschrieben.[3] Diese Frage wird hier nicht weiter verfolgt. Wir konzentrieren uns auf die Macht über die Gefühle, die die Rhetorik mit der Musik teilt.

Rhythmus und Melodie bzw. Modulation sind die Mittel, die Musik und Rede prägen, und die den drei Stilarten angepaßt werden sollen. Als Beispiel für die Macht des Sängers über die Gefühle weist Quintilian vor allem auf Orfeus hin. Die beruhigende Wirkung von gewissen Rhythmen illustriert er mit der

---

[2] B. Stolt, Rhetorikkonzeptionen in der Geschichte der deutschen Sprache. In: Sprachgeschichte. Ein Handbuch zur Geschichte der deutschen Sprache und ihrer Erforschung. Hg. W. Besch/A.Betten/O. Reichmann/St. Sonderegger. 2., veränd. u. erw. Aufl. Bd. 3, Nr. 187, P. 2,3b. (Zur Zeit dieser Niederschrift im Druck.) – J. Knape, Philipp Melanchthons ›Rhetorik‹. Tübingen 1993, 16–21. – Zum folgenden vgl. B. Stolt, Rhetorik und Musik in Martin Luthers Bibelübersetzung. In: Zs. für Germanistik NF 2.94, 286–297. – Auch in: Luther-Bulletin 4 (1995) 18–34.

[3] B. Vickers, Figures of rhetoric – Figures of music? In: Rhetorica 2 (1984) 1–44.

Anekdote von Pythagoras, der rasende junge Männer besänftigt habe, indem er der Flötenspielerin befahl, ins spondeische Maß überzuwechseln (*Inst.or.* I, 10, 32). Die therapeutische Wirkung der Musik als Lenkerin der Affekte war seit dem Alten Testament bezeugt – man denke an Davids Harfenspiel – und im ganzen Mittelalter bekannt, wie ja auch heute noch allgemein beispielsweise im Wiegenlied praktiziert. Auch heute kennt man Trauermusik, Marschmusik u.ä.[4] Noch Gottsched steht ganz in dieser Tradition. Auch Goethe war mit Quintilian vertraut und hat u.a. die Anekdote von Pythagoras über die beruhigende Wirkung des spondeischen Taktes schon als Student aus Quintilian exzerpiert. Michael von Albrecht, der dem nachgegangen ist, nennt an Beispielen aus Goethes Dichtung u.a. die Osterszene im »Faust«, wo der Chorgesang den Helden vor Selbstmord bewahrt, und Flavius in »Wilhelm Meisters Wanderjahre[n]«, der mit Dichtkunst und Musik geheilt wird.[5] – Über den Einfluß von Quintilian auf Johann Sebastian Bach liegen mehrere Untersuchungen vor. Arnold Schmitz hält die *Institutio oratoria* für maßgeblich vom 16. Jahrhundert ab. Für das Verständnis der wortgebundenen Musik des Abendlandes seit dem frühen Mittelalter bis auf Bach und Händel sei das Verhältnis von rhetorischer *ars oratoria* und Musik zentral. Man könne nicht sorgsam genug studieren, wie Bach die Inzisionen und Emotionen der Rede beachtet[6]. Ursula Kirkendale betont besonders den Zusammenhang vom Präludium in der Musik mit der *inventio* der Rhetorik.[7]

---

[4] Wie sehr die musikalische Affektenlehre im 16.–18. Jahrhundert aus der Rhetorik schöpfte, ist von H.-H. UNGER dargestellt worden: Die Beziehungen zwischen Musik und Rhetorik im 16.–18. Jahrhundert. Diss. Berlin 1940 (Würzburg 1941).

[5] M. VON ALBRECHT, Musik und Rhetorik bei Quintilian und Goethe. In: M. v. Albrecht/W. Schubert (Hg.), Musik in Antike und Neuzeit. Frankfurt/M. etc. 1987, 31–50; 36.

[6] A. SCHMITZ, Die oratorische Kunst J. S. Bachs. Grundfragen und Grundlagen. In: Rhetorik, Hg. J. Kopperschmidt. Darmstadt 1990, Bd. 1, 290–312. 293, 297.

[7] U. KIRKENDALE, Bach und Quintilian. Die *Institutio oratoria* als Modell des Musikalischen Opfers. In: M. v. Albrecht/W. Schubert (wie Anm. 5) 85–107, 88 f.

Was die Hierarchie der beiden Künste untereinander betrifft, so ist in der humanistischen Musiktheorie die Unterordnung der Musik unter die Dichtung gang und gäbe.[8] Die Musik habe dem Wort zu dienen, sei »*ancilla verbi*«. Sie sollte durch Rhythmus und Melodie Verständlichkeit und Stimmungsausdruck des Textes fördern. Die Tonarten waren bestimmten Affekten zugeordnet. Damit Wort und Musik die gleiche Gefühlslage erzeugten, galt die korrekte Wahl der Tonart als wesentlich zur Komposition affekterfüllter Musik. Diese Anforderung galt nicht zuletzt für die Kirchentonarten.[9] Hier berühren sich Musik, Rhetorik und Theologie. Wir werden später darauf zurückkommen.

3. Musik und Rhetorik bei Luther

In dieser Tradition, auf der Höhe der Bildung seiner Zeit und von hoher sowohl sprachlicher wie musikalischer Begabung, haben wir Luther zu sehen und zu verstehen. Was die Kirchenmusik betrifft, war er von Kind auf in sie hineingewachsen. Bereits als Schüler der Mansfelder Trivialschule war er mit den anderen Chorknaben zur Mitwirkung bei Matutinen und Vespern, Messen, Vigilien und Prozessionen verpflichtet. In der Domschule zu Magdeburg wurde ein gründlicher Gesangunterricht erteilt, für den ausdrücklich vorgeschrieben war, die Schüler seien »sorgsam in der Weise des Singens, in den Pausen und Einschnitten [zu] unterrichten«.[10] Bei der musikalischen Ausgestaltung der Gottesdienste stand der Dom zu Magdeburg an hervorragender Stelle.

---

[8] D. P. Walker, Der musikalische Humanismus im 16. und frühen 17. Jahrhundert. Kassel/Basel 1949, 13 ff., 35 ff.; K. G. Fellerer, Die Musik in den artes liberales. In: *Artes Liberales.* Von der antiken Bildung zur Wissenschaft des Mittelalters. Leiden, Köln 1959, 33–49, 44 f. (= Studien und Texte zur Geistesgeschichte des Mittelalters V.)

[9] D. P. Walker 31.

[10] F. Gebhardt, Die musikalischen Grundlagen zu Luthers Deutscher Messe. In: Lutherjahrbuch 10 (1928) 56–169, 69.

Wie bereits ausgeführt (oben II), war Luther mit Quintilian bestens vertraut. Daß die Wirkung der Musik auf die Affekte ihm geläufig war, und zwar nicht nur das Erregen, sondern vor allem das Besänftigen, ist selbstredend. Seine Kenntnis ihrer therapeutischen Wirkung kommt besonders in seinem Trostbrief an Matthias Weller zum Ausdruck. Er empfiehlt dort dem Trauernden »fröhlichen Gesang und Saitenspiel«.[11] Als Lenkerin der Affekte kommt bei Luther die Musik gleich nach dem Wort Gottes:

»[...] die erfarung bezeuget, das nach dem heiligen wort Gottes nichts nicht so billich und so hoch zu rhümen und zu loben, als eben die Musica, nemlich aus der ursach, das sie aller bewegung des Menschlichen hertzen [...] ein Regiererin, jr [der Herzen] mechtig und gewaltig ist [...]. Denn nichts auff Erden krefftiger ist, die Traurigen frölich, die Frölichen traurig, die Verzagten hertzenhafftig zu machen, die Hoffertigen der demut zu reitsen, die hitzige und übermessige Liebe zu stillen und dempffen, den neid und hass zu mindern und wer kan alle bewegung des Menschlichen hertzen, welche die Leute regieren [...] erzelen, dieselbige bewegung des gemüts im zaum zu halten und zu regieren, sage ich, ist nichts krefftiger denn die Musica.« [12]

Dies hat Luther 1538 geschrieben. An Beispielen aus dem Alten Testament weist er u.a. auf David und den Propheten Elisa hin. »Luther befindet sich in seiner Wertschätzung der Musik als einer Lenkerin der Affekte ganz im Einklang mit den zu seiner Zeit verbreiteten Vorstellungen der antiken Melotherapie«, schreibt Ute Mennecke-Haustein dazu.[13] Sie hätte auch schreiben können: mit der klassischen Rhetorik seit Quintilian.

---

[11] WA Br 7, Nr. 2139. Vgl. U. Mennecke-Haustein, Luthers Trostbriefe. Göttingen 1989 (= QF 56), 214–220.

[12] »Praefatio zu den Symphoniae secundae«, Übersetzung des lat. Originals von Johann Walter, 1564. WA 50, 368–374. Zit. 370, 35–371, 25. – Zitat leicht geglättet.

[13] U. Mennecke-Haustein (wie o. Anm. 911), 219.

4. Die Perikopen in Luthers Deutscher Messe

Luther hat die musikalischen Teile seiner »Deutschen Messe« in Zusammenarbeit mit den kurfürstlichen Sangmeistern Konrad Rupff und Johann Walter ausgearbeitet. Walter hat aus der Erinnerung folgendes darüber festgehalten:

»[Martin Luther] Hat auch die Noten über die Episteln, Evangelien und über die Worte der Einsetzung des wahren Leibes und Blutes Christi selbst gemacht, mir vorgesungen und mein Bedenken darüber hören wollen. Er hat mich die Zeit drei Wochen lang zu Wittenberg aufgehalten, die Choralnoten über etliche Evangelien und Episteln ordentlich zu schreiben, bis die erste deutsche Messe in der Pfarrkirche gesungen ward. Da mußte ich zuhören und solcher ersten deutschen Messe Abschrift mit mir gen Torgau nehmen und Churf. Gn. aus Befehl des Herrn Doctoris selbst überantworten [...]«. (WA 19, 49 f.)

Walter gibt auch an, Luther habe auf die Frage, woher er seine meisterhafte Beherrschung der Vertonungskunst hätte, auf den Poeten Virgilius hingewiesen: »Der Poet Virgilius hat mich solches gelehrt, der also seine Carmina und Wort auf die Geschichte, die er beschreibt, so künstlich applicieren kann; also soll auch die Musika alle ihre Noten und Gesänge auf den Text richten.«[14] Hier gibt Luther deutlich seiner mit der rhetorischen Lehre übereinstimmenden Auffassung Ausdruck, daß die Musik eine *ancilla verbi*, Dienerin des Wortes sei.

Im Mittelpunkt stehen im folgenden die Texte, die als Epistel- und Evangelientexte sonntäglich im Gottesdienst verlesen wurden, die sogenannten »Perikopen«. Ihr rhetorischer Charakter wird daran evident, daß sie laut rezitiert wurden, wofür seit dem Mittelalter acht Kirchentöne existierten. Sie waren in der mittelalterlichen Musiktheorie unterschiedlichen Zielen entsprechend der emotionalen Lage des Textes zugeordnet. Der Guido d'Arezzo zugeschriebene Vers lautet in deutscher Übersetzung:

»Allen paßt der erste Ton, der zweite den Traurigen. Der dritte, sagt man, sei zornig, der vierte lieblich. Gib den fünften den Frohen, den

[14] WA 19, 48–50; zit. 50.

sechsten erfahrenen Frommen. Der siebente gehört der Jugend, doch der letzte den Weisen.«[15]

Meiner Auffassung nach muß Luther bei seiner Übersetzung der Perikopentexte einen Rezitationston im Ohr gehabt haben. Dies erklärt die seinen Texten noch heute bescheinigte Qualität, wenn auch für uns heute nicht mehr ohne weiteres singbar, so doch gut laut lesbar zu sein. Johann Sebastian Bach konnte sie in seinen Oratorien ohne Schwierigkeiten übernehmen.

In seiner »Deutschen Messe« von 1526 hat Luther den Perikopen Melodien unterlegt. Für die Epistel wählte er den 8. Ton, den »Ton der Weisen«, für das Evangelium den fünften Ton, den »Ton der Frohen«, da das Evangelium eine Freudenbotschaft sei. Dem *officium* des Redners zugeordnet gehört somit der Epistelton dem *docere*, der Evangeliumton dem *movere* an. Es handelte sich dabei um keine Kunstmusik, sondern um kirchliche »Gebrauchsmusik« (so, wie wir heute zwischen »Kunstprosa« und »Gebrauchsprosa« unterscheiden). Luther empfiehlt auch nicht, der Pfarrer solle den Text singen, sondern schreibt: »Darnach lieset er das Evangelion in quinto tono« (WA 19, 90, 7).

Für die Pfarrer der Generation Luthers war dies keine Zumutung. Sie waren in dieser Tradition, obwohl in der lateinischen Sprache, aufgewachsen. Dem Sprechgesang haftete nichts Exklusives an. Luther übertrug althergebrachte Prinzipien umgestaltend auf den deutschen Messetext.

Über die musikalischen Grundlagen von Luthers Deutscher Messe liegt eine Untersuchung von Friedrich Gebhardt vor. Bezüge zur Rhetorik werden dort allerdings nicht aufgedeckt. Gebhardt betont die große Selbständigkeit im Verhältnis zum lateinischen Missale.[16] Luther greift zwar die Tradition der Kirchentöne auf, bildet sie jedoch selbständig der deutschen Spra-

---

[15] Meine Übers. Im Original: »*Omnibus est primus, sed alter est tristibus aptus./Tertius iratus, quartus dicitur fieri blandus./Quintum da laetis, sextum pietate probatis./Septimum est iuvenum, sed postremus sapientum.*« – Hier zitiert nach K. PETERS, Den gregorianska sången. Stockholm 1930, 84.

[16] F. GEBHARDT, Die musikalischen Grundlagen zu Luthers Deutscher Messe. In: Lutherjahrbuch 10 (1928) 56–169.

che entsprechend weiter, indem er »Text und Noten, Akzent, Weise und Gebärde« an der Muttersprache ausrichtet.

Evangelium im fünften Ton:

Darnach lieset er das Euangelion ynn quinto tono², auch mit dem angesicht zum volck gekeret.

Cuius melodie sunt iste regule.

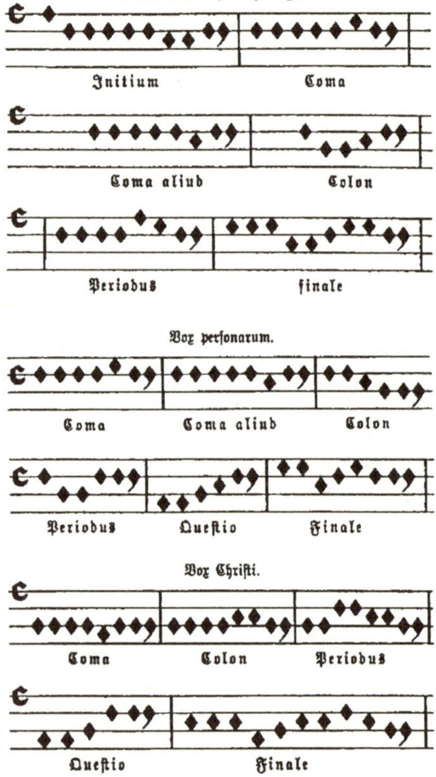

Der Satzrhythmus steht in unmittelbarem Zusammenhang mit der Melodie. Die Perikopentexte mußten den Bedingungen des Aus- und Einatmens folgen, Pausierung sowie Markierung von Anfang und Ende mußten der Erfassung des Textsinnes dienen. Wie ausschlaggebend die Pausen und die damit zusammenhängende Prosodie für den Textsinn sein können, sei an zwei modernen Textbeispielen demonstriert. Man vergleiche: »Er liebt, sie nicht.« – »Er liebt sie nicht«. »Der Mensch denkt; Gott lenkt.« – »Der Mensch denkt, Gott lenkt«. Die Unterschiede in der Äußerungsbedeutung, je nachdem ob die Sätze als zwei Intonationsphrasen oder als eine ausgesprochen werden, liegen auf der Hand. Nicht ohne guten Grund legte der Musikunterricht in der Domschule zu Magdeburg großes Gewicht auf die sorgfältige Erlernung der Pausen und Einschnitte.

Im geschriebenen Text muß der Leser diese Information den Interpunktionszeichen entnehmen und bei stillem Lesen die Prosodie im »inneren Ohr« mithören, um den Text richtig zu verstehen. Der Interpunktion kommt in Luthers Schrifttum großes Gewicht zu.[17]

Die Beispieltexte mit Noten für Epistel und Evangelium, die Luther seiner »Deutschen Messe« beigefügt hat, sind in der WA abgedruckt. Für die Epistel sind sogar zwei Varianten angegeben. Luther legt Melodien fest für: *Initium, comma, comma aliud, colon, periodus, finale.* Für direkte Rede, *Vox personarum*: *Comma, comma aliud, colon, periodus, quaestio, finale.* Zu diesen Termini ist ein Rückgriff auf die Syntax des Frühneuhochdeutschen vonnöten.

Luthers Satzbau hat den Sprachwissenschaftlern von jeher große Schwierigkeiten verursacht. Beginn und Ende eines Satzes sind oft nicht mit Sicherheit auszumachen, die Interpunktion besteht zum großen Teil aus Virgeln (= Schrägstrichen) oder fehlt ganz. Meines Erachtens darf man nicht von unserem heutigen Satzbegriff ausgehen, sondern man muß ausgehen von dem Begriff, an dem Luther selbst geschult worden ist:

---

[17] Das rhetorische Interpunktionsprinzip von Luthers Schrifttum habe ich in drei Arbeiten aus vorwiegend linguistischen Gesichtspunkten aufgegriffen: Die Bedeutung der Interpunktion für die Analyse der Syntax von Martin Luther. In: Deutsche Sprachgeschichte. Grundlagen, Methoden, Perspektiven. FS f. J. Erben, Hg. W. Besch. Frankfurt/M.etc. 1990, 167–180. – Redeglieder, Informationseinheiten: *cola* und *commata* in Luthers Syntax. In: A. Betten/C. Riehl (Hg.), Neuere Forschungen zur historischen Syntax des Deutschen. Referate der Internationalen Fachkonferenz Eichstätt 1989. Tübingen 1990, 379–392. – Martin Luthers rhetorische Syntax. In: Rhetorik zwischen den Wissenschaften, Hg. G. Ueding. Tübingen 1991, 207–220.

von der lateinischen Periode mit ihren Gliedern (*membra): cola* und *commata*.

Dem *colon* kamen in der lateinischen Rhetorik drei »Ganzheitsstufen« zu, während das *comma* keine Ganzheit beansprucht. Ursprünglich wird die Gliederung der lateinischen Bibelübersetzung in *cola* und *commata* auf Hieronymus und die Bedürfnisse der *lectio*, des lauten Vorlesens der heiligen Schriften in der Kirche, zurückgeführt.[18] Die Grenze zwischen *colon* und *comma* war fließend. Luthers Zeitgenosse Valentin Ickelsamer schreibt darüber in seiner Anfang der dreißiger Jahre des 16. Jahrhunderts zu Augsburg erschienenen »Teutschen Grammatica«:

»Ain yede gantze volkommene und etwas weytleüffige rede/auff diesen synn genannt Periodus/hat etliche glider/und deren auffs wenigst zway/die haissen auff Ghriechisch Cola/welche abermal jre taylung/ in der rede/haben in commata/das sein der glider tail/[...] wie wol man die Cola und Commata yetzt vhast ongefärde und on unterschid für glider und tail des Periodi brauchet«.

Daß die fließende Grenze zwischen *colon* und *comma* zur Aufhebung des Unterschieds geführt hat, wird wiederholt. Ickelsamer betont die Bedeutung der Phrasierung für das Verständnis des Lesers und Hörers.

»So mans schlechter und einfeltiger will tailen/so ist die gantz red ain Periodus/und das ander on unterschaid durch ainander Cola und Commata [...] solches geschicht und nutzet ser zuverstehen der reden synn [...] es gibt gar ain grosse hilff die rede deste gewisser/verstentlicher und mechtiger zuo lesen und zuohören/und sain auch solche zaichen dem leser als ruostett/dabay er ainmal still stehn/geruowen und etwas bedencken mag«.[19]

---

[18] R. W. Müller, Rhetorische und syntaktische Interpunktion. Untersuchungen zur Pausenbezeichnung im antiken Latein. Diss. Tübingen 1964, 70. – Zu *colon* u. *comma* H. Lausberg, Handbuch der literarischen Rhetorik. München 1960, § 930, 935.

[19] V. Ickelsamer, Teutsche Grammatica. In: J. Müller, Quellenschriften und Geschichte des deutschsprachigen Unterrichts bis zur Mitte des 16. Jahrhunderts. Gotha 1882. Reprint Hildesheim 1969, 158. Schreibung leicht geglättet.

Eindrücklich geht hervor, daß es lautes Lesen war, ob es sich nun um Vorlesen für andere oder eigene Lektüre handelte, und daß man bei älteren Texten nicht vom modernen Satzbegriff auszugehen hat, sondern von *oratio* und *periodus* mit ihren *membra*. Auch der Begriff »Satzglied« war zu Luthes Zeit noch unbekannt. Man kannte nur *partes orationis.*[20] Es war eine rhetorische, keine für stilles Lesen geschaffene Syntax.

Luthers Gebrauch der einschlägigen Begriffe in seiner »Deutschen Messe« zeigt, wie sich die Terminologie verschieben und neben den Syntagmen auch die Pausen zwischen diesen Gliedern bezeichnen kann. Vor dem Episteltext schreibt er erklärend:

»Periodus est finis sententie.
Colon est membrum periodi.
Coma est incisio vel membrum Coli.« (WA 19, 87)

Hier bezeichnet *periodus* zunächst den Schluß eines Satzes, d.h. den Platz für einen Punkt. Im zweiten Satz dagegen wird *colon* als ein »Glied der Periode« definiert, woraus folgt, daß *periodus* hier den zusammengesetzten Satz bezeichnet.

Es wäre jedoch falsch, daraus zu folgern, daß die Bezeichnung *colon* bei Luther stets eindeutig nur das Syntagma bezeichnet. In der Einleitung zu einer *»Exercitatio* oder übunge der melodeyen« in der »Deutschen Messe« bezeichnet er *cola* und *commata* ausdrücklich als Pausen: »Auff das man sich wol lerne schicken ynn melodeien und wol gewone der Colon, Comaten und der gleichen pausen, setze ich hie noch ein exempel« (WA 19, 102). Hier geht es um das Phrasieren und Pausieren bei dem Vortrag von Epistel und Evangelium im Rezitationston. Der Vergleich mit einem musikalischen Pausenzeichen liegt nahe.

Zur terminologischen Verwirrung tritt hinzu, daß die Termini nicht nur bald die Syntagmen, bald die Pausen bezeichnen können, sondern daß sie in den einschlägigen Schriften des

---

[20] H. GLINZ, Geschichte und Kritik der Lehre von den Satzgliedern in der deutschen Grammatik. Bern 1947. – Zur Gefahr, anachronistische Satzbegriffe an frühneuhochdeutsche Texte heranzutragen, s. B. STOLT, Die Bedeutung der Interpunktion (wie Anm. 17).

15. Jahrhunderts auch schon die Interpunktionszeichen bedeuten konnten.[21]

Dazu kommt eine vierte Bedeutung: Luther gibt in seinen musikalischen Beispielen die Regel für die das Syntagma abschließende Kadenz an. Daneben spricht er allgemein von »dergleichen Pausen«. *Initium*, *finale* und *quaestio* haben in der Grammatik keine Entsprechung. Durch das *Initium* – ein kataphorisches (vorausweisendes) Textsignal, eine Art Auftakt – wird der Neuansatz dem Ohr deutlicher kenntlichgemacht, als ihn die Majuskel dem Auge im geschriebenen Text vermitteln kann. Das *Finale* signalisiert den Abschluß einer Erzählsequenz. Belebend und dramatisierend wirkt der Ton der *quaestio*. Grenztöne, Akzenttöne, Fokuszuweisungen und Pausen sind mithin wichtige rhetorische Mittel, das Verständnis zu sichern und der Information Eindringlichkeit zu verleihen.

In der oben zitierten Einleitung zu einem der Übungstexte in der »Deutschen Messe« weist Luther ausdrücklich auf die Bedeutung der Pausen hin. Der Ausdruck »Colon, Comaten und dergleichen Pausen« deutet darauf hin, daß mit den Kadenzen Pausen unterschiedlicher Länge verknüpft waren. Einsichtig ist dies noch heute bei Punkt und Komma: mit dem Punkt wird noch heute eine längere Pause – nach sinkender Satzmelodie – verknüpft als nach dem Komma, dem zumeist steigende Satzmelodie voraufgeht.

Dem Hinweis der Noten folgend habe ich eine syntaktische Zuordnung der Termini *cola*, *commata* und *periodus* in den von Luther angegebenen Beispieltexten versucht. Es zeigte sich jedoch, daß die Zuordnung der ursprünglich grammatischen Termini zu den musikalischen sehr schwierig, wenn nicht gar unmöglich war. Wir haben es bei Luther nicht mit syntaktisch-grammatischen Strukturen zu tun, sondern mit Inhalten, mit Informationsstrukturen. Luther bündelte die Inhalte je nach ihrem Gewicht zu *information units*. Durch Modulation und Pausierung konnte Vordergrundinformation von Hintergrund-

---

[21] S. Höchli, Zur Geschichte der Interpunktion im Deutschen. Berlin/ New York 1981, 18, 30 ff. Weiteres bei B. Stolt, Martin Luthers rhetorische Syntax (wie Anm. 17) 207 ff.

information abgehoben, Fokussierung auf Neues erzeugt, durch Aufteilen in kleinere Einheiten und damit häufigeres Pausieren ein neuer und vielleicht schwieriger Inhalt dem Verständnis verlangsamt und vereindringlicht dargeboten werden. Dagegen wird Wiederholung von bereits Bekanntem zu größeren Einheiten zusammengefaßt und schneller vorgetragen.[22]

Um einen richtigen Eindruck der Qualität von Luthers Messetext zu erhalten, muß man ihn rezitiert vorgetragen hören. Um jedenfalls eine ungefähre Auffassung zu vermitteln, sei aus dem von Luther gewählten Evangelientext Joh 1, 19–28 (vom 4. Adventssonntag) zitiert. Er folgt in der Phrasierung genau Luthers Bibelübersetzung:

»So schreybt der heilig Johannes in seym Evangelion./*initium*/Da die Juden sandten von Jerusalem/*comma aliud*/Priester und Leviten/*colon*/das sie yhn fragten/*periodus*/Wer bistu?/*quaestio*/Und er bekand/*periodus*/und leugnet nicht/*colon*/und er bekand/*periodus*/ich bin nicht Christus/*periodus*.«

Es ist ein dramatischer Wechsel, ein Bedrängen, und durch das zweimalige »und er bekannt« wird ein juristischer, dem Verhör ähnelnder Ton angeschlagen. Durch die *periodus*-Kadenz wird hier nicht etwa ein Abschluß markiert, sondern durch eine Aufmerksamkeit heischende Pause das Nachfolgende vereindringlicht. Nach weiteren Fragen in lebhaftem Auf und Ab (Vers 21) wird Vers 22 in fünf Intonationsphrasen eingeteilt.

»Da sprachen sie zu ihm (*periodus*) Was bistu denn? (*quaestio*) das wir antwort denen geben (*comma*) die uns gesand haben? (*periodus*) Was sagst du von dir selbst? (*quaestio*).«

Hier wird die Motivierung der Fragen musikalisch abgehoben, und durch vorangehendes *comma* die Fokussierung auf »die uns gesand haben« gerichtet, ein wichtiger Hinweis auf die bedrohliche anonyme Instanz im Hintergrund, die Legitimation erheischt. Die Worte des Johannes werden in Vers 23 zusammengehalten:

---

[22] B. Stolt, Redeglieder, Informationseinheiten, und: Die Bedeutung der Interpunktion (wie Anm. 17).

»Ich bin ein ruffende stym in der wüsten:/*comma*/richtet den weg des herrn,/*comma aliud*/wie der Prophet Isaias gesaget hat/ *periodus*/.«

Darauf setzt in Vers 24 mit einem Auftakt die wichtige Mitteilung über die bisher anonyme Verhörsinstanz ein: »Und die gesand waren,/*initium*/die waren von den Phariseern/*colon*/«.

In der revidierten Fassung lautet es weniger eindringlich: »Und sie waren von den Pharisäern abgesand«. Man versuche, dies zu singen, ohne die Fokussierung auf das Zentralwort zu verlieren! (Allerdings ist diese Formulierung auch eindeutiger.)

In Vers 25 werden die Fragen wiederholt. Da sie bekannt sind, brauchen sie jetzt nur summarisch ins Gedächtnis zurückgerufen werden. In der Wiederholung führt Luther sie melodisch zu einem einzigen *colon* zusammen, wo er zwar einen Taktstrich nach »denn« setzt, doch durch keine Kadenz eine Pause markiert:

»Warumb teuffestu denn, so du nicht Christus bist noch Elias noch ein Prophet?«

Die auf einem einzigen Rezitationston bis einschließlich »Elias« vorgetragene fragende Wiederholung, bis mit »noch ein Prophet« die Kadenz der *quaestio* einsetzt, vermittelt den Eindruck des drängenden Insistierens, des Murrens der Menge.

Während sich der dramatische und dynamische Inhalt auch im lebhaften, abwechselnden Notenbild darbietet, gibt es im Episteltext im 8. Ton (1 Kor 4) ein weit geringeres musikalisches Auf und Ab. Hier herrscht auch ein ruhigeres Tempo. Man findet umfassende Einheiten mit *comma*-Kadenz, beispielsweise: »Solchs aber, lieben Brüder, hab ich auff mich und Apollo gedeutet« (*initium* + *comma*), oder die grammatisch selbständigen Sätze (4, 8): »Ir seit schon sat worden,/*comma*/yr seit schon reich worden,/*comma aliud*/yr hirschet on uns/*comma*/und wolt got yr hirschet/*comma aliud*/auff das auch wyr mit euch hirschen mochten/*colon – periodus*.«

Es ist möglich, daß einige der in der Deutschen Messe angegebenen Melodien auf Walter zurückgehen, da sie sich nicht völlig mit Luthers Vorschriften decken.[23] Ausschlaggebend ist

---

[23] Vgl. WA 19, 56–58.

jedoch, daß Luther selbst die Musterbeispiele autorisiert hat. Dieser vergleichsweise schwierige Ton hat sich in den lutherischen Kirchen Mitteldeutschlands durchgesetzt, wenn auch häufig in vereinfachter Form.[24]

Die – noch junge – Intonationsforschung spricht von initialen und finalen »Grenztönen« einer Äußerung, die zur Festlegung eines Satzmodus besonders wichtig sind.[25] Der Vergleich mit dem *initium* sowie dem *finale* in Luthers Messetext bietet sich an. Grenztöne, Akzenttöne, Fokuszuweisungen und Pausen sind mithin wichtige Faktoren, die das Verständnis sichern sollen. Der zu fokussierende Inhalt konnte kleiner oder größer abgegrenzt werden, je nach Komplexität, Neuigkeitsgrad und Gewicht. Der Virgel, Luthers am meisten gebrauchtem Interpunktionszeichen, kam dabei große Bedeutung zu. Sie ist ein flexibles Mittel zur Strukturierung und Sinnfälligmachung von Inhalten. Der Informationsfluß kann so je nach Inhaltsschwere aufgeteilt und gewichtet, Parallelität von Gliedern hervorgehoben, das Tempo beschleunigt oder verlangsamt, Vordergrundinformation und Fokussierung von Hintergrundinformation abgehoben werden. Pause und Stimmführung von *Initium* findet sich nicht nur am Anfang eines Textabschnitts, sondern es kann damit auch innerhalb der Erzählfolge dem Hörer ein neuer Handlungsschritt signalisiert werden. Es ist ein »Erwartungsauftakt«, der den Inhaltsfluß gliedert. *Periodus*, mit Stimmsenkung und »Staupause«[26], kann, wie wir gesehen haben, auch als Intonation eines Anführungssatzes gebraucht werden, womit der Dialogcharakter betont wird. Die doppelte Funktion des *periodus*, sowohl rück- als auch vorwärtsweisend, wird 1530 in einem Lehrbuch von Johannes Kolroß beschrieben, der über *periodus* und *terminus* schreibt: »by welchem verstanden würt/das die reed und der sententz uß ist und beschlos-

---

[24] H. B. MEYER SJ, Luther und die Messe. Paderborn 1965, 68.

[25] H. ALTMANN (Hg.), Intonationsforschungen. Tübingen 1988 (= Linguistische Arbeiten 200). Dort bes. D. WUNDERLICH, Der Ton macht die Melodie – Zur Phonologie der Intonation des Deutschen. 1–40.

[26] Ausführlicher zu »Erwartungsauftakt« und »Staupause« B. STOLT, »Passen Sie mal auf: Folgendes:« – Der ›deutsche Doppelpunkt‹ als Textsignal. In: Deutsche Sprache 1988, 1–16, bes. 7f., 9f.

sen und hernach ein anderer anhept.«[27] Ausschlaggebend für die Wahl von »dergleichen Pausen« ist demnach nicht nur, ob das bereits Gesagte für sich eine selbständige syntaktische Einheit bildet, sondern ob das Nachfolgende selbständig ist, fokussiert werden soll bzw. thematisch noch dazugehört. Das *finale* zeigt Themawechsel an. Mit einem Punkt verbinden sich für den Leser intonatorisch somit eine fallende Satzmelodie, längere Pause und nachfolgendes *initium*. Durch alle diese sorgfältig eingesetzten intonatorischen Mittel sollte eine maximale, auf die Aufnahmefähigkeit des Hörers eingestellte Interpretationshilfe erreicht werden. Der Sprechgesang war kein ästhetisches, sondern ein hermeneutisches Mittel, was wir oben mit der Feststellung andeuteten, daß es sich um »Gebrauchsmusik« und keine »Kunstmusik« handelte. Der intime Zusammenhang zwischen Text und Rezitationston zieht dem Vortrag strenge Grenzen.

Das Studium dieser Texte lenkte u.a. die Aufmerksamkeit auf das *initium* in Luthers Syntax, das wir erst hier deutlich in den Griff bekommen. Das »aber« an zweiter Stelle im Satz (wie: »Maria aber behielt diese Worte«, oben IV, 4 unter den Biblizismen genannt), gehört zum *initium*, erweitert es und macht es leichter singbar. Luther war es aus der Vulgata als *autem* oder *enim* an eben dieser Stelle vertraut. Ein Vergleich mit anderen Luthertexten ergibt, daß er häufig einen neuen Abschnitt durch ein vom folgenden Text durch die Virgel getrenntes *initium* einleitet. Einige Belege aus der Vorrede zum Psalter: »Aber uber das alles/ist des Psalters edle tugend und art/Das ...«; »Zu dem/ thut der Psalter noch mehr/Das er ...«; »Also auch/wo sie von furcht und hoffnung reden ...«; »Zu letzt/ist im Psalter die sicherheit ...«. Der Gebrauch der Virgel an dieser Stelle wäre von den heutigen Interpunktionsregeln aus nicht erklärlich. Die Sätze ließen sich leicht rezitieren, wenn man von Luthers Prosodie mit dem Auftakt vor einem inhaltlichen Neuansatz aus-

[27] J. Kolross, Enchiridion. Basel 1530. Zitiert nach J. Müller (Hg.), Quellenschriften und Geschichte des deutschsprachlichen Unterrichts bis zur Mitte des 16. Jahrhunderts. Gotha 1882 (Reprint Hildesheim 1969), 64 ff. – Ausführlicher B. Stolt, Die Bedeutung der Interpunktion ... (wie Anm. 17).

geht. Es handelt sich um Orientierungshilfen für den Hörer bei einem laut gelesenen Text, die dem Ohr das vermitteln, was dem lesenden Auge der Beginn eines neuen Abschnitts anzeigt.[28]

5. Revisionsprobleme

Auf diesem Hintergrund ist leicht einzusehen, warum das Unternehmen der Revisoren des Lutherbibeltextes von 1975, konsequent Luthers Wortstellung modernem Gebrauch anzupassen (bei der Interpunktion war dies bereits weit früher geschehen), also die Endstellung des Verbs durchzuführen, so gründlich scheitern mußte: diese Änderung lief einem Grundprinzip Lutherscher Prosatextgestaltung zuwider. Betroffen wurde nicht nur der Satzschluß, wodurch die Kadenz zerstört wurde, sondern auch das Glied, dem das Verb entrissen wurde, sowie der Informationsfluß. Als besonders störend war Mt 2, 1 empfunden worden, die Änderung von Luthers: »Als Jesus geboren war in Bethlehem/in Judäa zur Zeit des Königs Herodes« zu: »Als Jesus in Bethlehem in Judäa zur Zeit des Königs Herodes geboren war«. Luther vermeidet »langatmige« Syntagmen und die Anhäufung vieler unbetonter Silben nacheinander. Häufig wurden bei der Revision mehrere kurze *commata* zu einem längeren *colon* zusammengefaßt, wodurch oft das informativ wichtigste Wort jetzt eingeklammert und damit dem übrigen Text ohne Unterschied einverleibt wurde. Die Technik Luthers, die Information in kurze, logisch zusammenhängende Einheiten aufzuteilen und in ruhigem Nacheinander zu bieten, durch Kadenzen die fokussierte Information hervorzuheben und durch Pausen ein Verarbeiten und meditatives Mitgehen zu ermöglichen, wurde dadurch zunichte gemacht.

Zur Illustration einige Beispiele aus dem Weihnachtsevangelium. Der bekannte Anfang: »Es begab sich aber zu der Zeit/daß ein Gebot von dem Kaiser Augustus ausging/daß alle Welt ge-

---

[28] Ausführlicher dazu s. B. Stolt, Die Bedeutung der Interpunktion ... (wie Anm. 17) 174. Das *initium*, gefolgt von der Virgel, läßt sich mit dem heutigen Gebrauch eines »Auftaktes« + Doppelpunkt in der Zeitungssprache vergleichen, s. B. Stolt (wie Anm. 26), bes. 7f.

schätzt würde« (Lk 2, 1), lautete 1975: »Es begab sich aber zu der Zeit, daß ein Erlaß von dem Kaiser Augustus ausging, alle Welt sollte sich für die Steuer eintragen lassen«. Lag in der alten Fassung die Kadenz auf: »alle Welt geschätzt«, steht hier das nichtssagende »eintragen lassen« an der Eindrucksstelle, und der holperige Rhythmus mit seiner Anhäufung unbetonter Silben verstößt gegen das musikalische Prinzip von Luther Sprache. Man kann genau hören, wo Luthers Satzmelodie aufhört und moderne Sprechsprache ohne jegliche Singbarkeit beginnt.

Vers 4 wird in Luthers Fassung von 1545 in nicht weniger als sieben Glieder aufgeteilt:

»Da machet sich auff auch Joseph/aus Galilea/aus der stad Nazareth/ in das Jüdischeland/zur stad Davids/die da heisst Bethlehem/Darumb das er von dem Hause und geschlechte David war/...«

Es ist eine additive, »luftige«, hörerbezogene Syntax, dem Vortrag im Rezitationston angepaßt. Schritt für Schritt läßt sich die dargebotene Information nachvollziehen und verarbeiten. Man vergleiche damit 1975:

»Da ging auch Josef aus Galiläa aus der Stadt Nazaret nach Judäa hinauf zur Stadt Davids, die Bethlehem heißt, weil er aus dem Haus und Geschlecht Davids war«.

Statt dem Nacheinander bei Luther herrscht hier ein kompaktes Miteinander, wo die geographischen Namen in verwirrender Dichte aufeinanderfolgen.

Die Reihe der Beispiele ließe sich beliebig verlängern.

Was auf den ersten Blick, vom heutigen Standpunkt aus betrachtet, wie eine geringfügige Änderung aussah, erweist sich als ein schwerwiegender Eingriff in zentrale Textgestaltungsgrundsätze Luthers. Die Reaktion der Gemeinden auf diese Revision: »Das ist nicht mehr Luther!« hatte gute Gründe. Man stößt hier an Grenzen der Revidierbarkeit. Die Rückrevision von 1984 hat die alte Wortfolge großenteils wiederhergestellt. Nach einer Probevorlesung dieses Textes meinte eine Teilnehmerin spontan: »Da ist wieder Musik drin!«[29]

---

[29] E. Lippold, Bericht auf der 7. Tagung der 6. Synode der EKD, November 1984 (masch.).

VI

Humor in Martin Luthers Schrifttum

1. *»Lieblichkeit und Zier«: Ethos*

Daß Martin Luthers Schriften voll von beißendem Tadel, Zorn und groben Schimpfwörtern sind, ist allgemein bekannt und hat ihm viel Kritik eingetragen. Er selbst war sich dessen bewußt und hat sich gelegentlich selbstkritisch dazu geäußert, den Grund jedoch in seiner Lebensaufgabe gesehen: er sei dazu geboren, mit Rotten und Teufeln zu kriegen, weswegen seine Bücher sehr stürmisch und kriegisch seien, und deswegen schätze er Melanchthons Schriften höher ein als seine eigenen.[1] Weniger Aufmerksamkeit als die ätzende Schärfe und das emotionale Pathos hat die »Lieblichkeit und Zier« in Luthers Schrifttum erfahren (siehe oben I, 5b). Dies hängt wohl teilweise damit zusammen, daß wir das Pathos noch heute ohne Schwierigkeiten wiedererkennen und nachempfinden können, während uns das Ethos seit langem fremdartig geworden ist.[2] Obwohl *affectus* in der Rhetorik sowohl *ethos* als auch *pathos* bezeichnete, meint man mit »Affekt« heute nur starke, meist negative Gefühle, während sich »Ethos« auf die sittlich-moralische Haltung bezieht. Dies ist eine Bedeutungsverengung seit der antiken Rhetorik, wie im folgenden anhand des Begriffs bei Quintilian illustriert wird.

---

1 WA 30: 2, 68 f.

2 K. DOCKHORN, Macht und Wirkung der Rhetorik. Bad Homburg v.d.H. etc. 1968, 46. Dockhorns Buch, besonders der Aufsatz »Die Rhetorik als Quelle des vorromantischen Irrationalismus in der Literatur- und Geistesgeschichte« (46–95), hat seinerzeit vielen die Augen geöffnet. Vgl. B. STOLT, Rhetorik und Gefühl im Ackermann aus Böhmen. In: DIES., Wortkampf. Frühneuhochdeutsche Beispiele zur rhetorischen Praxis. Frankfurt/M. 1974 (= Respublica literaria 8; Stockholmer germanistische Forschungen 13), 11–30, 18 ff. – DIES., Lieblichkeit und Zier, Ungestüm und Donner. Martin Luther im Spiegel seiner Sprache. In: ZThK 86 (1989) 282–305.

Quintilian formuliert wie folgt:

> »Das Ethos, das wir meinen und in der Rede verlangen, ist ein Gefühl, das sich vor allem durch seine Lauterkeit und Güte empfiehlt, nicht nur sanftes und gefälliges, sondern meist auch liebenswürdiges und recht menschliches Wesen, das auch für die Zuhörer einnehmend und angenehm wirkt und dessen Hauptvorzug [...] darin besteht, daß es so wirkt, als ströme alles unmittelbar aus dem natürlichen Wesen der Dinge und Menschen; die sittliche Haltung des Redners soll durch seine Worte hindurchleuchten und sich so bemerkbar machen.« (*Inst.or.* VI, 2, 13, Übers. H. Rahn)

Man unterschied zwischen einem subjektiven und einem objektiven Ethos. Das subjektive knüpft sich an die Persönlichkeit des Redners, der moralische Integrität ausstrahlen muß, im Rufe eines *vir bonus* zu stehen hat und dadurch von sich aus Glaubwürdigkeit und Sympathie für sich und seine Sache erweckt. Aristoteles, Cicero, Quintilian, alle nennen moralische Integrität und untadeligen Ruf als die erste, wichtigste Voraussetzung für den Erfolg des Redners. Quintilian zitiert Aristoteles, der diese Ausstrahlung (wir würden es »Charisma« oder »Image« nennen) als das beste Argument für die Sache des Redners angesehen habe.[3] (Diese Einschätzung trifft noch heute zu. Man denke an alle Skandale, die in Wahlzeiten ans Licht gezogen werden, um gegnerische Positionen von vornherein zu unterhöhlen.) Das objektive Ethos knüpft sich an die Darstellung von Personen oder Dingen, die dazu geeignet sind, sanfte, warme, erfreuliche (*delectatio*-) Gefühle zu erwecken. Auch für die Klienten vor Gericht gilt der sympathieerweckende Eindruck persönlicher Integrität als ausschlaggebend. Bei Cicero sind es die Bescheidenen, Zurückhaltenden, Nicht-Prozeßsüchtigen: *iusti, integri, religiosi, timidi, perferentes iniuriarum*, die mit dem Ethos verbunden werden, und wenn ein Redner diese Gefühle geschickt (*suaviter et cum sensu*) zu handhaben verstünde, könne dies Wunder wirken und mehr Gewicht haben als alle

---

[3] *Inst.or.* V, 12, 9; vgl. ebd. IV, 1, 7 und VI, 2,18. – Zum *Vir-bonus*-Ideal: A. Brinton, Quintilian, Plato, and the *Vir bonus*. In: Philosophy and Rhetoric 16:3 (1983) 167–184.

[4] Cicero, *De oratore* II, 43, 184. Vgl. B. Stolt, Wortkampf (wie

Sachbeweise.[4] Bei Quintilian fließen subjektives und objektives Ethos ineinander in der oben zitierten Definition. Während es der antiken Rhetorik von allem auf die Erweckung von Gefühlen ankam, weswegen *ethos* als Gefühl neben *pathos* eingestuft wurde, ist die Gefühlskomponente heute aus dem Ethosbegriff weitgehend erloschen zugunsten des Integritätsfaktors.

Zu diesem angenehmen, sanften Affekt gehört die Liebe zwischen Ehegatten, Eltern und Kindern (die leidenschaftliche, oft unglückliche Passion dagegen gehörte zum Pathos), Verwandten und Freunden, Geselligkeit, menschliche Zuneigung überhaupt, alles, was das Leben angenehm und fröhlich macht. Auch Humor gehörte dazu, beispielsweise »das schmunzelnde Belächeln – im Gegensatz zum verächtlich-bitteren Sichlustigmachen – fremder Eigenart und Sonderlichkeit«.[5]

Oben (IV, 3b) wurde unter anderem *ethos* in Luthers Bibelübersetzung behandelt, die große Sorgfalt, die er dabei den Emotionen Liebe, Freude, Fröhlichkeit widmet, und die große Rolle, die sie in den Kommentaren spielen. Was noch nicht aufgegriffen wurde, ist der Humor in Luthers Schrifttum.

Ebenso wie die Liebe in ihren sanfteren Formen dem Ethos, den leidenschaftlichen dem Pathos zugeordnet wurde, steht es mit dem Humor. Hatte Luther überhaupt Humor?

2. *Die Problematik des Humor-Begriffs*

Wir haben es hier mit einer sehr schwierigen Frage zu tun. Was »Humor« ist, was Menschen zum Lachen bringt, haben von alters her Gelehrte in tiefsinnigen Arbeiten zu ergründen gesucht, ohne daß man zu einer endgültigen, befriedigenden Lösung ge-

---

Anm. 2), 25f. Luther nutzt diese Argumentation in einem Brief an den Papst, in dem er sich als friedfertig, dem stillen Studium seinem Nächsten zu Nutzen nachstrebend schildert, seinen Gegner Eck dagegen als vom Teufel inspiriert, ehrgeizig, streitsüchtig und wutschnaubend. Zur Kontrastierung von personenbezogenem Ethos und Pathos im Streit bei Luther ist dies äußerst illustrativ. Siehe B. Stolt, Studien zu Luthers Freiheitstraktat (wie oben I, Anm. 21) 60f.

[5] K. Dockhorn (wie Anm. 2) 65.

kommen wäre. Bis auf einige Standardfaktoren, wie etwa Überraschungseffekte oder groteske Situationen, über die Einigkeit herrscht, gibt es sehr unterschiedliche Formen von Humor, und alle sind intim mit der Kultur der umgebenden Gesellschaft verknüpft. Dies ist der Grund, warum Witze nahezu unübersetzbar sind. Auf Satire, auch Ironie, versteht man sich beispielsweise in Schweden schlecht, während Franzosen darin Meister sind. Körperliche Verunstaltungen scheinen früher spontan Gelächter erweckt zu haben. Scherze mit menschlichen Gebrechen, wie sie früher gang und gäbe waren – man denke beispielsweise an die Zwerge am mittelalterlichen Hof – sind heute verpönt, und es gehört zur Kindererziehung, den Respekt vor vermeintlich unnormalen Menschen durchzusetzen. »Und hätten sie nicht so gelacht, hätt' Ruprecht sie nicht schwarz gemacht«, lautet die einschlägige moralische Lektion im *Struwwelpeter*. Auch innerhalb ein und desselben Kulturgebietes herrschen verschiedene Auffassungen von dem, was als komisch gilt. Frauen lachen nicht immer über die gleichen Scherze wie Männer, schwarzer Humor weckt bei vielen nur Unbehagen, sog. »volkstümlicher« Humor der Sexual- oder Verdauungssphäre bei vielen Anstoß. Wer heutzutage Fastnachtsspiele der frühneuhochdeutschen Zeit liest, wird zahlreiche Beispiele für Szenen finden, worüber das Publikum seinerzeit schallend gelacht haben muß, während sie heute nicht viele ansprechen.

Wir müssen also damit rechnen, daß Luther und seine Zeit über andere Scherze gelacht haben kann, als wir heute, daß wir nicht ohne Weiteres die Stellen in seinem Schrifttum ausmachen können, die mit Augenzwinkern geschrieben worden sind, und daß es daher sehr schwer für uns ist, diese Seite des Reformators mit Sicherheit in den Griff zu bekommen.

An Versuchen fehlt es nicht. Der bekannte schwedische Theologe und Erzbischof Nathan Söderblom (1866–1931), Professor der Theologie in Uppsala und Leipzig, hat 1919 ein Buch mit dem Titel *Humor und Melancholie und andere Lutherstudien* vorgelegt, das 1983 neu aufgelegt wurde. Er hat die therapeutische Funktion des Humors in Luthers stürmischem Leben hervorgehoben (»ein Sicherheitsventil«), auf die befreiende Wirkung des Gelächters in bedrängter Lebenslage, auf Luthers Selbstironie, auf die Zeugnisse von Freunden über fröhlichen Gesang und Saitenspiel im häuslichen Kreis hingewiesen und zahlreiche Beispiele aus Luthers Briefen angeführt. »In der Geschichte der Religion steht Luther für den Humor«, meint er (60). Dennoch ist Söderbloms Fazit negativ. Wenn man Humor als die Gesamtreaktion eines Menschen auf das Dasein verstehe, gehöre Luther nicht zu den Humoristen, Humor als Lebensform sei mit dem Pathos der Religion unvereinbar. Die Rolle, die der Humor in Luthers Leben spiele, sei gänzlich sekundärer Art, in entscheidenden Fragen sei Luther kein Humorist gewesen, wenn er auch seine Freunde ermuntern konnte. Seine geistige Welt sei vom Streit zwischen Gott und dem Teufel beherrscht, worin für Humor kein Platz war, nur für den Sieg des Glaubens (63–66). – Das schmale Bändchen von Fritz Blanke: *Luthers Humor. Scherz und Schalk in Luthers Seelsorge* bezieht sich auf Söderblom, bringt vorwiegend Beispiele aus Luthers Briefwechsel und über Söderblom hinaus nicht viel Neues.[6] Gemeinsam für beide Arbeiten ist, daß »Humor« nach den heute bei uns gängigen Vorstellungen aufgefaßt und beurteilt wird. Auch wenn sie von diesem Gesichtspunkt aus ihre Gültigkeit haben, muß man – auf dem Hintergrund der oben betonten kulturellen und zeitbedingten Rezeptionsunterschiede – auch nach einem anderen methodischen Zugriff suchen. Dies sei im folgenden ansatzweise nachgetragen.

Von den wenigen Autoren, die sich mit dem Humor in Luthers Schrifttum befaßt haben, hat keiner den Zusammenhang mit der Rhetorik beachtet. Dennoch ist dies eine grundlegende Voraussetzung bei der Analyse von Luthertexten. Cicero und Quintilian haben dem Lachen, außer in den einschlägigen Ethos-Pathos-Zusammenhängen, die bereits berührt wurden, spezielle Abschnitte gewidmet. Wir müssen fragen, inwieweit Luther mit ihren Maßstäben in Einklang zu bringen ist.

---

[6] N. Söderblom, Humor och melankoli och andra lutherstudier. Stockholm (1919) 1983. – F. Blanke, Luthers Humor. Scherz und Schalk in Luthers Seelsorge. Hamburg 1954.

3. Cicero und Quintilian über das Lachen

In *De oratore* II, 58, 235 – II, 71, 289 behandelt Cicero ausführlich das Gelächter und seine Ursachen. Er gibt zu, daß Häßlichkeit und Ungestalt zum Lachen reizen, warnt jedoch den Redner vor Mißbrauch und schärft die Notwendigkeit von Takt und gutem Geschmack ein. Foppen und Nachäffen beispielsweise (*scurillis iocus aut mimicus*) sind verpönt, ebenso wie Grimassieren oder Obszönitäten (II, 58, 239, 244, 252). Cicero unterscheidet zwei Arten von Witz, Sachwitz und Wortwitz. Am effektivsten sei die Kombination von beiden (II, 61, 248). Unter den Wortwitzen steht an erster Stelle das Wortspiel mit der Mehrdeutigkeit, *ex ambiguo dicta*, auch *aequivocatio* genannt (II, 61, 250; II, 62, 253 – II, 63, 255). Die größte Wirkung wird erzielt, wenn in einem Streitgespräch ein Wort des Antagonisten aufgegriffen und in einem anderen Sinn zurückgeworfen werden kann (II, 63, 255). Die Wirkung beruht auf dem Überraschungseffekt, indem die Erwartung getäuscht wird. Zu den Wortwitzen werden ferner Allegorie, Metapher und Ironie gezählt. Stärkeres Gelächter als die Wortwitze riefen die Sachwitze hervor. Sie verlangten ein Erzählen, das anschaulich vor Augen führt, und als Gegenstand etwas heikle, unziemliche Dinge (*subturpia*, II, 66, 264; *iocus in turpiculis et quasi deformibus ponitur*, II, 61, 428) – wie bereits zu Anfang als die wesentlichste Zielscheibe des Gelächters Anstößigkeiten genannt werden, über die in unanstößiger Weise gescherzt werde (II, 58, 236).

Quintilian widmet ein ganzes Kapitel dem Lachen (*Inst.or.* VI, 3). Er baut hauptsächlich auf Cicero auf, räumt aber beispielsweise Anstößigkeiten keinen entsprechenden Raum ein. Wiederholt schärft er die Notwendigkeit von Takt, Rücksichtnahme und gutem Geschmack ein. Vom Lachen zum Auslachen sei es nicht weit (*a derisu non procul abest risus* VI, 3, 7). Quintilian empfiehlt vorwiegend Scherze milderer Art (*lenibus*), wenn auch Spott- und Schmähworte zugelassen seien. Ausschlaggebend seien Situation und Umgebung; nie dürfe ein Scherz verletzend sein, über einen bereits geschlagenen Menschen zu scherzen sei unmenschlich (VI, 3, 28). Wie Cicero stellt er fest, daß ein Witz in der Verteidigung von vorteilhafterer Wirkung sei als im Angriff, wenn man sich Worte des Angreifers in neuer, überraschender Wendung zunutzemachen könne (VI, 3, 13). Gänzlich ungeeignet für Gelächter seien Extremfälle juristischer Art, die Entsetzen oder Mitleid erforderten (VI, 3, 31). Sarkasmus sei zu vermeiden, wie auch Frechheit und Anmaßung. Leitsterne sind für ihn Eleganz und Urbanität. Der Redner müsse stets darauf achten, daß seine eigene Würde und Integrität gewahrt bliebe. Grundlegend und nie aus den Augen zu verlieren sei das ethische Ideal des Redners als *vir bonus*, dessen allentscheidende Bedeutung Quintilian bereits in den vorangehenden 4. und 5. Kapiteln betont hat[7] (bes. VI, 1, 7 und V, 12, 9).

4. Beispiele aus Luthers Schrifttum

a. Auslachen. Lächerlichmachung des Gegners im Streitgespräch

Daß das verhöhnende Lächerlichmachen der groben Satire im damaligen Glaubensstreit allgemein gang und gäbe war, ist bekannt. Quintilians Vorschrift, man dürfe niemals verletzen, ist auf diesem Gebiet außer Kraft gesetzt. Ob diese Art der Satire mit zum »Humor« gezählt werden soll, ist eine Frage der Definition. Die heftigen Affekte gehören oft Pathossituationen an. Daß vieles in dieser Gattung unseren heutigen Geschmack verletzt, steht auf einem anderen Blatt. Hierin bewegen sich sowohl Luther als auch seine Gegner außerhalb der von Quintilian so stark betonten Sphäre der Urbanität und sprengen – jedenfalls für unser heutiges Empfinden – oft den Rahmen, der durch die von ihm empfohlenen Regeln von Takt und gutem Geschmack gesetzt wird. Belege für den Einsatz von Ironie, Witz und Spott sind in Luthers Streitschriften legio. Die Ausnutzung der Satire im Streitgespräch (*pugna verborum*) habe

---

[7] Vgl. A. BRINTON (wie Anm. 3) und das Kap. »Quintilian« und das »*vir-bonus*-Ideal« bei W. G. MÜLLER: Topik des Stilbegriffs. Zur Geschichte des Stilverständnisses von der Antike bis zur Gegenwart. Darmstadt 1981,12–14.

ich anderweitig dargestellt[8], weswegen hier nur ein Beispiel angeführt wird aus einem Streit zwischen Luther und Hieronymus Emser 1521.[9] Es handelt sich um ein allegorisches Bild, das »etwas heikle, unziemliche Dinge« anschaulich vor Augen führt, wie es bei Cicero gelehrt wird. Das Ziel ist ein zentrales: Es geht um das »Image« Emsers. Es illustriert Luthers Virtuosität im Gebrauch von anschaulichen Bildern sowie den Kunstgriff des Aufgreifens gegnerischer Argumente, die abgewandelt und zurückgeschleudert werden (*reflexio*). Um den Rückschlag Luthers verständlich zu machen, muß zunächst Emsers Angriff referiert werden.

Hieronymus Emser (1477–1527) entstammte einem alten adligen Geschlecht Schwabens, das auf seinem Wappenschild einen halben Bock führte. Luther nennt ihn deswegen »Bock Emser«. Emsers Absicht war, Luthers Schrift *An den Adel* zu widerlegen. Er führt zu Beginn eine Waffenmetaphorik ein, indem er erklärt, er wolle Luther zu einer »Fechtschule« herausfordern. Dies war ein öffentliches Schaufechten, das auf den großen Marktplätzen als Volkslustspiel abgehalten wurde. Als Waffen kamen dabei Schwert, Spieß und Degen vor. Im Gegensatz zu den ritterlichen Turnierspielen kämpfte man bei den bürgerlichen »Fechtschulen« mit stumpfen Waffen und ohne Harnisch.[10] Am Ende steht ein Kämpfer als Sieger da, während der andere unter allgemeinem Gelächter schimpflich die Flucht ergreift. Emser legt seine drei Waffen allegorisch aus: mit dem Schwert ist die Heilige Schrift gemeint, mit dem Spieß die Tradi-

---

[8] S. meine Analyse der Streitschriften zwischen Luther und Emser, in: Wortkampf (wie Anm. 2) 95–119. Zur Wortkampfmetaphorik der Rhetorik ebd. 86ff.

[9] Luther und Emser. Ihre Streitschriften aus dem Jahr 1521, Hg. L. Enders. 2 Bde. = Flugschriften aus der Reformationszeit VIII u. IX (1889–92), NDL Nr. 83 und 96. – Beispiele für Ironisierung und Karikierung in Luthers Streit mit Karlstadt (mit verdienstvoller sprachlicher Analyse, jedoch ohne Bezug auf die rhetorische Theorie) bei J. Schwitalla: Martin Luthers argumentative Polemik: mündlich und schriftlich. In: Kontroversen, alte und neue. Akten des VII. Internat. Germanisten-Kongresses. Göttingen 1985. Bd. 2, 41–54, bes. 46–52.

[10] Ausführlich dazu B. Stolt in Wortkampf (wie Anm. 2) 96–100.

tion der Kirche, mit dem kurzen Degen (»damit man die kyrisser gewinnet«, = ein Panzerstechdolch) die Auslegung der Kirchenväter. In seiner Ausführung verblaßt mitunter die konkrete Bildlichkeit: Wenn der lange Spieß als von Osten bis Westen reichend dargestellt wird, läßt er sich nicht mehr in den Händen Emsers visualisieren oder auf das Bild der »Fechtschule« zurückführen. Auch der Hinweis auf den Kürassier, der einen Gegner in voller Rüstung heraufbeschwört, gehört nicht zur Fechtschule. Bei Emser überwiegt der gedankliche, abstrakte Inhalt.

In seiner Antwortschrift *Auff das ubirchristlich ubirgeystlich und ubirkunstlich buch Bocks Emßers zu Leypczick Antwort*[11] packt Luther den Gegner sofort bei der Kampfmetaphorik, interpretiert das Bild jedoch in seinem Sinne um. Statt der Ausgangssituation der »Fechtschule« benutzt er konsequent das biblische Bild von der »Waffenrüstung Gottes« aus dem Schlußkapitel des Paulusbriefes an die Epheser (Eph 6, 11–17), mit dem »Schild des Glaubens«, dem »Helm des Heils« und dem »Schwert des Geistes«(= Wort Gottes). Als Ende des Kampfes wird keine vergleichsweise harmlose Flucht vorgestellt, sondern die Szene »David tötet Goliath« (1 Sam 17, 49–51). Der ursprünglich von Emser als Volkslustspiel visualisierte Zweikampf bekommt damit eine völlig andere Dimension, ritterliches Spiel und Humor verwandelt sich in heiligen, tödlichen Ernst. Alle Vorteile, die Luther daraus ziehen kann – u.a. wird sein Feind mit der Autorität der Bibel als der listige Teufel definiert –, sollen hier nicht angeführt werden[12], da es in diesem Zusammenhang einzig um das Lächerlichmachen geht. Der dazu einschlägige Abschnitt lautet:

»[...] Bocks Emßer, du bist myr eyn seltzam kriegsman, Sanct Paulus hat Ephe.ult vier gotlich wapen beschrieben, eyn schwerd, eyn hellm, eyn pantzer, eyn schillt, der selben darfstu [brauchst du] nit mehr denn eynß, des schwerds, und weyl S. Paulus zu wenig geleret, besserstu den

---

[11] Flugschriften IX, 45–127.

[12] S. meine Analyse in »Wortkampf« (wie o. Anm. 2). Die Technik, den Gegner mit dem Teufel zu identifizieren, verwendet Luther mehrmals; im Kampf gegen Karlstadt siehe bei J. Schwitalla (wie o. Anm. 9) 49–51.

harnisch mit eynem langen spieß und kurtzen degen, und flux myr zu, mit bloßem kopff, bloßer brust, bloßem bauch, alß werd ich nit mehr thun, denn fur dyr kniend mich den nackten ritter stechen lassen [...]« (47).

Sowohl der Gebrauch als auch der Nichtgebrauch von Waffen durch Emser wird von Luther ausgenutzt. Daß bei Paulus von Spieß und Degen keine Rede ist, dient ihm zur Ironie: Emser meint es besser zu wissen als Paulus. Aus den von Emser nicht gebrauchten paulinischen Waffen Helm, Schild und Rüstung gewinnt Luther ein veritables Arsenal von Argumenten: zunächst folgert er (unter Ausnutzung von Wortwiederholung mit Alliteration und Assonanz): »bloßer Kopf, bloße Brust, bloßer Bauch= nackter Ritter«. Um den Grad der Lächerlichkeit dieses Bildes zur damaligen Zeit in seiner vollen Wirkung abschätzen zu können, müssen wir wissen, daß der »nackte Ritter« eine bekannte Spottfigur aus dem Volksmärchen und -schwank war[13], mithin im Streitdialog eine den Zeitgenossen eingängige Pointe.

Im folgenden schließt Luther daraus, Emser verachte diese Waffen, da er meine, sie nicht zu brauchen: »er hatt zuvor eyn dick hautt, hartten kopff, und vorstockte brust...« Wirkungsvoll werden die beiden Kämpfer einander gegenübergestellt: Emser

»nympt das schwerd mit dem langen spieß und kurtzen degen, und greyffet an so nacket, eynen reysigen kürisser, das ist, den ketzer Martin Luther.«

Durch den Gegensatz zum Kürassier Luther in voller (biblischer) Waffenrüstung – unvorsichtigerweise war der »Kürassier« von Emser selbst eingeführt – erhöht sich die lächerlichmachende Wirkung des Bildes vom »nackten Ritter Emser«; gleichzeitig entsteht vor dem inneren Blick des Lesers die überlegene Stärke Luthers. Luthers konkrete Anschaulichkeit (*evi-*

---

[13] H. FISCHER (Hg.), Der Stricker. Verserzählungen Bd. 1. Tübingen ^{2}1967, Nr. X. (= Altdeutsche Textbibliothek Nr. 53.) – H. J. ZIEGELER, Erzählen im Spätmittelalter. Mären im Kontext von Minnereden, Bispeln und Romanen. München/Zürich 1985, 162, 463.

dentia)[14] geht weit über die Bildhaftigkeit in Emsers Text hinaus. Die Wirkung auf das Lesepublikum ist das Gefühl eigener Augenzeugenschaft sowie Affekt. Die Technik des Sachwitzes, die laut Cicero ein veranschaulichendes Erzählen erfordert und stärkeres Gelächter als Wortwitze erzeugt, beherrscht Luther bis in die Fingerspitzen. Indem er als (von Cicero anbefohlenem) Gegenstand leicht unziemlicher Art die Nacktheit wählt, macht er Emser wirkungsvoller lächerlich, als uns heute klar ist, denn: »Nichts findet der mittelalterliche Mensch so komisch wie unfreiwillige Entblößung«.[15] Luther hat dies mehrmals genutzt, so in einer Polemik gegen Karlstadt (in der Form des Hemd- und Hosenausziehens[16]), auch hier in der Technik des uminterpretierenden Zitats.

Daß diese Art von Hohn und Spott, die Luther vollendet beherrscht und rücksichtslos einzusetzen weiß, verletzend ist und sein soll, liegt auf der Hand. Sie geht damit über das bei Cicero und Quintilian Anbefohlene hinaus. Die Schärfe seiner Polemik war sogar für die damalige Zeit ungewöhnlich.[17] Das angeführte Beispiel muß als einziges exemplarisch für diese Art von Humor in Luthers Streitschriften stehen. Wie sehr Luther seine konkrete Bildhaftigkeit dabei von Nutzen war, hat besonders der Vergleich mit Emsers gemäßigter, zur Abstraktion neigender Metaphorik veranschaulicht. Das Gelächter steht hier eindeutig im Dienst der Rhetorik zu bitterernstem Zweck. Es gehört zum *movere* des Pathos.

---

[14] *Evidentia*, vgl. H. Lausberg, Handbuch der literarischen Rhetorik, München 1960, §§ 810–819. Sie verlangt eigene Vorstellungskraft und wird in der Form sprachlicher Detaillierung vollzogen. Zahlreiche Belege für die Anschaulichkeit und polemische Wirkung der Metaphorik Luthers bei B. Stolt, Wortkampf (wie Anm. 2), bes. 100–116.

[15] E. R. Curtius, Europäische Literatur und lateinisches Mittelalter. Tübingen/Basel [11]1993 , 433.

[16] Vgl. J. Schwitalla (wie Anm. 9) 48 f.

[17] Vgl. J. Schwitalla 41 f., Anm. 2.

b. Lachen, Belächeln

Wenn wir nach Beispielen für die mildere Art des Humors bei Luther suchen, dürfen wir nicht die Streitschriften heranziehen, sondern müssen andere Textsorten befragen. Hierzu bieten sich argumentierende Abschnitte in Schriften deliberativer bzw. demonstrativer Gattung an, die den »mittleren Stil« repräsentieren, und wo Ethos am Platz war. Als exemplarisches Beispiel sei hier ein Abschnitt aus einer Ermahnungsschrift herausgegriffen: *Ein Sermon oder Predigt, das man Kinder zur Schulen halten solle* von 1530[18]. Der Textauszug ist ein Einschlag der demonstrativen Gattung (Lob und Tadel) in einem beratenden (deliberativen) Text.

Luther hatte in seiner Schrift *An den christlichen Adel deutscher Nation* die Notwendigkeit der Einrichtungen von Schulen betont. Nun galt es, auch die Eltern dazu zu bewegen, ihre Kinder dort hinzuschicken. Um dies zu erreichen, war es wichtig, die Bedeutung und den Nutzen von Wissenschaft und Bildung hervorzuheben *(utile)* und bei den Eltern emotional zu verankern. Luther hatte die Eltern getadelt, die ihre Kinder nicht zur Schule schickten: »[...] stecken sie allein in des Bauchs und geitzs dienst, lassen sie nichts lernen, denn narung suchen, gleich wie eine seu mit der nasen immer im kot wühlen« (561 f.). Um das Ansehen des »Schreibers« herauszustreichen, nutzt Luther den Vergleich mit dem Ritter in der alten, geläufigen Formel von »Feder und Schwert« als Bilder für *sapientia et fortitudo*, Weisheit und Stärke[19]. Das Schreiberamt werde verachtet im Gegensatz zum Rittertum, führt Luther aus. Vor allem seien es die »Scharrhansen« (= Maulhelden), mit denen Luther zumeist von Standeshochmut gezeichnete Vertreter des niederen Adels bezeichnet. Der nachfolgende Abschnitt wird hier zur Erleichterung der Interpretation unterteilt.

1. Widderumb findet man auch ettliche Scharrhansen, die sich lassen duncken, der name Schreiber sey kaum werd, das sie ihn nennen oder hören sollen,

---

[18] WA 30: 2, 508–588. Ausführlich B. STOLT: *Docere, delectare* und *movere* bei Luther. In: Wortkampf (wie Anm. 2), 31–77.

[19] Vgl. E. R. CURTIUS (wie Anm. 15) 186–188.

2. Wolan, da kere dich nicht an, dencke also die guten gesellen mussen auch ettwa eine kurtzweile und lust haben. So laß doch diese lust sein, Du bleibst dennoch wol ein schreiber fur Gott und der wellt, wenn sie lange scharren [prahlen], so sihestu dennoch das sie die fedder auffs aller hohest dagegen ehren,

3. setzen sie oben auff hut und hellm, als sollen sie mit der that bekennen, das die fedder sey das oberst in der wellt, on welche sie auch nicht gerust zum streit noch im friden daher gehen kündten, viel weniger so sicher scharren [...]

4. Darumb so sihestu, das sie unsers handwergs zeug die lieben fedder zu oberst setzen (und billich) da sie ihrs handwergks zeug, das schwert umb die lenden gurten, da hengets auch fein und wol zu ihrem werck,

5. Auff den kopf stund es nicht wol, da mus die fedder schweben, haben sie gesundigt an dir, wolan so bussen sie hie mit und sollts ihn vergeben.

Was vor uns liegt, ist ein heiter-affektischer Diskurs zur Widerlegung von Lästerern (*maledictorum refutatio*), wofür Quintilian Scherz und leichten Schmuck empfiehlt.[20] In 1. steht die gegnerische Ansicht der Verachtung des Schreibers, die es zu widerlegen gilt. In 2. folgt Luthers Gegenbehauptung, in der äußeren Form der *exhortatio* mit einer persönlichen Anrede, gehalten im gutmütig-ironischen Ton sicherer Überlegenheit. Der Wortschatz gehört dem (freundschaftlichen) Ethos an: gute Gesellen, Kurzweile, Lust. Die sichere Überlegenheit der Diktion wird mit einer Behauptung begründet, die überraschend wirkt und Neugierde weckt, da sie den Vorstellungen widerspricht: den Verächtern wird im Gegenteil eine stillschweigende Hochachtung der »Feder« unterstellt. Diese Behauptung wird in den Punkten 3.–5. »bewiesen«. Als »Beweis« dient die allegorische Ausdeutung der kriegerischen Tracht, unter Ausnutzung von sowohl Wortwitz als auch Sachwitz, was – wie oben angeführt – als die effektivste Form des Humors angesehen wurde. Der Wortwitz besteht in der Doppeldeutigkeit von »Feder«, indem die Feder auf Hut und Helm mit der Schreibfeder identifiziert wird. Die Eigenheit der Kleidung dient als ein Indiz,

---

[20] *quae maxime iucundam et ornatam faciunt orationem, Inst.or.* IV, 3, 15.

signum, das zu den künstlichen Beweisen gehört und argumentatorisch behandelt werden muß, da es sich um ein *signum non necessarium* handelt, das von sich aus nicht zwingend auf einen Sachverhalt rückschließen läßt.[21] Dadurch entsteht hier ein Spannungs- und Überraschungsmoment, gepaart mit Ironie, indem die allegorische Interpretation der Kleidung das völlige Gegenteil der gegnerischen Meinung ergibt. Hier geschieht auf Sachebene die gleiche elegante Widerlegung, wie sie Cicero auf Wortebene preist: daß ein Wort des Antagonisten aufgegriffen und in neuer Bedeutung gegen ihn gewendet wird. Der Scherz auf Kosten des Gegners ist ohne Boshaftigkeit, ein lächelndes Foppen, *lenibus* im Sinne Quintilians. In Punkt 4. wird die Anbringung des Schwertes damit negativ verglichen, und das schmunzelnde Belächeln steigert sich in Punkt 5. zu offenem Gelächter, von Schadenfreude begleitet, in der Begründung *ex consequentibus*: wie sich wohl ein Schwert auf dem Kopf ausnehmen würde, wo mit diesem grotesken Bild die »Scharrhansen« vollends der Lächerlichkeit preisgegeben werden. Der Abschnitt endet in Versöhnlichkeit, indem Luther meint, dies Lächerlichmachen sei Strafe genug für den gegnerischen Hochmut.

Das Bild in Punkt 5. ist – wie schon die Gegenüberstellung des »nackten Ritters« und dem geharnischten Kürassier im ersten Beleg – ein Beispiel für den Gebrauch augenfälliger Bilder, denen in der Rhetorik große Bedeutung beigemessen wird zur Erregung von Affekten.

Beide Beispiele dürften nebenbei beleuchtet haben, wie viel an Hintergrundinformation für uns heute vonnöten ist, um diese Textabschnitte korrekt einschätzen zu können.

c. Lächeln, Scherz und Liebe in Briefen an Käthe

Eingeleitet haben wir die Beispielreihe mit Belegen für Lachen im Dienste der Lächerlichmachung eines Gegners in der Argumentation. Jetzt soll auch die freundliche Art des Humors in reinen Ethos-Zusammenhängen beleuchtet werden: liebevolles

---

[21] *Inst.or.* V, 9, 8.

Scherzen und Foppen in Briefen an Käthe.[22] Auch diese »private Rhetorik« ist bezeichnend für Luther. Sein Familienleben hat in seiner Theologie in den späteren Jahren seines Lebens starke Spuren hinterlassen, was im abschließenden Kapitel näher ausgeführt wird. Der Scherz in diesen Belegen ist von der Liebe nicht zu trennen.

Die Grenzen zwischen Privatem und Öffentlichem verliefen damals nicht ebenso klar und deutlich wie heute. Nicht einmal Luthers persönlichste Briefe können ohne Rückblick auf Regeln und Vorschriften der Rhetorik geschrieben und gelesen werden. Ihm war dies selbstverständlich. Daß er keinen Gegensatz zwischen tröstlichem Zuspruch und rhetorischer Textgestaltung sah, geht aus einem Brief an Justus Jonas vom 17. 8. 1529 hervor, in dem er ihn auffordert, Melanchthon einen Trostbrief wegen dem Tod seines kleinen Sohnes Georg zu schreiben: »Bete für ihn, soviel du kannst [...] und schreibe ihm dann einen Brief nach dem Vermögen Deiner Rhetorik des Tröstens [...]«.[23]

Im Rhetorikunterricht früherer Jahrhunderte nahmen die Muster für die Abfassung von Briefen (sog. »Briefsteller«) großen Raum ein. Rhetorik wurde zeitweilig sogar mit »Brieflehre« gleichgesetzt. Besonders der Titulatur wurde große Aufmerksamkeit gewidmet. In Musterbriefsammlungen wurden Beispiele zur standesgemäß korrekten Briefanrede vorgestellt, erwachsen aus den Bedürfnissen der Verwaltungspraxis.

Heutzutage beginnt ein Brief mit der Angabe von Ort und Datum, der Anrede: »Liebe/r...«, »Sehr geehrte/r...« u.a., und endet mit einer Grußformel wie »Viele Grüße, Dein/e NN.«

---

[22] Ausführlicher zum folgenden: B. STOLT, Luthers Sprache in seinen Briefen an Käthe. In: M. Treu (Hg.), Katharina von Bora, die Lutherin. Wittenberg 1999, 23–32.

[23] »*Tu quantum potes, ora pro eo, ut Dominus eo consoletur, deinde epistolam scribas pro tua rhetorica consolatricem*«, WA Br 5, Nr. 1462; 132, 12–14. – Vgl. U. MENNECKE-HAUSTEIN, Luthers Trostbriefe. Gütersloh 1989 (QF 56), 19 ff. – Zur Halböffentlichkeit der Briefe: E.-B. KÖRBER, Der soziale Ort des Briefs im 16. Jahrhundert. In: H. Wenzel (Hg.), Gespräche – Boten – Briefe. Körpergedächtnis und Schriftgedächtnis im Mittelalter. Berlin 1997, 244–258 (= Philologische Studien und Quellen 143).

Auf dem Briefumschlag stehen Name und Anschrift des Adressaten.

Damals galten andere Muster. Titel, offizieller Name und Anschrift des Adressaten, was heute nur auf dem Umschlag steht, leitete damals den Brief ein, gefolgt von der persönlichen Anrede, oft abgeschlossen mit »zuhanden«. Der eigentliche Brieftext beginnt stets formelhaft mit »Gnade und Friede/in Christo/im Herrn!«, oft abgekürzt: »G.u.F.«, worauf noch einmal eine persönliche Anrede folgt. Das Datum stand abschließend vor der Unterschrift, die Ortsangabe des Schreibers, wenn überhaupt, unmittelbar davor. Die abschließende Unterschrift nach dem Datum kann nur aus dem Namen bestehen, aber auch die persönliche Beziehung ausdrücken. Daraus ergibt sich eine Mischung aus Formelhaftigkeit und persönlicher Ansprache, öffentlich und privat, die uns heute befremden kann.

Um ein Beispiel aus Luthers deutschem Briefwechsel zu bringen, sei Anschrift, Anrede und Unterschrift aus einem Brief an den Kurfürsten Johann vom 14. Juli 1529 zitiert[24]:

»Dem durchleuchtigsten, hochgebornen fürsten und herrn, herrn Johannes, Hertzogen zu Sachsen und Kurfürsten, Landgrafen in Duringen und Marggrafen zu Meissen, meinem gnedigsten herrn.

Gnad und fride in Christo! Durchleuchtigster, hochgeborner furst, gnedigster herr! [...]

E[euer] k[ur] f[ürstlicher]
g[naden]
Untertthenigster
Martinus
Luther«

Nach solchem Muster hat Luther seine Briefe an Käthe abgefaßt. Indem er es in vielfältiger Weise abwandelt und spielerisch parodiert, drückt sich dadurch seine Haltung Käthe gegenüber in einer reizvollen Mischung von offiziell- hochtrabendem und persönlich-privatem Tonfall unmittelbar aus.

---

24 WA Br 5, Nr. 1447.

Die Ehe zwischen Martin Luther, ehemaligem Mönch, und Katharina von Bora, ehemaliger Nonne, war bekanntlich keine Liebesheirat gewesen, sondern damaligem Brauch gemäß eine Versorgungsehe. Katharina war mit ihren 26 Jahren bereits fast eine »alte Jungfer«, und Luther, 42 Jahre alt, auch nicht mehr der Jüngste. Er war von seinen Freunden zur Ehe gedrängt worden, hatte aber ursprünglich eine andere Kandidatin im Auge gehabt, und auch Katharina hatte eine enttäuschte Liebe hinter sich. Unter diesen Voraussetzungen hätte sich niemand heute gewundert, wenn Luthers Briefe nüchtern oder gar kühl gewesen wären. Aus den Texten geht jedoch eindeutig hervor, daß diese Ehe zwischen zwei reifen, starken Persönlichkeiten zu einer warmen, harmonischen Beziehung wurde, einer Liebesehe, deren Innigkeit mit den Jahren nicht abnahm, sondern sich im Gegenteil vertiefte.

Von Katharina sind uns keine Briefe überliefert, während von Luther an sie insgesamt zwanzig erhalten sind, die er von seinen Reisen geschrieben hat. Unerwarteterweise sind es besonders die Briefköpfe, dieser von der Rhetorik mit besonderer Sorgfalt behandelte Teil, in denen sich die persönliche Beziehung am unmittelbarsten ausdrückt.

Die Briefköpfe

Luther verwendet auf die Briefköpfe in seinen Briefen an Käthe nicht weniger Sorgfalt als in seinen Briefen an den Kurfürsten. Die Vorlage bietet ihm Anreiz zu immer neuen Variationen. (*Variatio* war ein beliebtes rhetorisches Stilmittel, das Luther in seinen Schriften mit großem Geschick nutzte.) Jeder ist anders und drückt die tagesaktuelle Laune des Schreibers aus. Da es die offiziellen, in der Briefrhetorik so wichtigen Titulierungen Höhergestellter sind, die parodiert werden, finden wir hier ein augenzwinkerndes, genüßliches Necken. Alle Bestandteile des Musters werden ausgenutzt: Bezeichnungen, Attribute, Adressen, Formelhaftes, sogar das Datum. Ihr besonderer Reiz bestand darin, daß sie von den Zeitgenossen auf dem Hintergrund des bekannten vorschriftsgemäßen Höflichkeits- und Titulierungssystems gelesen wurden.

Die *variatio* fängt bereits bei dem Namen an. »Kethe, Käthe, Ketha, Keta, Käte, Catharina, Catherin ... .« – wie schrieb sich Luthers Ehefrau eigentlich korrekt? Das schien damals ganz der jeweiligen Laune des Schreibers überlassen! In der öffentlichen Anschrift auf dem Briefkopf finden wir die Formen: Katharina Lutherin; Katherin Lutherin; Katherin Doctor Lutherin; Katharin Lutherin; Katherin von Bora, D. Lutherinn; Kethe, Doctorin Lutherin; Katherin Luderin; Katherin Lüdherin; Kethe Ludern Von Bora; Catharina Luthers von Bore; Käthen Lutherin; Katherin Lütherin. In der auf den Friedensgruß folgenden persönlichen Anrede im eigentlichen Brieftext wechselt Ket[h]e mit Kät[h]e bzw. Ket[h]a, Kät[h]a, Ket.

Man bekommt den Eindruck, daß Luther sich einen Spaß daraus machte, Käthes Namen immer aufs neue zu variieren.

Besonders deutlich geht der parodierende Stil aus dem ersten erhaltenen Brief Luthers hervor (4. 10. 1529), in dem er Käthe seinen »Herrn« tituliert, aber die distanzierende Wirkung durch die Attribute »freundlich, lieb« aufhebt: »Meinem freundlichen lieben Herrn Katharina Lutherin, Doctorin, Predigerin zu Wittenberg«. Luther liebt es, sich als Käthes willigen Untertan hinzustellen. Im Hause führte Käthe das Regiment, was damaliger Sitte entsprach, die die Aufgabenbereiche der Ehegatten festlegte. Sie hatte einem großen Haushalt mit etlichem Gesinde vorzustehen, was ein energisches Auftreten notwendig machte. Luther scheint ihr die praktischen wirtschaftlichen Sorgen gern überlassen zu haben, im Bewußtsein, daß er selbst davon wenig verstand und sich auch nicht sonderlich dafür interessierte – ganz abgesehen davon, daß er bereits anderweitig vollauf beschäftigt war. Im Brieftext fährt Luther im parodierenden Stil fort: »Lieber Herr Käth! Wisset ...«, und spricht von ihr als »E[uer] Gn[aden].« Im nächsten Abschnitt geht er zum »Du« über, in der Unterschrift jedoch kehrt er zum Ausgangspunkt zurück mit: »E[uer] williger Diener Martinus Luther«. Dieser Wechsel zwischen »Ihr« und »Du« findet sich häufig und sorgt dafür, daß keine Distanz aufkommt. Ironie und gutmütiges Necken paart sich mit Respekt: Käthe war nicht »Nur-Hausfrau«, und Luther wußte es zu schätzen.

Die Anrede »Herr« ist noch in zwei weiteren Briefen Luthers aus den dreißiger Jahren überliefert, wo Luther anscheinend einen Spaß an der Aufeinanderfolge von »Herr, Frau« hatte: »Meinem lieben Herrn, Frau Katherin Lutherin zu Wittemberg zu Handen«. »Meinem freundlichen lieben Herrn, Frau Katherin von Bora, D. Lutherin zu Wittemberg. G.u. Fried in Christo! Lieber Herr Kethe!« [25] Danach ist uns kein Beleg erhalten.

Die Bezeichnungen, die Luther für seine Frau verwendet, sind vielfältig, und manche können uns heute befremden. Nicht ein einziges Mal steht: »Meiner lieben Frau« im Sinne von »Ehefrau«. Die in Briefköpfen auftauchenden Bezeichnungen »Frau, Jungfrau/Jungfer, Hausfrau« hatten zu Luthers Zeit ein weiteres Bedeutungsspektrum als heute und waren in erster Linie Standestitel. Als Ehefrau Doctor Luthers, selbst aus (niederem) Adel stammend, hatte Käthe Anspruch auf den Titel »Frau«, und in dieser Bedeutung benutzt ihn Luther. Die »Hausfrau« ist die verantwortliche im Hause waltende Frau, »Jungfrau/Jungfer« die junge Herrin im Hause, ohne Rücksicht darauf, ob sie verheiratet oder unverheiratet war. Daneben gab es »Frau« als Bezeichnung des weiblichen Menschen, »Jungfrau« auch als Bezeichnung für Unverheiratete.[26]

Bei seiner Vorliebe für Wortspiele mit mehrdeutigen Wörtern nutzt Luther diese Möglichkeit bei »Frau, Jungfrau« anscheinend mit Vergnügen aus. Die Bezeichnung »Jungfrau« bzw. »Jungfer« verwendet er ab 1540, nachdem er seinem Schwager das heruntergewirtschaftete kleine Erbgut Zuhlsdorf abgekauft hatte, dessen Instandsetzung Käthe mit gewohnter Tüchtigkeit und Energie in Angriff nahm. Es macht Luther Spaß, Käthe untertänig als Gutsherrin anzusprechen, um danach den Stil drastisch zu wechseln: »Liebe Jungfrau Kethe, gnedige fraue von Zuhlsdorf (und wie E[uer] G[naden] mehr heist)! Ich füge Euch und Euer G[naden] untertheniglich zu wissen, das mirs hie wol gehet. Ich fresse wie ein beheme und saufe wie ein deudscher [...]«. Die Belege konzentrieren sich auf

---

[25] WA Br 5, Nr. 1683, vom 15. 8. 1530; Br 7, Nr. 2130, vom 29. 7. 1934.

[26] DWb 4: II: 1, Sp. 72 f.

den Sommer nach dem Erwerb: »Meiner gnädigen Jungfer Katherin Lutherin von Bora und Zulsdorff zu Wittemberg, meinem liebchen. G.u.f.! Mein liebe Jungfer und frau kethe! Eur gnade sollen wissen [...]«[27] Luther spielt mit der Kombination »Jungfer und Frau«, die auch als Paradox gelesen werden kann.

Zehn Tage später spielt er ironisch auf den heruntergewirtschafteten Stand des Gutes an: »Der Reichen frauen zu Zulsdorf, frauen Doctorin Katherin Lüdherin, zu Wittemberg leiblich wonhaftig, und zu Zulstorff geistlich wandlend, meinem liebchen, zu Handen.« [28] Hier ist »Frau« zunächst als Bezeichnung einer Gutsherrin, danach in der einer hochgestellten Ehefrau gebraucht. Der Reiz liegt in der hochtrabenden Form der Anrede und der bescheidenen Wirklichkeit, sowie in der Antithese: »leiblich wohnhaftig – geistlich wandelnd«, mit Assonanz und Allitteration. Der förmliche, respektvolle Anfang mündet in den beiden letzten Belegen in das familiär-zärtliche »Meinem Liebchen« ein, wie auch Luther beidemale unterzeichnet: »Dein Liebchen Martin Luther.« (Nie unterzeichnet Luther nur mit seinem Vornamen: »Dein Martin«.)

Luther hatte 1532 einen Garten vor der Stadt mit Fischweiher und Obstbäumen gekauft, der als der »Garten am Saumarkte« bezeichnet wird. In mehreren Briefen von 1540, als er Käthe mit ihrer Gutsherrinschaft zu necken pflegte, nutzt er auch diesen Namen mit sichtlichem Vergnügen aus:

»Meiner hertzlieben Kethe, Doctorin Lutherin etc., frauen auf dem neuen saumarckt zu handen. G.u.f.! Liebe Jungfrau Kethe, gnädige fraue von Zulsdorf (und wie E[uer] g[naden] mehr heist)! Ich füge Euch und Euer g [naden] untertheniglich zu wissen[...]« Unterzeichnet: »Martinus Luther. dein hertzliebchen.«

In drei Briefen aus den letzten Wochen in Halle 1546 taucht der »Saumarkt« wieder auf, jetzt wohl mit einem sarkastischen Unterton. Luther war über die Verhältnisse in Wittenberg zutiefst enttäuscht:

---

[27] WA Br 9, Nr. 3509, vom 2. 7. 1540, und 3512, vom 16. 7. 1540.

[28] WA Br 9, Nr. 3519.

»Meiner freundlichen lieben Käthen Lutherin, Breuerin und Richterin auf dem Saumarckte zu Wittenberg zuhanden«; »Katherin Lutherin, Doctorin, Zülsdorfferin, Säumarckterin, und was sie mehr sein kann«; »Meiner lieben hausfrauen Katherin Ludherin, Doctorin, Seumarckterin zu Wittenberg meiner gnedigen frauen Zu handen und füßen«.[29] Auch in diesem pessimistischen Brief scherzt er mit der Abwandlung der abschließenden Formel. Unterzeichnet: »Dein Liebichen Martinus Luther D.«

Die Beispiele ließen sich vielfach vermehren. Luthers Technik, Formeln der Kanzleisprache mit persönlichstem Inhalt zu füllen, durch parodierende Abwandlung von Mustern und Wortwitz humoristische Wirkung zu erzielen, liebevolle Anerkennung mit Neckerei zu mischen, dürfte zur Genüge aus dem Angeführten hervorgegangen sein.

d. Humor im seelsorgerlichen Zuspruch »Daß die Ermahnung lieblicher eingehe«

Es sollen abschließend drei Beispiele herausgegriffen werden, in denen die von Söderblom genannte entlastende Funktion des Humors in bedrängter Lebenslage zutage tritt. Sie beleuchten gleichzeitig, daß wir auch hier ein rhetorisches Hintergrundwissen benötigen, damit sich uns die Texte besser erschließen. Es sind Briefbelege, in denen Luther tröstlichen Zuspruch und Ermahnung (*exhortatio*, siehe oben III, 3) in humoristischen Stil kleidet. Er will Käthes schwere Sorgen um ihn lindern und ihr Gottvertrauen stärken.

In einem seiner letzten Briefe an Käthe, vom 6. 2. 1546, als Luther auf dem Weg nach Eisleben wegen der Überschwemmung der Saale umkehren mußte und in Halle festsaß, beschrieb er die Lage humoristisch-gelassen, indem er die Saale personifizierte: »Denn es begegnet uns eine grosse Wiederteufferin mit wasserwogen und großen Eisschollen und dreuet uns mit der Wiedertaufe und hat das Land bedeckt.« Sie müßten zwischen den Wassern gefangenliegen, »nicht daß uns danach dürstet zu

[29] WA Br 9, Nr. 3509; Br 11, Nr. 4191; Br 11, Nr. 4195; Br 11, Nr. 4201.

trinken. Wir nehmen dafür gut Torgisch bier und guten Rheinischen wein [...]« Luther spielt damit die Gefahr herunter. Daß eine Überfahrt mit Lebensgefahr verbunden gewesen wäre, wird nur angedeutet: »weil die leuthe und fährmeister selbs kleinmütig waren, haben wir uns nicht wollen ins wasser geben und Gott versuchen.« Luther schließt mit gutmütigem Necken und einem Wortspiel mit dem Datum:

»Ich halte, werestu hir, so hettestu uns auch gerathen, es so zu thun, damit du siehest, das wir auch einmahl deinem Rat folgen. [...] An S. Paulus Bekehrungstag, da wir auch uns von der Saala gen Halla kereten.« (WA Br 11, Nr. 4191, S. 269)

Daß Käthe sich trotzdem Sorgen machte, sowohl wegen der Gefahr als auch wegen Luthers schlechter Gesundheit, ist nur allzu gut verständlich. Luther ist darüber irritiert. Bereits am nächsten Tag schreibt er aufs neue und verweist ihr ihre Sorgen. Das Wortspiel mit der Doppeldeutigkeit und der abwandelnden Wiederholung »sorgen – Sorge – Sorger« kann die Irritation nicht verdecken. Seelsorgerlicher Trost – in der spätmittelalterlichen Bedeutung: »getrost machen«, »Mut einflößen« – schloß auch Ermahnung ein.[30] Käthe solle auf Gott vertrauen und das Johannesevangelium und den Katechismus lesen.

»Denn du wilt sorgen für deinen Gott [an Gottes Stelle] grade als were er nicht allmechtig, der da kundte Zehen Doctor Martinus schaffen, wo der einige alte ersoffe in der Saal [...]Las mich zu frieden mit deiner Sorge, Ich hab einen bessern sorger, denn du und alle Engel sind, der ligt in der krippen und henget an einer Jungfrauen Zitzen, aber sitzet gleich wol zur rechten Hand Gotes des allmechtigen Vaters [...].« (Br 11, Nr. 4201, S. 286)

Das Argument, Gott könne zehn neue Martin Luther schaffen, falls der alte in der Saale »ersöffe«, konnte wohl für ihn beruhigend sein, für Käthe jedoch, der nur an dem einen alten gelegen war, ein schlechter Trost.

---

[30] DWb 11: 1–2, Sp. 901, 921, 954, 987. – B. Stolt, Vorwürfe als Trost? Zum *officium consolandi* in Luthers Coburg-Briefen. In: Theologische Beiträge 98:5 (1998) 270–283.

Drei Tage später, am 10. 2., schreibt Luther aufs neue und widmet einen ganzen Brief dem ermahnenden Zuspruch. Hier fährt er schwereres rhetorisches Geschütz auf, damit »die Ermahnung desto stärker wirke und lieblich eingehe«, nach dem Vorbild des Paulus für die *exhortatio*.[31] Außer dem variierenden Wortspiel mit »Sorge- sorgen« spielt er mit »heilig«, das in regelmäßigen Abschnitten eingesetzt und abgewandelt wird: außer in der Anschrift: »Der Heiligen [...] Frauen«, in der Anrede: »Allerheiligeste Frau Doctorin«, in der Unterschrift: »Euer Heiligkeit«, während in der Mitte die beiden Kernwörter kombiniert werden: »eure heilige Sorge«. Durch die wiederholte Ironie wird der frühere Vorwurf wiederholt, Käthe wolle an Gottes Stelle sorgen, was gleichzeitig als mangelndes Gottvertrauen (*pusillanimitas, =acedia)* und Selbstüberheblichkeit (*superbia)* gedeutet wird.[32] In der damaligen Seelsorge und Beichtpraxis waren dies zwei Todsünden, somit eindeutige Anfechtungen des Teufels. Daraus erklärt sich der harsche Ton, der uns befremdet, da Käthes Ängste nur allzu natürlich waren.

»Der Heiligen sorgfeltigen [besorgten] Frauen Frauen Katherin Lutherin, Doctorin, Zulsdorferin zu Wittenberg, meiner gnedigen lieben Hausfrauen.

G. und f. in Christo! Allerheiligeste Frau Doctorin! Wir danken euch ganz freundlich für eure grosse sorge, dafür ir nicht schlafen kund, Denn seit der Zeit ir fur uns gesorget habt, wolt uns das feur verzeret haben in unser Herberge, [...] Und gestern, on Zweifel aus kraft euer sorge, hette uns schier ein stein auf den kopf gefallen und zuquetscht, wie in einer Mausfalle, Denn es in unserm heimlichen gemache wol zwen tage über unserm kopf riselt kalk und leymen, bis wir Leute dazu namen, die den Stein anrureten mit zweien fingern, da fiel er herab, so gros als ein lang kissen und einer grossen hand breit, der hatte im sinne euer heiligen sorge zu danken, Wo die lieben Engel nicht gehütet hetten. Ich sorge, wo du nicht aufhörest zu sorgen, es mocht uns zuletzt die erden verschlingen und alle Element verfolgen. Lerestu also den Catechismum und glauben? Bete du und lasse Gott sorgen,

---

[31] WA 10: I, 2, S. 2, 3–5. Vgl. oben III, 3.

[32] Vgl. U. MENNECKE-HAUSTEIN, Luthers Trostbriefe (wie Anm. 23) 134–148. Zu dem harschen Ton, der auch Luthers Trostbriefe an Melanchthon während des Augsburger Reichstags prägt: B. STOLT, Vorwürfe als Trost? (wie Anm. 30) 276–280.

dir ist nichts befolhen, für mich oder dich zu sorgen. Es heisst: ›Wirf dein anliegen auf den Herrn, Der sorget für dich [...]‹«. (Br 11, Nr. 4203, S. 291)

Daran schließt sich ein erzählender Absatz über ihre Lage (»Wir sind, Gott lob, frisch und gesund [...]«). Unterzeichnet: »Euer heiligkeit williger diener M.L.«

Die Ausnutzung der Doppeldeutigkeit gilt, wie bereits angeführt, als die witzigste Form des Wortspiels. Man könnte einwenden, daß Luther hier in ernster Sache spricht, Käthe mangelndes Gottvertrauen vorwirft und der Text nur scheinbar scherzhaft ist. Genau dies findet sich außer in der bereits genannten seelsorgerlichen *exhortatio*- Tradition auch bei Cicero, der ausdrücklich festhält, daß sich diese Form der sprachlichen Eleganz oft mit ernsten Dingen befaßt.[33] Der scherzhafte Ton sollte hier die Zurechtweisung mildern.

Eine andere Form von Wortwitz besteht in der antithetischen Kombination von Wort und Inhalt, indem gerade das Gegenteil von dem behauptet wird, was der Leser normalerweise erwartet. Die ironische Gegenüberstellung von Widersprüchlichkeiten gilt als erlesener, witziger Redeschmuck.[34] Käthes ängstliche Besorgnis hat Luther nicht beschützt, ganz im Gegenteil, gerade sie ist es, die ihn fast das Leben gekostet hätte. »Ich sorge, wo du nicht aufhörest zu sorgen, es mocht uns zuletzt die erden verschlingen...«, ist mit seiner Wortwiederholungsfigur und Übertreibung der scherzhafte Schlußstrich unter die Erzählung (*narratio*), ehe sich die Ermahnung (*exhortatio*) daran anschließt, die nun zum erstenmal »sorgen« in der neuen Bedeutung »Fürsorge tragen« gebraucht, und in der sich die Anrede zum »du« wandelt.

Zu den »Sachwitzen« gehört die Episode mit dem kissengroßen Stein, der Luther um ein Haar auf dem Abtritt erschlagen hätte. (Daß sich die Szene auf dem Abtritt abspielte, haben sowohl Söderblom als auch Blanke bezeichnenderweise unter-

---

33 CICERO, *De orat.* II, 61, 250: *»non semper in ioco, saepe etiam in gravitate versantur«.*

34 *De orat.* II, 65, 263.

schlagen.[35]) Gewiß hat sie unter den Freunden Anlaß zu burlesken Scherzen gegeben: das hätte dem Teufel gepaßt, Luther in dieser Situation zu erschlagen! Wir haben wieder einen Gegenstand heikler, leicht unziemlicher Art (*subturpia, turpiculis*), und die Episode wird nach Ciceros Empfehlung in unanstößiger Weise anschaulich vor Augen geführt: der Euphemismus »unser heimliches Gemach« ist in Luthers für gewöhnlich derbzupackender Sprache eine Ausnahme. Die Größe des lebensgefährlichen Steines wird nach Länge und Breite mit Vergleichen veranschaulicht, und seine lose Befestigung durch das Herabrieseln von Kalk und Lehm und das Anrühren mit zwei Fingern sinnfällig gemacht, die ihn zum Herabfallen brachten (*evidentia*). Der Vergleich »zerquetscht wie in einer Mausefalle« sorgt für dramatischen Effekt. Alles steht im Einklang mit den Regeln der Kunst.

5. *Rückblick*

Zusammenfassend läßt sich festhalten, daß unser ästhetisches Vorverständnis von dem, was zu Lachen Anlaß gibt, für ältere Texte keine geeignete Wünschelrute abgibt. Das oben gebotene Spektrum von exemplarischen »*ridiculum*«-Belegen unterschiedlicher Art und Stärke aus Lutherschriften verschiedener Textsorten sollte andeutend aufzeigen, welch Variantenreichtum ihm zu Gebote stand. Es muß betont werden, daß »Humor« in Luthers Schrifttum nicht aus dem Zusammenhang mit den Bedingungen zu lösen und zu verstehen ist, unter denen seine Texte entstanden sind: unter dem Einfluß der Empfehlungen, Gesichtspunkte und Normen der Rhetorik, die er so souverän zu beherrschen gelernt hatte, daß sie ihm zur zweiten Natur geworden waren. Die Frage, inwieweit Luther mit deren Maßstäben in Einklang zu bringen sei, läßt sich jetzt beantworten: in erstaunlich hohem Maße. Nicht alles spricht uns Heutige unmittelbar als komisch, witzig oder »humorvoll« an. Das wiederholte Wortspiel mit der Doppeldeutigkeit von »Sorge – sorgen«

---

[35] N. Söderblom 39; F. Blanke 21 (wie o. Anm. 6).

beispielsweise, sowie die Figur der abwandelnden Wiederholung von »heilig« gehört zu den beliebten rhetorischen Mitteln, die auf uns wohl nicht mehr die gleiche Wirkung haben wie damals. Man kann sich auch leicht vorstellen, daß Käthe bei der Lektüre des Briefes an »Ihre Heiligkeit« ein etwaiges Lachen in der Kehle steckengeblieben ist. Daß Luther seinen Brief auch scherzhaft gemeint hat, unterliegt jedoch keinem Zweifel. Die Kombination von Wortspiel, drastischem Szenario und Ironie legt darüber ein eindeutiges Zeugnis ab. Der Text steht in der damals herrschenden Tradition des entlastenden, tröstenden und erbaulichen Zuspruchs, ohne dadurch an Individualität seines Autors einzubüßen. Die Ethos-Mittel werden zweckbestimmt eingesetzt, um als süße Hülle das Schlucken der bitteren Pille zu erleichtern. Bei der Suche nach »Humor« in Luthers Schrifttum müssen wir nach anderen Kriterien Ausschau halten als den uns geläufigen.

VII

»Gotteskindschaft«

1. Wissen und Fühlen. Konnotationen

Es geht in diesem Abschnitt um ein Problem, das sowohl der Sprachwissenschaft als auch der Theologie angehört: um die Konnotationen des Vater-Begriffs. Wie im ersten Kapitel ausgeführt, bezeichnet die Sprachwissenschaft mit »Konnotationen« alle Begleitgefühle und Assoziationen, die einer durch das Wort hervorgerufenen Vorstellung anhaften. Das Wort »Vater« bezeichnet einen Mann, der ein Kind gezeugt hat (»Denotation«). Damit erschöpft sich die Wortbedeutung jedoch nicht für den Benutzer. Je nach den eigenen Lebenserfahrungen ruft das Wort »Vater« persönliche Gefühle und Assoziationen hervor.

Mit Notwendigkeit müssen theologische Begriffe wie »Gottvater«, »Vater unser« davon betroffen sein. Bei der Bedeutung, die in Luthers Theologie dem »Herzen«, dem intimen Zusammenwirken von Gedanken, Wissen und Fühlen zukommt, und der Luthers Charakter eigenen Gefühlsintensität, liegt auf der Hand, daß hier ein wichtiges Kapitel angeschnitten wird. Die Psychologie hat es sich nicht entgehen lassen.[1] Man hat dabei vorwiegend den jungen Luther behandelt.

Was hier im folgenden im Mittelpunkt stehen soll, ist nicht die Theologie als Lehre und Dogma, sondern ihre Praxis im persönlichen Glaubensleben. Daß ein Unterschied besteht zwischen theoretischem Wissen und »beherzigender« Praxis, hat Luther verschiedentlich ausgedrückt. »*Sancti quidem intelligunt verbum Dei* (= Die Heiligen verstehen zwar das Wort Gottes), konnen auch davon reden, aber mit der *practica* wil es nit hernach; da bleybt man immer dar schüler« (TR 1, 81; 30, 22–24). Hier geht es um das »in die Herzen treiben« des Gelernten.

---

[1] E. H. Erikson, Young Man Luther. A Study in Psychoanalysis and History. New York 1958. Siehe auch J. Siggins, Luther and His Mother. Philadelphia 1981.

Oben (II u. III) ist es im Zusammenhang mit Glaube, Predigt und Rhetorik behandelt worden. Jetzt geht es um Luthers eigene Schwierigkeiten:

»Ich habs auch oft gelesen und wol lernen nach reden, aber es ist ein solche kunst, die ich noch nicht kan und mich nicht schemen mus, ob ich wol ein alter Doctor bin, teglich daran zu lernen, Die wort sind wol bald gelernet [...] Aber das ist die kunst, davon ich sage, das man solchs gewis und ungezweivelt dafur halte [...]« »*Miror autem me hanc scientiam non discere*« (es wundert mich, daß ich dies, was ich weiß, nicht lerne« (...) »Es steht in buchern gnug geschrieben. Ja, es ist aber noch nicht alles in die hertzen getrieben.«[2]

Diese »Differenz von ›Wissen‹ und – als ›Erfahrung‹ verstandenem ›Erkennen‹ – die ›Gewißheit des Gewußten‹« hat O. Bayer im Zusammenhang mit der Meditation bei Luther behandelt und dabei auf die Mitwirkung des Heiligen Geistes und die sinnliche Qualität des »Erkennens«, *sentire*, hingewiesen. Bayer zeigt auf, daß Luther bereits 1513–1515, in den *Dictata super psalterium* das Affektuale der Erkenntnis festgehalten hat.[3]

2. *Der strenge Vater*

Es ist bekannt, daß Luther sehr strenge Eltern hatte. Noch im Alter erinnerte er sich an die Prügel, die er von sowohl Vater als auch Mutter bezogen hatte, manchmal für Dinge, die er für geringfügig hielt. Er behauptete sogar, es wäre diese Strenge gewesen, die ihn ins Kloster getrieben hätte.[4] Einige Biographen meinen, Luther sei nicht strenger behandelt worden, als es damals allgemein üblich war.[5] Auch wenn dies zutrifft, ändert es nichts an der Tatsache, daß die elterliche Strenge zeitlebens unvergessen blieb und die Kindheitserinnerungen trübte. Er erinnerte sich, daß sein Vater ihn einmal so geschlagen hatte, daß er ihm

---

[2] WA 34: 1, 53, 16–21; TR 2, Nr. 2457. Beide Stellen bei O. Bayer, Oratio, Meditatio, Tentatio. Eine Besinnung auf Luthers Theologieverständnis. In: Lutherjahrbuch 55 (1988) 7–59, 34. – WA 19, 78, 23 f.

[3] O. Bayer ebd. 35 u. Anm. 132.

[4] WA TR 2, Nr. 1559; TR 3, Nr. 3566 a+b.

[5] R. H. Bainton, Here I Stand: A Life of Martin Luther. Nashville 1950,

tagelang auswich, und daß der Vater alle Mühe hatte, wieder ein gutes Verhältnis zu ihm herzustellen.

Es versteht sich von selbst, daß das Gottvaterbild des jungen Luther von der »Vater«-Konnotation gefärbt sein mußte, die er von klein auf in sich trug: streng, fordernd, strafend. Seine Kämpfe im Kloster um einen gnädigen Gott sind oft beschrieben worden. Bekanntlich kam die Befreiung mit dem sogenannten »reformatorischen Durchbruch«, dem »Turmerlebnis« und wie die Bezeichnungen lauten, nach der Lektüre des Römerbriefes (1, 17; 3, 28).

Dieser Durchbruch war das Resultat exegetischer Studien, in Luthers Erfahrung erleuchtet durch den Heiligen Geist, und von unüberschätzbarer Bedeutung für seine theologische Entwicklung. Aber das Gottvater-Bild hatte anscheinend auch weiterhin die gleichen bedrohlichen Konnotationen. Daß diese sich nicht schlagartig ändern konnten, steht zu erwarten. Ausschlaggebend waren Glaube und Gnade in Christus. Für Protestanten der nachfolgenden Generation bestand die Gefahr, daß die alte Angst vor Unzulänglichkeit die »Werke« betreffend abgelöst wurde durch eine neue: ist mein Glaube auch stark und »von Herzen« genug? Theorie und Praxis sind zwei verschiedene Dinge.

Luthers Aussagen über Gott den Vater sind vielfältig. Außer den Predigten stehen uns etliche in den Tischreden, Bibelkommentaren und Briefen zur Verfügung. Sie geben uns mitunter einen Einblick in sein persönliches Glaubens- und Gebetsleben, seine lebenslangen Bemühungen um die »Praxis«, wie er sagte: »da bleibt man sein Leben lang Schüler«.

3. Eigene Vaterschaft. Ein neues Gottvaterbild

Vom Ende der zwanziger Jahre an finden wir ein neues Gottvaterbild bei Luther. 1531 schreibt er im Kommentar zu Ps 54, 6: »unser Herrgott leidets gern, daß man sich seiner freue, daß er

---

21–36. S. Ozment, When Fathers Ruled: Family Life in Reformation Europe. Cambridge/Mass. 1983.

so gut, tröstlich, freudenreich ist, so fröhlich macht«. (Vgl. oben IV, 3b) Dies ist ein anderer Gottvater als der, mit dem Luther im Kloster um Gnade rang. Die Veränderungen liegen auf der Seite der Konnotationen. Mit dem Bild des eigenen Vaters läßt sich diese Gottvater-Beschreibung nicht in Einklang bringen. Gehen wir von der Einsicht aus, daß Konnotationen mit den eigenen Lebenserfahrungen zusammenhängen, müssen wir fragen, was sich in Luthers Leben seither geändert hat. Und an erster Stelle stehen dabei die Erfahrungen mit der eigenen Vaterschaft, die dem Wort »Vater« eine neue Bedeutung geschenkt haben.

Bevor man selbst Kinder hat, kann man sich von den gefühlsmäßigen Dimensionen elterlicher Liebe nur schwer eine Vorstellung machen. Für Martin Luther, der bei der Geburt des ersten Sohnes Hans 42 Jahre alt war, war dies eine umwälzende neue Erfahrung, die ihn mit ihrer Intensität überraschte. »Nie hätte ich vorher glauben können, daß ein Vaterherz so zärtlich seinen Kindern gegenüber sein kann«, schreibt er 1528 in einem (lateinischen) Brief an Nikolaus Hausmann, in dem er seine große Trauer über den Tod seiner kleinen Tochter Elisabeth im Alter von nur acht Monaten schildert. Wie erschüttert er war, hat auch sein Sekretär Georg Rörer festgehalten.[6] Die Kleine wurde in der Stadtkirche zu Wittenberg beigesetzt, wo noch heute ihr Grabstein zu sehen ist. In einer Tischrede des gleichen Jahres nennt Luther den Tod eines guten ehelichen Partners die schmerzlichste Erfahrung eines Menschenlebens, und gleich danach käme der Verlust eines Kindes: »*Ego sum expertus* (= ich habe selbst erfahren), wie weh es tut.« (TR 1, 250).

Mit den eigenen Erfahrungen der Vaterschaft bekommt der Begriff »Vater« eine neue gefühlsmäßige Dimension, nicht weniger intensiv als die alte, jedoch aus der neuen Perspektive von völlig anderer Qualität. Ihre bezeichnendste, neue und Luther überraschende Eigenschaft hat er in seinem Brief genannt: große Zärtlichkeit. Davon betroffen – wie könnte es anders sein – ist auch das »Gottvater«-Bild.

---

[6] WA Br 4, Nr. 1303. Zu Rörer ebd. 511, Anm. 2: »*Valde perturbatus fuit ex ipsius morte.*«

Ein Indizium dafür, daß sich die Veränderung zeitlich mit der Geburt der eigenen Kinder in Verbindung bringen läßt, finden wir in Luthers katechetischen Erklärungen zum »Vater unser«. 1526 hatte er in seiner »Deutschen Messe« dazu vorgeschrieben:

»Nemlich also sol man sie fragen: ›Was betestu?‹ Antwort: ›Das vater unser‹. ›Was ists [bedeutet es] denn, das du sprichst?‹ Antwort: ›Das Gott nicht ein irdenischer, sondern ein himlischer vater ist, der uns im himel wil reich und selig machen.‹« (WA 19, 76, 24–27)

Der Abstand zu diesem Vater ist groß. Was erklärt werden muß, scheint Luther zu meinen, ist nicht der Vaterbegriff, sondern die Betonung liegt auf »im Himmel«. (Der erste Katechismus von 1529 beginnt den Fage-und Antwort-Dialog erst mit: »Geheiliget werde dein Name«.)

Im gleichen Jahr, 1526, wird der erste Sohn, Hans, geboren, und dann kamen sie in kurzem Abstand, einer nach dem anderen: Elisabeth 1527, Magdalena 1529, Martin 1531, Paul im Januar 1533, Margarete im Dezember 1534. Im Herbst 1531 hören wir in einer Tischrede, daß Luther täglich den Katechismus mit den beiden ältesten Kindern durchnimmt und betet: »*quotidie illa disco et oro* mit meinem Hansen und meinem Lenichen« (TR 1, 81; 31, 1–2), damals drei und fünf Jahre alt. Und die neue Katechismusversion von 1530 hat einen Zusatz, der sich völlig anders liest als die Antwort in der »Deutschen Messe«. Dies ist, was Hänschen und Lenichen lernten:

[»Vater unser der du bist im Himmel«] »Was ist das?« Antwort: »Gott wil da mit uns locken, das wir gleuben sollen, Er sei unser rechter Vater und wir seine rechte kinder, auf das wir getrost und mit aller zuversicht ihn bitten sollen, wie die lieben kinder iren lieben Vater.«[7]

»Wie die lieben Kinder ihren lieben Vater« – fast meint man die zärtliche Stimme des irdischen Vaters zu hören. Der Unterschied zwischen den beiden Fassungen ist mit Händen greifbar. Von der Zeit der Vaterschaft Luthers an sieht er Gott als Vater mit neuen Augen. Man kann von einem emotionalen Aha-Erlebnis sprechen: Fühlt Gott so uns gegenüber, wie ich es meinen

[7] WA 30: 1, 369f. – Den wertvollen Hinweis auf diese Stelle verdanke ich Prof. Timothy J. Wengert, Philadelphia.

Kleinen gegenüber tue? Der theologische Begriff »Gotteskindschaft« füllt sich in diesen Jahren mit einem neuen, intensiven Gefühlsgehalt.

Man lebte in enger Gemeinschaft im Schwarzen Kloster. Vorlesungsräume lagen im gleichen Hause, Studenten und Lehrer wohnten in den ehemaligen Klosterzellen, an den Mahlzeiten nahmen außer der Familie und dem Hausgesinde Lehrer, gelehrte Gäste und Studenten teil. Luther arbeitete umgeben von großer Unruhe. Die Freuden und Beschwerden der Kleinkindpflege erlebte er aus nächster Nähe mit.

»Wir sollen Gott fürchten und lieben, so daß...«, heißt es bekanntlich in Luthers Katechismus. Gefürchtet hatte Luther seinen eigenen Vater; aber wie verträgt sich Furcht mit Liebe? Die Frage stellt Luther selbst im Zusammenhang mit Ps 2, 11, den er aus der Vulgata zitiert: »*Servite ei in timore et exultate ei cum tremore*« (»Dienet dem Herrn mit Furcht/Und freuet euch mit Zittern«, 1525). In seinem Kommentar kann man deutlich sehen, wie er seine eigene häusliche Erfahrung zum Verständnis des Bibeltextes nutzt und von ihr aus auf den Gottvater schließt. Wir bekommen einen Einblick in sein Arbeitszimmer, das ihm nicht die ungestörte Ruhe gewährte, wie wir sie uns vielleicht vorstellen:

»Das reim mir einer zusammen, frölich sein und furchten! Mein Hans kan es thun gegen mir, aber ich kan es nit thun gegen Gott. Mein Hans, wenn ich schreib, thu etwas, so singt er mir ein liedcha daher, und wenn ers zu laut wil machen, so fahr ich ihn ein wenig an, so singt er gleich wol fort, machts aber heimlicher, *cum reverentia quadam et sollicitudine* (mit Respekt und Rücksicht). *Idem vult Deus* (so will Gott es haben): Wir sollen stets frölich sein, *sed cum reverentia* (jedoch mit Ehrfurcht).« (TR 1, 148)

»Mein Hans kann es mir gegenüber tun, aber ich nicht Gott gegenüber« – vielleicht spiegelt sich in der vertrauensvollen Haltung Hänschens die mildere Kindererziehung Luthers wider, der wiederholt warnte, man solle Kinder nicht zu hart schlagen. Es solle immer »ein Apfel neben der Rute liegen« (TR 3, 3566), das heißt, der Trost solle stets nahe sein und die Kinder nie an der Liebe der Eltern zweifeln müssen. In seiner Kindheit hatte der »Apfel« gefehlt.

Vaterbegriff und Vaterliebe beschäftigen Luther intensiv in den dreißiger Jahren. Und wenn wir nur die drei ersten Worte des Glaubensbekenntnisses hätten, meint Luther: »Ich glaub in Gott Vatter«, so gingen sie uns doch weit über Verstand und Vernunft. Es ginge einfach nicht ein in unser Herz (wir würden sagen: es wolle uns nicht in den Kopf!), daß Gott unser Vater sei. Könnten wir es völlig glauben, wäre der Himmel schon da.[8] Auch über seine eigene Liebe zu seinen Kindern macht er sich Gedanken und sucht sie zu verstehen. Er lernt, daß sie unverdient ist. So schäkert er mit dem Baby Martin:

> »Wie hastus verdienet, oder warumb sol ich dich so lieb haben, das ich dich zum erben mache [...]? mit scheissen, binckeln, weinen, und das du das gantze hause mit schreien erfullest, das ich so sorgfeltig [voller Fürsorge] mus fur dich sein?« (TR 1,1004; 505, 9–12.)

Martinichen sei jetzt sein liebster Schatz, stellt er fest, und er hat sich auch überlegt, warum: weil er noch so hilflos ist, während Hans und Lenichen nun schon für sich selbst sprechen können (TR 1, 1032; 521, 25–27). Von der Elternliebe ausgehend zieht er Vergleiche mit Gottes Liebe. Dabei ist nichts zu alltäglich oder zu banal, als daß es ihm nicht zum Ausgangspunkt für theologische Betrachtungen hätte dienen können. Luther erfährt, wie es ist, wenn man ein Kleinkind liebevoll auf den Arm nimmt und dabei feststellen muß, daß es erbärmlich stinkt und man ihm schleunigst die Windeln wechseln muß. Man hat es deswegen nicht weniger lieb, aber man muß Abhilfe schaffen. In mehreren Tischreden ist festgehalten, wie Luther den Gestank der Kleinkinder, deren Windeln gewechselt werden müssen, mit den Sünden der Erwachsenen vergleicht, die Gott vergeben muß. Daß es besonders der Gestank war, der diese Gedankenverbindung hervorrief, ist deutschem Sprachgebrauch entsprechend naheliegend: spricht man doch auch von »stinkenden Lügen«, oder sagt empört von einer Missetat: »Das stinkt zum Himmel!« Auch der Teufel verbreitete dem Volksglauben nach Gestank, besonders nach Schwefel.

---

[8] TR 1, Nr. 122; S. 49, 12–17.

»Ach, unser Herr Gott mus gar viel grosser gestanck leiden von den menschen den vater und mutter von ihren kindern«. (TR 3, 3203a; 219, 25–27)

»O, wie mus unser Herrgott so manchen gutten stanck und unflat von uns leiden *murmurando et blasphemando* (von Aufsässigkeit und Lästern), viel mer den eine mutter von einem kinde«. (aaO. 3203b; s. auch 1615)

Die Vergebung der Sünden, verglichen mit dem elterlichen Windelwechseln, der wohl am wenigsten attraktiven Tätigkeit der Kleinkindpflege! Die Bibelstelle: »Wenn ihr nicht werdet wie die Kinder...« (Mt 18, 3) bekommt in diesen Jahren einen konkreten Konnotationsbereich, und »Kinder« umfaßt auch die Kleinsten. Dabei ist es nicht nur die Vater-, sondern ausdrücklich auch die Mutterliebe, die zum Vergleich mit Gottes Liebe herangezogen wird. Die elterliche Erfahrung hilft dem Verständnis von der Sündenvergebung aus Gnade ohne eigenes Verdienst. Einmal stellte ein Tischgenosse die Frage, ob Gott es nicht leid würde, uns immer wieder aufs Neue zu vergeben. Wir würden ja nicht besser, täglich seien es die gleichen Sünden. Luther antwortet mit einem Vergleich, den er täglich vor Augen hatte: die geduldige Mutterliebe, die täglich aufs neue und liebevoll das Kleine reinigt und pflegt: »Mutterliebe ist weit stärker denn der Dreck und der Grind am Kind«. Dann geht es auf lateinisch fort, in meiner Übersetzung: »So ist auch Gottes Liebe zu uns stärker als unser Schmutz. Obwohl wir Sünder sind, verlieren wir darum unsere Kindschaft nicht wegen unseres Drecks, noch fallen wir aus der Gnade wegen unserer Sünden.«[9]

Es ist diese vertrauensvolle, von Geborgenheit und Liebe erfüllte Beziehung zu Gott, von den Theologen »Gotteskindschaft« genannt, die den älteren Luther auszeichnet. Der Gott, den er in seinen Gebeten findet, ist ein Vater, der »so gut, freundlich, tröstlich ist, so fröhlich macht«. Bei einem der spon-

[9] »Mutter lieb ist vil sterker denn der treck und der grind am kind; *sic Dei dilectio erga nos fortior est quam nostrae sordes. Quanquam igitur simus peccatores, tamen filiatum non adimit stercus nec excidimus a gratia propter peccatum.*« TR 1, Nr. 437; 189, 21–23.

tanen Vergleiche mit der Mutterliebe bekommen wir einen blitzartigen Einblick in Luthers Zwiesprache mit Gott im Gebet. Wenige Wochen nach der Geburt des kleinen Martin (am 9. November 1532) bemerkte er – wohl bei dem Anblick seiner ihren Säugling stillenden und dabei mit ihm nach Mütterart schäkernden Käthe –: »Gott muß [zu] mir [noch] viel freundlicher sein und mit mir reden den mein Keta [zu] irem Martinichen« (TR 2, 1237; 2, 29 f.). Die Stimme Gottes klingt mütterlich-liebevoll wie die Stimme Käthes im Umgang mit ihrem Säugling Martin, und übertrifft sie noch an Innigkeit!

Der Anblick der Mutter mit dem Kind auf dem Schoß hätte leicht Luthers Gedanken zur Ikonographie der Gottesmutter Maria führen können. Wir finden jedoch keinerlei Spuren einer Marienfrömmigkeit bei Luther. Stets ist es die Gottvaterliebe, die die ganze elterliche Gefühlsdimension, Vater- wie Mutterliebe, umfaßt. Der Umgang mit diesem Vater schenkt Geborgenheit und Frohsinn. Das Morgengebet, auch laut, sei ihm eine Notwendigkeit, sagt Luther, und wenn er es einmal versäume, sei ihm den ganzen Tag danach übel:

> »Denn das beten hilft uns sehr und macht einem ein frölich hertz, *non propter dignitatem operis* [nicht weil es verdienstvoll wäre], sondern weil wir mit unserm Herr Gott geredt und ihm alles haben [an]heim gestellt.« (TR 1, 122; 49, 22–26)

Es sind die am eigenen Leibe erfahrenen Gefühlsdimensionen, und die konkreten Manifestationen elterlicher Liebe im Alltag, die hier ihre Spuren in Luthers Theologie hinterlassen, sowohl in der Theorie wie in der praktischen Frömmigkeit. Man kann von einem Lernprozeß sprechen, wie es Luther gesagt hat: in der Praxis bleibt man sein Leben lang Schüler.

»Sola experientia facit theologum«

In diesem Zusammenhang sei auch Luthers berühmter Ausspruch: »*Sola autem experientia facit theologum*«, einzig die Erfahrung macht den Theologen (TR 1, 46) aufgegriffen, von Luther anläßlich des rechten Umgangs mit der Heiligen Schrift des *doctor bibliae* getan. In der Forschungsliteratur findet man die

Auffassung, mit »Erfahrung« habe Luther hier allein die Erfahrung im Umgang mit dem Bibelwort gemeint. »Nicht Erfahrung als solche macht den Theologen zum Theologen, sondern die Erfahrung der Schrift«.[10] Diese ist zweifellos zentral und steht auch bei den Mystikern im Vordergrund; doch ist das Bibelwort bei Luthers Meditation stets auf die Erfahrung seines eigenen Lebens hin geöffnet, ebenso wie sein Leben auf Gott hin geöffnet war, so daß sich ein steter Austausch zwischen *vita contemplativa* und *vita activa* vollzieht, wie wir meinen, es in den angeführten Belegen gefunden zu haben. Es soll noch etwas ausführlicher darauf eingegangen werden.

Vor allem weist Luther auf die Anfechtung als Lehrmeisterin hin, und diese kommt nicht nur von zweifelnden Gedanken beim Meditieren über die Heilige Schrift, sondern aus konkreten Geschehen des täglichen Lebens, als deren Urheber Luther sowohl den Teufel, seine Feinde als auch Gott sehen kann. Man lese das folgende Zitat, in dem das Bibelwort (Ps 119, 26 f. 33 ff.) zum Ausgangspunkt dient, danach die »Anfechtung« als »Lehrmeisterin« und »Prüfstein« von konkreten Anfeindungen im aktiven Leben herrührt, als deren Urheber Teufel und »Papisten« angeführt werden. Diese lehren ihrerseits die Tiefe des Bibelwortes nicht nur zu verstehen, sondern zu »erfahren«. Der Weg des Erkennens ähnelt so einem hermeneutischen Zirkel, und ohne die praktischen Erfahrungen bliebe das Verständnis unvollständig.

»Zum dritten ist da *Tentatio*, anfechtung. Die ist der Prüfestein, die leret dich nicht allein wissen und verstehen, sondern auch erfaren, wie recht, wie warhaftig, wie süße, wie lieblich, wie mechtig, wie tröstlich Gottes wort sei, weisheit über alle weisheit.

Darumb sihestu, wie David in dem genanten Psalm so oft klagt uber allerlei feinde, frevele Fürsten oder Tyrannen, [...], die er leiden mus, darumb das er meditiert (...) Denn so bald Gottes wort aufgehet durch dich, so wird dich der Teufel heimsuchen, dich zum rechten Doctor machen, und durch seine anfechtunge leren, Gottes wort zu suchen und zu lieben. Denn ich selber [...] habe seer viel meinen Papisten zu danken, das sie mich durch des Teufels toben so zuschlagen, zudrenget

[10] O. Bayer (wie Anm. 2), 55.

und zuengstet, das ist, einen zimlichen guten Theologen gemacht haben, dahin ich sonst nicht komen were. [...]« (WA 50, 660, 1–14)

Oswald Bayer, der in seiner Studie über die Meditation bei Luther diese Stelle anführt (49), findet es »erstaunlich«, daß Luther, der sich seinem Meditationsverständnis entsprechend im Psalm 119 in seiner eigenen Situation ausgelegt findet, die Anfechtung durch den Kampf gegen äußere, konkrete Feinde erläutert, daß er zwar das Innere und Innerlichste nicht verleugnet, den Akzent jedoch auf das Äußere setzt, auf »die geistige und politische Weltöffentlichkeit, die Gottes Wort nicht erträgt«. Dieser Kampf »ist so öffentlich, daß er keineswegs auf einen inneren Kampf ›im Gewissen des Einzelnen‹ [...] reduziert werden kann, so sehr er darin seine Tiefe hat.« Und Bayer weist auch auf den Ausspruch in den *Operationes in psalmos* hin: »*Vivendo, immo moriendo et damnando fit theologus, non intelligendo, legendo aut speculando*« (»Leben, Sterben und Verdammnis machen einen Theologen, nicht Verstehen, Lesen, Grübeln«).[11]

Aber auch Gott selbst wird als Urheber der Anfechtung gesehen. In seiner Tischrede über den Katechismus, den er täglich mit Hänschen und Lenchen durchnimmt, spricht Luther über die Schwierigkeiten mit dem 1. Gebot, dem Glaubensbekenntnis und dem Vaterunser: wer könne völlig verstehen, was die Anfangsworte: »Vater unser, der du bist im Himmel« bedeuten? Dann sei Christus sein Bruder,

»Gabriel ist mein knecht, Raphael mein furman [...] *Sed ne haec fides maneat sine tentatione* [damit dieser Glaube nicht ohne Anfechtung bleibe], feret mein vater zu und lest mich in ein kercker werfen oder ersaufen etc., *et tum demum apparet, quam bene intelligamus haec verba* [und da wird sich schon zeigen, wie gut wir diese Worte verstehen]«. (TR 1, Nr. 81; 31, 2–11)

In Luthers Erfahrungsbegriff ist *experientia* eine Erfahrung von Gottes täglichem persönlichem Handeln mit ihm, in Gebet, Meditation und im praktischen Leben, gehen *vita activa* und *vita contemplativa* Hand in Hand, ist das eine nicht ohne das

---

[11] Ebd. 51 f. – WA 5, 163, 28 f.

andere denkbar. Damit im Einklang steht seine Äußerung, die Heilige Schrift enthalte nicht »Lesewort«, sondern »Lebewort«, »die nicht zum speculieren [...] sondern zum Leben und thun dargesetzt sind.«[12] Es gibt nichts in Luthers Leben, das er nicht in seine Theologie integriert.

4. Der alte Luther – vergrämt und verbittert?

In der Forschung wird der alte Luther – nach 1530 – wenn überhaupt, überwiegend negativ dargestellt: verbittert, depressiv, verhärtet, starrsinnig. Dagegen hat Helmer Junghans 1996 ein weitaus lichteres Bild gezeichnet.[13] Er stellt die Frage: »Lebte Luther seine letzten Jahre als griesgrämiger und mißgelaunter, über den Verlauf der Reformation frustrierter Kranker?«, um sie mit guten Gründen und ausgewählten Zitaten zu relativieren. »Es wäre ein eigenes Thema, über Luthers Freuden in seinen letzten Jahren zu reden«, meint er, stellt aber selbst Polemik, Krankheit und Tod in den Mittelpunkt seiner Ausführungen, womit das Resultat vorprogrammiert erscheint: daß Luthers festes Gottvertrauen ihn »vor Verbitterung bewahrt, zu Humor über sich selbst und zu Ironie gegen seine Feinde [...] befähigt« hätten. »Er erfährt freilich auch manches, was ihn mit Dankbarkeit erfüllt. Das muß für uns erst noch zusammengetragen werden«, wird abschließend festgestellt (116, 126).

Dies kann hier zwar nicht systematisch geleistet werden, doch muß der besagte Mangel jedenfalls ansatzweise ausgeglichen werden, da die meisten der in meinen Ausführungen angeführten Zitate: Tischreden, Briefe an Käthe, Bibelkommentare, aus den von der Forschung vernachlässigten dreißiger und vierziger Jahren stammen.

Vor allem wurde das weitaus lichtere Gottesbild des älteren Luther hervorgehoben, das in starkem Kontrast zu dem strengen und fordernden Gott der Klosterjahre steht. Das vertrau-

---

[12] WA 31: I, 67, 10–12. O. Bayer (wie Anm. 2) 54.

[13] H. Junghans, Martin Luthers letzte Jahre. In: Luther. Zeitschrift der Luther-Gesellschaft 1996: 3, 114–131.

ensvolle Verhältnis zu diesem Gott, der ihn seiner eigenen, wiederholten Aussagen gemäß »so fröhlich machte«, der Jubelton im Umgang mit Gott, wo »das Herz hüpft und springt« vor Wohlgefallen, wenn Gott »so herzlich lieb wird«, das Geborgensein in der »Gotteskindschaft«, in der die Liebe zu Gott stark von seiner Erfahrung der eigenen Vaterschaft geprägt ist, wenn das Gebet »ein fröhliches Herz« macht, hat bisher noch nicht die gebührende Aufmerksamkeit erfahren. Es sei in diesem Zusammenhang eindringlich auf die zahlreichen in den vorangehenden Kapiteln angeführten einschlägigen Belege hingewiesen.

Aber war der alternde Luther nicht bedrückt über die politische Lage im Lande? Machte er sich nicht Sorgen um das Schicksal der Reformation?

Das Eigenartige ist, daß Luther von Politik nichts verstand, daß ihm dies auch völlig bewußt war – und daß er mit einer für ihn charakteristischen Weise damit fertigwurde: er überließ sie Gott, dem Weltenlenker. Die Reformation war die Sache Gottes, deshalb konnte er sie getrost in Gottes Händen wissen. In einem seiner Vergleiche mit Melanchthon spricht er es deutlich aus:

»Kleine und geringe Dinge beunruhigen mich sehr, große dagegen nicht. Denn ich denke: »Das ist zu hoch für dich, du kannst es nicht begreifen, also kümmere dich nicht darum.« Aber Philippus macht es umgekehrt. Die Dinge, die mir Sorgen machen, berühren ihn nicht, sondern ihm machen die großen Angelegenheiten der Politik und Religion zu schaffen. Mir sind nur private Dinge wichtig. So sind die Gaben verschieden.« [14]

»Mir sind nur private Dinge wichtig«! »Private Dinge«, das ist in erster Linie Luthers Familie. Erst der ältere Luther lebte in einer glücklichen, von Kindern gesegneten Ehe und lernte das Behagen eines gut geführten Hauswesens kennen und schätzen.

---

[14] TR 1, Nr. 80; 30, 1–5: »*Parvae et leves causae me multum movent, magnae autem non movent, sic enim cogito: Hoc est supra te,* du kanst es nit halten, *ergo* so lass es gehn. *Diversum facit Philippus. Is meis negotiis non movetur, sed movent eum illa grandia reipublicae et religionis. Me privata tantum premunt. Sic sunt varia dona.*«

Aus den Briefen an Käthe geht eindeutig hervor, wie hoch er die Ehe schätzte, welch inniges Verhältnis zwischen den Gatten bestand. Bezeugt ist seine Liebe zu den Kindern, »die beste Wolle, die man von dem Schaf [der Ehe] scheren kann« (TR 1, 374), und, wie oben zitiert, daß er den Verlust eines guten Ehepartners oder Kindes als das größte Unglück im Menschenleben ansah. Welch ausschlaggebende Bedeutung das Familienleben und die Elternschaft für das theologische Gottvater-Verständnis sowie etliche Bibelinterpretationen hatte, ist oben ausgeführt worden.

Luthers Unbekümmertheit und Gottvertrauen angesichts des politischen Geschehens kommt in erstaunlicher Weise zum Ausdruck im Briefwechsel zwischen ihm und Melanchthon während des Augsburger Reichstags, als Luther frustriert auf der Veste Coburg saß und Melanchthon inzwischen unter großen Ängsten die Verhandlungen führte. Melanchthon sah ganz deutlich die große Gefahr eines Glaubenskrieges, er befürchtete die Auflösung des christlichen Abendlandes – es war, als hätte er den 30jährigen Krieg vorausgesehen – und fühlte eine erdrükkende Verantwortung auf sich lasten, so schwer, daß er fast ständig den Tränen nahe war. Da war es nur logisch, daß Luther ihm mangelndes Gottvertrauen vorwarf, Kleingläubigkeit, sowie Hochmut, der Leiter der Welt werden zu wollen, und ihm das gleiche Bibelzitat vorhielt, das er auch an Käthe schrieb: »Wirf dein Anliegen auf den Herrn, der sorget für dich!« Das reformatorische Anliegen sei Gottes eigene Sache, *»causa vera«*, *»causa sancta et divina«*, *»causa fidei«*, und der Gott, der mächtig sei, die Toten aufzuerwecken, könne auch seine eigene *causa* fördern.[15] Es ist die gleiche Haltung, die ihn an Käthe schreiben läßt, falls er in der Saale ertränke, könne Gott zehn neue Martin Luther schaffen (vgl. VI, 4d).

Mit dieser Einstellung nimmt es nicht wunder, daß Luther mitten unter den wichtigen Verhandlungen, die zur Augsburger Konfession führten, seinem Sohn Hänschen den berühmten

---

[15] Ausführlicher hierzu s. B. Stolt, Vorwürfe als Trost? Zum *officium consolandi* in Luthers Coburg-Briefen. In: Theologische Beiträge 98: 5, 270–283, bes. 278–280.

Brief mit der Schilderung des Paradieses schreiben konnte, und Käthe gute Ratschläge erteilen, wie sie am besten ihr Lenichen entwöhnen solle, nämlich ganz schonend und allmählich; er habe eine erfahrene Frau, die Mutter eines Studenten, die ihn besuchte, darum befragt.[16]

Wenn man Luthers letzte Jahre darstellt, darf man auch nicht aus den Augen verlieren, wie er selbst über die gehässigen Angriffe gegen ihn urteilt. Ich zitiere nach Junghans in seiner neuhochdeutschen Übersetzung aus »Wider Hans Worst« 1541:

»Für mich wahrlich zu reden, habe ich es sehr gerne, daß solche Bücher wider mich geschrieben werden. Denn es tut mir nicht nur im Herzen, sondern auch in der Kniekehle und in der Ferse wohl, wenn ich merke, daß durch mich armen geringen Menschen Gott der Herr sowohl die höllischen als auch die weltlichen Fürsten so erbittert und unsinnig macht, daß sie vor Bosheit sich zerreißen und zerbersten wollen. Und ich sitze unterdessen unter dem Schatten des Glaubens und unseres Vaters und lache über den Teufel und seinen Anhang in ihrem großen Zorn, Plärren und Zerren. [...] Wie könnte ich sie besser plagen, denn davon werde ich jung und frisch, stark und fröhlich«.[17]

Weder der Teufel schreckte ihn, noch der Tod. 1537 schreibt er in seiner Hauspredigt von den Artikeln des Glaubens:

»... und wenn es mitten im Tod wäre, könnten wir dem Tod [den]noch Trotz bieten und sprechen: Friß, Tod, Friß! Du sollst mich, wenn Gott will, wieder [aus]speien, und ich will dir so ein Gerumpel im Bauch anrichten, daß du nicht sollst wissen, wo du bleiben sollst!« (WA 45, 20, 19 ff.)

Bei dieser »Hauspredigt« waren sicher auch Kinder anwesend. Sie dürften über die Vorstellung des im Bauch des Todes wild herumrumorenden Luthers herzlich gelacht haben.

Angesichts all dieser Zitate erscheint mir das Bild des im Kloster verzweifelt um einen gnädigen Gott ringenden jungen Mönches weit düsterer als das des alternden Reformators. Im Laufe seines Lebens lehrte ihn der Heilige Geist, Gott als Vater nicht nur zu fürchten, sondern auch zu lieben, diese »überschwängliche Kunst und Lust in einem Augenblick der Erfah-

---

[16] WA Br 5, Nr. 1595, S. 377 f. und Nr. 1582; 347, 7–348, 2.

[17] H. Junghans (wie Anm. 13) 119; WA 51, 469, 29 f.

rung«, wenn das Herz übergeht vor Freuden. Die »Sturmwinde« lehrten ihn im Gebet »mit Ernst reden, das Herz öffnen und den Grund herausschütten«, erhielten ihn »jung und frisch unter dem Schatten des Glaubens«. Und die eigenen Kinder lehrten das Geborgensein in der Gotteskindschaft, wenn Luther den Gottvater im Gebet zu sich sprechen hörte, liebevoller als Käthe zu ihrem Wickelkind: »Mein Martinichen!«

Namenregister

Sachregister

Luther - zwischen den Zeiten

Herausgegeben von Christoph Markschies und Michael Trowitzsch

Der Band versammelt Vorträge einer theologischen Ringvorlesung. Im Mittelpunkt stehen zwei Fragen: Was trug zur Bildung und Ausprägung der Theologie Martin Luthers bei? Wie wirkte Luthers Theologie ihrerseits in der Geschichte fort? Forscher aus verschiedenen theologischen Disziplinen entwickeln neue Perspektiven für das reiche Werk und die machtvolle Nachwirkung des Reformators.

Inhaltsübersicht:
Ernst Koch: Jenaer Beiträge zum Lutherverständnis - *Ulrich Köpf:* Monastische Traditionen bei Martin Luther - *Christoph Markschies:* Luther und die altkirchliche Trinitätstheologie - *Gerhard Müller:* Luthers Lehre im Urteil der römisch-katholischen Kirche - *Hans Martin Müller:* Martin Luthers Kleiner Katechismus, sein Sitz im Leben - *Martin Ohst:* Herder und Luther - *Martin Ohst:* Luther und die altkirchlichen Dogmen - *Martin Seils:* Hamann und Luther - *Michael Trowitzsch:* Luther und Bonhoeffer. Zugleich eine Meditation über das Mittleramt Jesu Christi - *Christian Zippert:* Luthers Präsenz in seinen Liedern

1999. V, 239 Seiten. Fadengeheftete Broschur.

Mohr Siebeck

Beiträge zur Lutherforschung

Günter Bader
Assertio
Drei fortlaufende Lektüren zu Skepsis, Narrheit und Sünde bei Erasmus und Luther
1985. XIII, 202 Seiten (Hermeneutische Untersuchungen zur Theologie 20). Leinen.

Kenneth Hagen
Luther's Approach to Scripture as seen in his 'Commentaries' on Galatians 1519-1538
1993. XII, 194 Seiten. Leinen.

Hans Hofmann
Luther und die Johannes-Apokalyse
Darstellt im Rahmen der Auslegungsgeschichte des letzten Buches der Bibel und im Zusammenhang der theologischen Entwicklung des Reformators
1982. XIV, 745 Seiten (Beiträge zur Geschichte der biblischen Exegese 24). Leinen.

Werner Jetter
Die Taufe beim jungen Luther
Eine Untersuchung über das Werden der reformatorischen Sakraments- und Taufanschauung
1954. X, 372 Seiten (Beiträge zur historischen Theologie 18). Broschur.

Siegfried Raeder
Das Hebräische bei Luther, untersucht bis zum Ende der ersten Psalmenvorlesung
1961. VII, 406 Seiten (Beiträge zur historischen Theologie 31). Leinen.

Siegfried Raeder
Die Benutzung des masoretischen Textes bei Luther in der Zeit zwischen der ersten und zweiten Psalmenvorlesung (1515-1518)
1967. VIII, 117 Seiten (Beiträge zur historischen Theologie 38). Leinen.

■ *Neueste Informationen im Internet unter http://www.mohr.de Aktualisiert 2 x im Monat.*

Mohr Siebeck

Oswald Bayer

Gott als Autor

Zu einer poietologischen Theologie

Der Gottestitel des ‚Poeten' des Nizänischen Glaubensbekenntnisses bezeichnet Wort und Werk des Schöpfers zugleich. Als ‚Autor' und ‚Poet' gibt Gott das verläßliche Wort. Sein Werk - als *poiesis* - ist die in Treue zugesagte Welt, durch die er uns anredet und sich verspricht. Daher ist seine *poiesis* eine Poesie des Versprechens. Sie läßt sich nicht im Sinne eines Einheitsprinzips verstehen, das zeit-, situationslos und allein in Aussagesätzen formuliert wird. Sie gibt vielmehr einen - durch den Widerspruch des Menschen gegen Gottes Poesie des Versprechens verschuldeten - Zeitenbruch als Verschränkung der Zeiten zu bedenken. Poietologische Theologie orientiert sich an nicht konstatierenden, sondern konstitutierenden Primärsätzen des Glaubens, an Sprach- und Lebensformen wie Lob und Klage sowie an ‚Lebenstexten', etwa der Dichtung Kleppers oder Bobrowskis. Oswald Bayer eröffnet mit seinem Entwurf einen neuen Zugang zur Theologie, den er exemplarisch vor allem in Neubestimmungen schöpfungstheologischer, christologischer, trinitätstheologischer und eschatologischer Bereiche erkundet.

1999. XII, 333 Seiten. Fadengeheftete Broschur.

Ebenfalls von Oswald Bayer:

Schöpfung als Anrede
Zu einer Hermeneutik der Schöpfung
2., erweiterte Auflage 1990. X, 200 Seiten. Fadengeheftete Broschur.

Autorität und Kritik
Zu Hermeneutik und Wissenschaftstheorie
1991. X, 225 Seiten. Fadengeheftete Broschur.

Leibliches Wort
Reformation und Neuzeit im Konflikt
1992. XII, 372 Seiten. Fadengeheftete Broschur.

Freiheit als Antwort
Zur theologischen Ethik
1995. XV, 351 Seiten. Fadengeheftete Broschur.

ARTIBUS INGENUIS J·C·B·M· 1·8·0·1

Mohr Siebeck